당신이 기다려온
구원자는
바로 당신입니다

당신이 기다려온 구원자는
바로 당신입니다

2025년 5월 1일 1쇄 발행

지은이	리처드 C. 슈워츠
옮긴이	권혜경
발행자	권혜경
발행처	싸이칼러지 코리아
주소	06619 서울시 서초구 서초대로 396, 16층, 1608-05
전화	070-7729-8061
이메일	support@psychologykorea.com
등록	제 2019-000191호(2019. 8. 26)
홈페이지	www.psychologykorea.com
인스타그램	https://www.instagram.com/psychologykorea/

ISBN 979-11-969120-1-7

책값은 뒤표지에 있습니다.

리처드 C. 슈워츠 지음 | 권혜경 옮김

당신이 기다려온 구원자는 바로 당신입니다

| IFS가 전하는 행복한 커플의 심리학

YOU ARE THE ONE
YOU'VE BEEN WAITING FOR
APPLYING INTERNAL FAMILY SYSTEMS TO INTIMATE RELATIONSHIPS

 싸이칼러지 코리아

YOU ARE THE ONE
YOU'VE BEEN WAITING FOR

Copyright © 2023 Center for Self Leadership PC All rights reserved.
Korean translation rights arranged with Sounds True Inc.
through Danny Hong Agency.
Korean edition © 2025 by Psychology Korea

이 책의 한국어판 저작권은 대니홍 에이전시를 통한 저작권사와의
독점 계약으로 싸이칼러지 코리아에 있습니다.

신저작권법에 의해 한국 내에서 보호를 받는 저작물이므로
무단전재와 복제를 금합니다.

나의 가장 큰 멘토와 토멘토가 되어주신
돌아가신 어머니 젠 슈워츠Gen Schwartz와
아버지 테드 슈워츠Ted Schwartz께
이 책을 바친다.

차례

옮긴이의 말 010 | 용어 정리 017 | 추천의 말 021

들어가며 025

> 세 가지 프로젝트 031 | 로맨스를 통한 구원: 데비의 이야기 034 | 당신 파트들의 주 양육자가 되기 037 | 참나 THE SELF 040 | 참나 대vs. 참나 상호작용 041 | 파트를 대변해서 말하기 042

친밀함을 가로막는 문화적 제약 045

고립 047 | 로맨틱한 구원을 추구하게 하는 문화 049 | 어두운 바다에서 벗어나기 051 | 공허한 자아 054 | 또 다른 종류의 행복 059 | 잔인한 농담 061 | 성 역할 사회화 064 | 다중성 대vs. 단일 인격의 신화 078

| 2장 | 추방자가 만들어지는 과정과 추방자의 힘 | 089 |

마술 부엌 은유 091 | 좋은 음식을 배부르게 먹은 파트들 096 | 추방자가 생기는 과정 100 | 파트들이 추방되는 세 가지 경로 103 | 우리는 기쁨을 묻는다 110 | 추방자의 힘 111 | 추방자 찾기와 치유하기 119 | 관계에 대한 극단적인 믿음 121 | 애착 이론과 추방자 140 | 치유의 실마리와 토멘토 152 | 요약 154 | 해결책 155

| 3장 | 용기 있는 사랑과 운명적인 관계 | 159 |

신추방자들: 관계에 의해 추방된 파트들 161 | 유기 불안에 미치는 신추방자의 힘 166 | 용기 있는 사랑 174 | 결국은 파국을 맞게 될 관계 187 | 찬성하는 쪽, 반대하는 쪽, 영향을 받지 않는 쪽 196 | 보호자 파트들을 알아차리기 199 | 요약 201

참나 리더십을 향한 성장의 예

외과 의사 케빈의 이야기 **209** | 트라우마의 영향 **210** | 케빈의 보호자 파트들 **214** | 금이 간 요새 **216** | 보호자 파트들의 두려움 **218** | 내면으로 들어가기 **222** | 자살 파트 **224** | 추방자의 치유를 돕기 **228** | 헬렌의 작업 **236** | 커플 세션 **238** | 폭풍 속에서 흔들리지 않는 '나'로 머물기 **241** | 파트가 직접 말하게 하기보다는 파트의 입장을 대변해서 말하기 **244** | 상호작용 방식으로서 참나 리더십 **247** | 회복 **254** | 폭풍 속에서도 흔들리지 않는 '나'로 있기 **255** | 당신이 자신의 주 양육자가 될 때 **258** | 예측할 수 있는 어려움 **261** | 토멘토로서의 파트너 **264** | 악순환 **269**

| 5장 | 실천하기: 용기 있는 사랑을 관계에 가져오기 | 275 |

관계에서 나타나는 치유의 실마리를 따라가기 279 | 파트가 관계에서 추방당했다고 느낄 때 281 | 한 파트가 상처 받은 파트나 추방된 파트를 보호하고 있을 때 285 | 한 파트가 다른 파트와 양극화되어 있을 때 287 | 자신의 파트들을 드러내기 290 | 참나 대 참나로 대화하기 292

| 6장 | 새로운 관점 | 319 |

갈등 321 | 친밀감 330 | 행운을 빈다 338

참고자료 340 | 주석 342 | 참고문헌 346

옮긴이의 말

일반적으로 심리치료사들은 커플 치료를 어려워한다. 한 사람과 대화하면서 그 사람이 겪고 있는 어려움을 파악하고 함께 문제를 해결해 나가는 과정도 힘이 들지만, 두 사람의 어려움을 동시에 살피고, 또 서로가 어떻게 서로를 자극하며 그 자극에 반응하는지 주의를 기울이고, 문제의 원인과 해결책을 동시에 찾는 것은 더 복잡하고 어려운 일이기 때문이다. 이뿐인가? 커플은 자신들이 겪고 있는 관계의 문제를 규정하는 것부터, 문제의 원인이 무엇이며 이에 대한 해결책이 무엇인지에 대해서도 견해가 대립하는 경우가 허다하다. 한 길 사람 속을 안다는 것도 힘든 일인데, 복잡하게 얽히고 대립된 관계에 있는 두 사람이 공정하고 안전하게 관계를 탐색할 수 있는 장을 마련하는 것은 치료사들에게도 어려운 일이다. 내담자들의 만족도도 개인 치료에 비해 커플 치료에서 현저하게 낮다.

내가 상담실에서 만나는 커플들은 상황이 실로 다양하다. 결혼을 하기 전 상대에 대한 확신을 가지고 싶어서 오는 경우, 커플 중 한 명이 외도나 도박, 폭력, 알코올 의존 등의 문제로 위기에 처하게 된 경우, 여러 가지 사건과 사고를 함께 겪으면서 서로에게 너무나 많은 상처를 주고받아 지치고 더는 희망이 보이지 않는 경우 등. 하지만 이런 사례에는 공통점이 있다. 자신들이 겪는 문제의 원인과 해결책이 바로 상대방에게 있다고 믿는 것이 그것이다.

관계에서 피해자를 자청하는 사람은, 상대방이 그렇게 하지 않았다면 문제가 없었을 것이고, 그러면 자신이 그렇게 부정적으로 반응하지도 않았을 것이라 말한다. 가해자라고 상대에게 낙인이 찍힌 파트너도 비슷한 말을 한다. 자신이 잘못하긴 했지만 자신이 잘못하기 전에 상대가 자신을 몰아갔으며, 또 자신의 잘못된 행동과 선택에 대해 상대가 그렇게 분노/두려움/혐오를 느끼고 자신을 비난하며 몰아가지 않았다면 우리 관계에는 문제가 없을 것이라고. 커플은 서로 상대방이 자신이 싫어하는/ 자신에게 상처가 되는 행동을 하기 때문에 어쩔 수 없이 나는 그렇게 반응할 수밖에 없다고 자신을 변론하며, 마치 판사의 판결을 기다리는 사람들처럼 누가 잘못했는지 판가름해 달라는 눈빛으로 나를 바라본다.

　커플들이 상담에 오는 이유는, 관계에서 일어나는 문제로 인해 고통을 받고 있기 때문이다. 하지만 그 문제를 해결할 수 있는 열쇠를 상대가 가지고 있다고 믿기에, 답답하고 절망적인 마음에 화를 내기도 하고 달래거나 협박도 하며 그 열쇠를 얻으려 애쓴다. 하지만 관계의 문제를 해결할 수 있는 열쇠가 상대가 아닌 내 자신에게 있다면 어떨까? 이 책에서 리처드 슈워츠 박사는 우리가 흔히 믿고 있는 관계에 대한 가정과 문제 해결 방식에 근본적인 의문을 제기하며, 커플들이 관계의 악순환을 끊고 새로운 길로 나아갈 수 있게 안내한다.

　우리가 누군가를 사랑하게 되는 과정은 생각보다 훨씬 복잡하다. 하지만 우리 내면의 한 파트가 우리를 장악하여 파트너나 배우자를 선택했다면 어떤 일이 일어날까? 예를 들어 '사랑받지 못한다'는 고통스러운 마음이 연인을 선택한다면, 다른 조건은 전혀 고려하지 않고 '나를 사랑해 주기만 하면 된다'는 단순한 논리로 대상을 선택할 가능성이 높다. 무가치함을 느끼지 않으려고 애쓰는 마음이 주도를 한다면, 성취 지향적이고 성공적인 파트너를 선택하거나, 나를 꼭 필요로 하고 나 없이는 힘들 것 같은 안타까운 처지에 있는 사람을 찾아 상대가 필요로 하는 사람이 됨으로써 자신의 가치를 느끼려 할 수 있다. 감정적 고통으로부터 도피하려는 마음이 파트너 선택을 주도했다면 중독, 재미, 도피적 활동을 공유할 대상을 선택할 수 있을 것이다.

지금 잠깐 생각해 보자. 현재의 파트너 혹은 배우자의 어떤 점이 매력적이라고 느꼈는지? 그 사람과 함께라면 어떤 나의 문제가 해결될 것이라고 생각했는지? 파트너가 나를 온전하게 하고 나의 문제를 해결해 줄 것이라는 전제하에 관계를 시작했다면, 정작 파트너가 그런 기대를 충족하지 못했을 때 관계에 균열이 생기는 것은 아주 당연해 보인다. 결국, 기대하던 것이 사라지면 그 관계를 유지할 이유가 없어지는 것이다.

슈워츠 박사는 우리 내면의 어떤 파트들이 우리의 파트너 선택에 영향을 미치는지에 대해 설명하고, 또 그 파트의 바람대로 관계가 지속되지 않을 때 커플들이 문제를 해결하기 위해 흔히 시도하는 방법들—파트너를 내가 원하는 모습으로 바꾸려는 노력, 내가 파트너가 원하는 사람이 되기 위해 스스로를 변화시키는 노력, 상대에 대한 고통을 무감각하게 만들어 회피하는 방법 등—은 절박한 커플에게 해결책보다는 더 큰 좌절을 안겨줄 뿐이라고 지적한다. 그 대신 그는 진정한 해결책은 유턴You-turn에 있다고 강조한다. 이 유턴이란, 상대에게서 답을 찾는 대신 자신에게서 열쇠를 발견해야 한다는 것이다. 나를 완성시켜 주거나 내 문제를 해결해 줄 사람은 파트너가 아니라 바로 나라는 사실을 받아들이고, 파트너로 인해 자극된 자신의 감정의 근원을 들여다보며 그 이면의 상처를 치유하는 과정을 통해 관계의 악순환을 끊을 수 있다고 이 책에서 그는 강조한다.

 이 책은 치료사로서 나에게 큰 도움이 되었을 뿐 아니라 내가 남편과의 관계를 개선하는 데도 큰 영향을 주었다. 우리는 흔히 가까운 이가 나에게 준 상처나 그 사람의 실수를 그 사람의 본질적인 진실로 받아들이고, 그들이 나에게 잘해줬던 수많은 순간들은 위선이라고 치부해 버리곤 한다. 나 역시 남편의 행동이나 말로 인해 분노가 치밀어 오를 때, 그 순간에는 그동안 남편이 보여줬던 다정함을 모두 무시하고 남편을 파렴치한으로 몰아간다. 하지만 내가 그 순간 나를 장악한 감정을 알아차리고 이와 거리를 두게 되면, 그 분노 뒤에 감춰진 나의 상처를 알아차릴 수 있고 왜 내가 분노로 반응했는지 이해할 수 있으며 남편의 애정과 사랑도 느낄 수 있다. 더 나아가 나는 남편을 통해 내 내면에 관심과 치유가 필요한 나의 취약한 부분으로 다가가 치유를 할 수 있는 기회를 얻게 된다. 내 상처가 치유되면서 나는 보다 넉넉하고 편안하게 되어 관계에서 더 관대해질 수 있다.

 남편 또한, 내가 화를 낼 때 그것이 나의 진심이 아니라 나의 화난 파트가 나를 장악했기 때문이고 내가 그 파트와 분리되면 곧 나의 다정하고 사랑스러운 측면이 드러날 것이라고 믿으면, 그 순간을 참아내기가 좀 더 쉬워진다. 실제로 내가 분노 파트와 거리를 두고 다시 참나Self(우리 본연의 선한 마음) 상태로 돌아가면 무슨 일이 일어났는지 좀 더 명확하게 볼 수 있고 진심 어린 사과를 할 수 있다. 그 사과가 받아들여지면 우리는 다시 친밀한 관계를 회복할 수 있다. 이 책이 우리 삶의 한 부분이 되면서부터 우리 관계는 이전보다 더 단단해졌다. 우리는 이 책을 관계의 지침서로 삼아 상처를 빠르게 치유하고 관계를 회복하는 데 자주 활용하며 매번 실질적인 효과를 경험하고 있다.

　이 책은 IFS(내면가족체계) 모델을 기반으로 하고 있다. IFS의 기본 가정인 '우리 내면에는 다양한 생각과 감정들(파트들)이 마치 소인격들처럼 존재하며, 우리의 참나가 이들을 알아나가고 관계를 맺으며 보살피게 되면 보다 조화롭고 행복한 삶을 누릴 수 있다'는 개념을 한 개인에 적용하는 것을 넘어 관계에 적용하고, 아픈 관계를 치유하고 회복할 수 있는 대안을 제공한다. 사실 많은 커플들이 관계에 문제가 있어도 여러 가지 이유로 커플 치료사를 찾아가 상담을 받기는 쉽지 않다. 저자 리처드 슈워츠 박사는 도움이 필요한 커플들이 상담을 받지 않더라도 IFS의 기본 개념을 적용해 실질적인 도움을 받을 수 있도록 일반인의 눈높이에 맞추어 전문적 개념을 쉽게 풀어 설명하고, 각 장에 스스로 할 수 있는 실습을 많이 넣어 배운 것을 익히고 실천할 수 있게 했다.

   이 책이 나오기까지 많은 분들의 도움을 받았다. 특히 김경아 편집자님과 남편에게 감사의 말을 전한다. 이 책을 통해 한국의 독자들이 소중한 파트너와의 관계에 새로운 통찰을 얻고 실질적인 도움을 받으며, 참나가 우리 내면의 파트들을 이해하고 치유할 수 있을 때 찾아오는 평화와 행복을 개인적으로 느끼는 것 뿐 아니라 사랑하는 사람과의 관계에서도 느낄 수 있기를 바란다. 또한 이를 통해 두 사람이 어디서도 맛볼 수 없는 진정한 연결감을 경험하기를 바라며 옮긴이의 말을 마무리하겠다.

옮긴이 권혜경

용어 정리

IFS Internal Family Systems (내면가족체계)

IFS는 리처드 슈워츠 박사 Richard Schwartz, PhD가 고안한 심리치료 모델로, 인간 내면을 다양한 '파트 part'로 이루어진 내면 가족으로 본다. 파트란 우리 내면의 다양한 생각, 감정, 감각, 믿음 등으로 볼 수 있다. 파트들은 세 가지로 구분할 수 있는데, 추방자는 고통을 안고 있는 파트이고, 매니저는 추방자의 고통을 느끼지 않기 위해 매사에 준비하고 통제하는 파트이며, 소방관은 추방자의 고통이 느껴질 때 주의 분산이나 무감각함으로 고통의 불을 끄는 파트이다. IFS의 핵심은, 다양한 증상과 고통을 유발하는 우리 내면의 파트들이 우리의 본질이자 치유의 능력을 가지고 있는 참나 Self를 만나 이해받고 치유받는 과정을 통해 그들의 극단성과 마음의 짐을 내려놓게 되고, 그 결과 내면에서 파트들이 보다 조화롭게 공존할 수 있게 된다는 것이다. 참나의 리더십 아래 파트들이 내면에서 조화롭게 공존하면, 내면의 갈등이 해결되고 자기 연민과 평온을 회복하며 보다 건강한 대인관계를 형성할 수 있다. IFS는 개인의 내적 치유와 성장에 초점을 맞춘 치료법으로 전 세계적으로 엄청난 인기를 끌면서 널리 사용되고 있다.

매니저 Managers
우리의 일상 활동과 안전을 책임지는 파트이다. 매니저들은 우리 내면의 추방자들(트라우마/상처)이 자극되지 않게 해서 우리가 그들이 가지고 있는 감정(상처, 굴욕, 버림받음, 거절 등)을 느끼지 않게 하려고 한다. 이들은 우리의 시스템을 유지하기 위해 우리 내면의 파트들, 주변 사람들, 외부 사건들을 통제하려고 한다. 이들은 불안정함이나 고통, 취약함으로 이어질 수 있는 모든 것을 싫어한다. 일상에서 흔히 나타나는 매니저로는 비판자, 완벽주의자, 비관론자, 돌보는 자, 피해자가 있다.

소방관 Firefighters
매니저들이 실패하거나 추방자의 고통이 촉발될 때 나타나는 파트이다. 소방관의 목적은 최대한 빨리, 어떤 대가를 치르더라도 고통의 불을 끄는 것이다. 소방관은 이를 수행하기 위해 주로 주의 분산, 회피, 과잉 보상을 사용하는데, 이들은 반사적이고 충동적이고 파괴적인 것으로 유명하다. 일반적인 소방관으로는 음주, 분노, 폭식, 쇼핑, 도박, 해리, 자해, 자살 사고 등이 있다.

파트 Parts
파트란 우리의 생각, 신념, 감정, 감각, 행동, 특성, 그리고 성격으로 생각할 수 있다. 각 파트는 마치 사람처럼 각자 자기 고유의 생각, 감정, 행동, 기억, 경험을 가지고 있다. 파트들은 대체로 트라우마 때문에 고통을 받았고, 그 고통으로부터 우리를 보호하기 위해 특정 역할을 맡아야만 한다고 생각한다. 파트의 선한 의도가 참나Self에 의해 인식되고 이해될 때, 파트는 긴장을 풀고 트라우마나 상처로 인해 고통을 받고 있는 추방자exiles로 가는 길을 열어주어 참나가 이를 치유할 수 있게 한다. 참나에 의해 추방자가 치유되면, 파트는 자신이 지금까지 맡고 있었던 극단적인 역할에서 해방되어 우리에게 도움이 되는 내면의 자원으로 변한다. 파트들 간의 관계가 변화하면, 그들은 내면 시스템에서 조화롭게 공존할 수 있다. 파트에는 두 가지 종류가 있다. 보호자 파트Protectors와 보호받는 파트Protected parts이다. 보호자 파트에는 두 그룹, 즉 매니저와 소방관이 있고 보호받는 파트는 시스템에서 추방되어 있어 추방자로 불린다.

참나Self

IFS에서 가장 중요한 치유 요소로, 순수한 기쁨과 평화로 가득한 우리의 본질이라고 볼 수 있다. 참나로 있을 때 우리는 리더십과 치유의 특성을 발휘할 수 있다. 참나에는 여덟 가지 'C' 특성과 다섯 가지 'P' 특성이 있다. 여덟 가지 'C' 특성은 연민compassion, 호기심curiosity, 연결connectedness, 명료함clarity, 용기courage, 자신감confidence, 평온함calmness, 창의성creativity이며, 다섯 가지 'P' 특성은 현존presence, 인내patience, 관점perspective, 끈기persistence, 장난스러움playfulness이다. 참나는 언제나 우리 안에 태양처럼 존재한다. 그러나 태양과 구름의 관계처럼, 특정 순간에 참나를 가리는 파트들이 얼마나 많은가에 따라 참나로 머무를 수 있는 능력이 줄어들 수 있다. 그럴 때는 파트 감지기를 이용해 참나로 있는 것을 방해하는 파트에게 물러나라고 요청함으로써 참나로 더 머무를 수 있다.

참나 리더십 Self leadership

파트들이 참나를 믿고 참나가 시스템을 주도할 수 있게 허락을 해주는 상태를 말한다. 우리 시스템이 참나 주도가 될 때, 우리는 파트들과 빨리 분리되고 좋은 지휘자처럼 파트들을 잘 지휘할 수 있게 된다. 참나가 주도하는 시스템은 모든 것이 연결되어 있다는 것을 자각하기 때문에 조화롭고, 자연스러운 연민이 있고, 인간의 상태를 향상시키려는 동기부여가 되어 있다.

추방자 Exiles

추방자는 고통을 가지고 있는 파트이다. 이들은 대체로 어린 파트로서, 트라우마를 경험했을 때의 고통을 간직한 채 그 시기에 얼어붙어 있다. 이들은 과거의 트라우마/상처에서 온 기억, 감정, 감각, 신념을 가지고 있으며, 일상적인 기능을 방해하지 않도록 우리 내면 깊숙이 추방되어 있기 때문에 추방자라고 불린다. 이들은 상처받고 버림받은 어린아이처럼 연결과 구원을 갈망하고 있다.

추천의 말

너무나 독창적인 이 책은, 커플이 서로 친밀감을 맺는 데 방해가 되는 장애물에 대해 중요하고도 새로운 통찰을 제공한다. 우리는 대부분 과거에 수치심과 버림받음을 경험하며, 마음의 짐을 짊어지게 된 내면의 '추방자exiled parts'를 가지고 있다. 그리고 이런 경험들이 우리의 친밀감을 방해한다. 슈워츠 박사는 파트너가 자극하는 우리 내면의 추방자들을 이용해 관계에서 상처를 주고받는 것의 근원인 우리의 초기 애착 상처를 발견하고 치유하는 방법을 제시한다. 이를 통해 우리는 관계 속에서 온전히 살아갈 수 있는 능력을 해방시킬 수 있다.

— 베셀 반 데어 콜크Bessel A. van der Kolk, MD
트라우마 센터 디렉터, 보스턴대학교 의과대학 정신의학 교수

심오하면서도 쉽게 읽히는 이 책은, 치료사와 내담자 모두에게 명확한 지침을 제공한다. 내담자인 커플들은 이 책을 통해 일반적인 커플 치료에서

기대할 수 있는 것뿐만 아니라 자신들을 경직된 성 역할에 가두고 서로와의 친밀감을 가로막는 문화와 가족에서 온 마음의 짐을 내려놓는 방법을 배우게 된다. 치료사들은 이 책을 통해 커플 치료를 위한 실질적인 방법, 또 커플에게 힘을 실어주는 치료 방법을 배우게 된다. 나는 오늘날 이 세상에서 관계를 개선하는 데 진심인 모든 사람들에게 이 책을 강력히 추천한다!

— 테런스 리얼 Terrence Real
《나는 그것에 대해 말하고 싶지 않아 I Don't Want to Talk about It》,
《어떻게 해야 당신에게 전할 수 있을까? How Can I Get Through to You?》,
《결혼의 새로운 규칙 The New Rules of Marriage》의 저자

이 책은 나에게 관계에 대한 진리를 알려주는 성경책과 같다. 이 책에 나와 있는 IFS의 원칙과 방법은 나에게 '용기 있는 사랑'에 이르는 직접적인 길을 열어주었고, 남편과의 관계에서 이전에는 상상도 못했던 깊은 연결감을 느낄 수 있게 해주었다. 나는 이 책을 침대 머리맡에 두고 매일 밤 의식처럼 읽는다.

— 개비 번스타인 Gabby Bernstein
《우주에는 기적의 에너지가 있다 The Universe Has Your Back》의 저자,
《뉴욕타임스》 1위 베스트셀러 작가

리처드 슈워츠 박사의 내면 가족체계IFS에 대한 연구와 그의 최신 저서인 이 책은 내 삶에 심오한 변화를 가져왔다. 삶에서 아주 중요한 과업 중 하

나는 자신에 대한 연민을 배우는 것인데, 그의 연구는 내가 이 여정을 걸어가는 데 결정적인 역할을 했다. 그의 독창적인 접근 방식 덕분에 나는 존재의 모든 측면, 즉 인지적·신체적·감정적 측면 모두에서 사랑과 온유함으로 성장할 수 있게 되었다. 나는 그의 연구가 세상을 변화시킬 것이라고 깊이 믿는다. 슈워츠 박사의 책은 자신과 타인에 대한 더 큰 연민과 사랑을 찾고자 하는 사람들에게, 특히 보다 큰 전체와 세상 속에서 자신이 해야 할 역할을 더 잘 이해하려는 사람들에게 내가 가장 먼저 추천하는 도구이다.

― **크리스타 윌리엄스**Krista Williams
인기 팟캐스트 〈거의 서른Almost 30〉, 〈아침의 작은 영감Morning Microdose〉의
공동 진행자, '타로를 현대적으로 풀어내기Making Tarot Modern'의 창립자

이 책은 깊이 사랑하고, 진정성 있고, 의미 있는 친밀한 관계를 원한다면 내가 영향을 미칠 수 있는 유일한 사람, 바로 나 자신부터 시작해야 한다는 깊은 진리를 설득력 있게 이야기한다. 철저한 연구를 바탕으로 하면서도 매우 이해하기 쉽게 쓰인 리처드 슈워츠 박사의 이 책은 매우 설득력이 있어서 내 관심을 사로잡았고, 보다 평화롭게, 또 용기 있게 사랑할 수 있는 관계를 누릴 수 있는 희망과 도구를 나에게 선사했다.

― **태라 슈스터**Tara Schuster
《너 자신을 위해 망할 놈의 백합을 사라Buy Yourself the F*cking Lilies》 및
곧 출간 예정인 《빌어먹을 어둠 속에서 빛나기Glow in the F*cking Dark》의 저자

리처드 슈워츠는 이 책에서 관계 속에서 자기 자신을 잃지 않기 위해 고군분투하는 사람들을 위해 중요한 통찰을 제공한다. 이 책은 자기 연민과 사랑의 길을 걸어가는 이들에게 훌륭한 동반자가 되어줄 필독서이다.

― 에스더 페럴Esther Perel
심리치료사, 작가,
팟캐스트 〈어디서 시작해야 할까Where Should We Begin?〉 진행자

최근 연구에 따르면, 슈워츠 박사가 개발하고 이 책에서 다루고 있는 IFSInternal Family Systems(내면 가족 체계) 모델은 자기 수용을 증진하고 자기 연민을 강화하며 감정 조절 능력을 향상시키는 데 도움을 준다. 이 책은 인간이 직면하는 가장 복잡한 문제이자 동시에 치유의 기회를 제공하는 파트너와의 친밀한 관계를 이해하고 또 풀어나가는 데에서 어떻게 IFS 모델을 적용하는지를 보여준다. 현대 문화는 친밀함을 달성하고 유지하는 방법에 대한 잘못된 제안과 오해로 우리를 혼란에 빠뜨리지만, 이 책은 치유의 여정이 반드시 자기 자신으로부터 시작해야 함을 독자에게 일깨워 주고 있다.

― 제브 슈만-올리비에Zev Schuman-Olivier, MD
하버드 의과대학 정신의학과 조교수,
케임브리지 헬스 얼라이언스 〈마음 챙김과 연민 센터〉 소장

들어가며

> 환희에 찬 마음으로
> 자신의 문에 자신의 거울에 도착한 자신을 맞이하고
> 서로의 환영에 미소를 지으며 여기 앉아서 먹으라고 할 때가 올 것이다.
> 당신은 당신 자신이었던 그 낯선 사람을 다시 사랑하게 될 것이다.
> 평생 당신을 사랑했던, 하지만 당신이 무시했던 그 낯선 사람에게
> 포도주를 주고, 빵을 주고, 당신의 마음을 돌려주어라.
> 서로를 위해…
> ― 데릭 월콧Derek Walcott,《1948-1984 시 모음집》

커트Kurt와 마리사Marissa 부부와 진행하는 첫 번째 커플 세션이다. 마리사는 초반의 긴장감을 깨면서, 자신들은 절망적이며 마지막 희망을 치료사인 나에게 걸고 있다고 말을 시작한다. 이 부부는 4년 동안 매우 힘든 시간을 보냈고, 다른 커플 치료사들과 세 차례 상담을 하기도 했으며, 주말에 열리는 커플 워크숍에도 여러 차례 참여했다. 그들은 여기저기서 배운 의사소통 기술을 정말로 열심히 연습했고 때로는 그것이 도움이 된다고 생각했지만, 부부 중 한 사람이 상대방의 아픈 부분을 건드

리면 모든 노력이 무너지고 말았다. 커플 치료를 받는 과정에서 이 부부는 자신들이 가진 몇 가지 고질적인 문제에 대해 타협점을 찾기도 했지만, 서로에 대한 근본적인 불만이 여전히 남아 있었다.

커트도 동의하며, 무력감과 절망감을 느낀다고 덧붙였다. 그는 연애를 많이 해봤지만 제대로 된 파트너를 찾았다는 확신이 들 때까지 결혼을 미뤄왔었다. "우리는 너무나 사랑했고, 공통점이 너무 많으며, 둘 다 지적이에요. 왜 잘 안 되는 걸까요? 저는 항상 제 인생에서 성공해 왔어요. 제가 원하는 것을 발견하고 그것을 얻기 위해 열심히 노력하면 성공했죠. 문제를 정면 돌파하면 해결할 수 있었어요. 그런데 이 결혼은 제 인생에서 가장 큰 실패예요"라고 그는 말한다.

커트와 마리사 부부와 비슷한 상황에 처한 커플이 많다. 우리 사회와 관계 전문가들은 소통 부재와 공감 부족을 관계 문제의 핵심 원인으로 꼽는다. 많은 커플들이 이런 문제를 극복할 수 없는 서로의 무능함에 서로를 비난하며 상처를 주고받는다. 그들은 가정에서 조화를 이루지 못하고 인생에서 가장 중요한 관계에서 만족을 얻지 못한다는 이유로 자신과 상대방을 번갈아 가며 비난한다.

하지만 비난의 대상이 우리가 아니라 '의사소통과 공감이 관계의 문제를 해결한다'는 바로 그 전제라면 어떨까? 커트와 마리사가 아무리 완벽한 의사소통을 하고 또 아무리 타협하고 공감하더라도 성공할 수 없다면 어떻게 될까? 많은 커플은 서로의 요구를 이해하고 서로에게 충분히 맞춰줄 수만 있다면 행복할 수 있다는 말을 듣는다. 커플 치료 또한 각 파트너가 무엇이 필요한지 상대방에게 묻고, 서로의 필요를 충족시키기 위한 변화를 찾도록 돕는 데 초점을 맞춘다. 그러나 '서로에게 맞춰줘야 한다'는 바로 이 전제가 오히려 실패를 불러일으킬 수 있는 본질적인 결함을 가지고 있다면 어떻게 해야 할까?

나는 이 전제에 문제가 있다고 생각한다. 각 파트너의 내면과 삶의 맥락 속에는 특정 조건들이 존재하고, 이 조건들이 변화하지 않으면 그들이 갈망하는 친밀하며 서로를 지지하고 존중하는 연결감을 찾지 못할 것이다. 이 책은 이러한 조건들을 설명하고 이를 변화시킬 수 있는 명확한 길을 제시한다. 이 책은 커플이 기대하지만 또 두려워하는 서로를 통제하려 하고, 서로에게 의존하려고 하고, 서로를 소유하려 하고, 서로와 거리를 두려고 하는 관계를 용기 있는 사랑으로 대체하도록 도울 것이다.

각 파트너가 서로 용기 있는 사랑을 할 때, 많은 커플들이 겪는 만성적인 어려움은 대부분 눈 녹듯이 사라진다. 왜냐하면 서로가 상대방의 기분을 좋게 만들어야 한다는 일차적인 책임에서 해방되기 때문이다. 그 대신, 각자가 자신의 취약성을 돌보는 방법을 알기 때문에 누구도 상대방을 자신이 원하는 틀에 집어넣거나 그들의 여정을 통제할 필요가 없어진다.

용기 있는 사랑은 파트너를 부모/구원자/자신의 자존감을 높이는 도구/보호자라는 한정된 역할에 더는 가둘 필요가 없기 때문에 파트너의 모든 측면을 받아들이게 한다. 그렇게 될 때 파트너는 수용과 자유를 느끼게 되는데, 이는 놀랍고 낯선 경험이 될 것이다. 상대방은 자신을 당신으로부터 더는 보호할 필요가 없고 당신을 향해 마음을 열 수 있다는 것을 믿게 된다.

따라서 자신의 감정을 스스로 돌볼 수 있는 능력을 갖추면 파트너의 행동에 과민 반응하지 않게 되며, 서로에게 다가가거나 거리를 두는 것을 자연스럽게 허용하는 용기가 생겨 관계가 더 친밀해질 수 있다. 파트너를 잃거나 상처 받을 것에 대한 두려움이 줄어들면 파트너를 온전히 포용할 수 있고 당신을 향한 파트너의 사랑을 기쁨으로 받아들일 수 있다.

이것이 지금 당신이 경험하는 관계와는 거리가 먼 이야기로 들리는가? '좋은 말 같지만, 그런 식으로 나를 대할 만큼 진화한 사람을 어디서 찾을 수 있을까?'라는 생각이 드는가? 이런 사람은 생각만큼 그렇게 멀리 있지 않을 수도 있다. 당신과 당신 파트너가 내가 '유턴You-turn'*이라고 부르는 것에 초점을 두고 내면의 관계를 새롭게 맺기 시작한다면, '용기 있는 사랑'이란 노력해야 하는 어떤 것이 아니라 자연스러운 삶의 방식이 될 수 있다는 것을 두 사람은 알게 될 것이다. 또한 당신은 많은 부분에서 당신 스스로를 보살필 수 있다는 것을 알기 때문에 파트너가 당신을 돌볼 필요가 없다는 것을 알게 될 것이다.

두 번째 세션에서 나는 커트와 마리사에게 유턴을 제안했고, 그들은 대부분의 커플이 처음에 보이는 반응을 보였다. 마리사는 "저는 이 과정에서 제 내면의 여러 파트들**을 살펴볼 의향은 있지만, 커트가 제 자존감을 갉아먹는 건요? 그는 항상 저를 비판해요"라고 말했다. 커트도 비슷한 저항을 보이며, "내가 스스로 노력해서 마리사가 섹스에 대한 관심이 없는 것을 그냥 받아들여야 하나요? 섹스리스 결혼도 괜찮다는 걸 받아들이라는 건가요?"라고 말했다.

이 책에서 내가 제안하는 것은 서구 문화에서는 잘 받아들여지지 않는 아이디어일 수 있다. 많은 사람들은 파트너가 자기를 행복하게 만들어줄 수 있다고 생각하고 파트너에게 의존하려 하지, 자신의 행복을 위해 스스로 무언가 할 수 있다고 믿지

---

* **옮긴이 주** 여기서 지은이는 영어에서 U와 You의 발음이 같은 것에 착안해 U-turn과 You-turn을 중의적인 의미로 사용하고 있다.

않는다. 우리는 우리 내면에 있는 고통의 근원에 집중하고 이를 다루기보다는 우리를 고통스럽게 하는 외부 자극을 변화시키려 한다. 이런 식으로 외부에 초점을 맞추고 그에 맞춰가도록 돕는 치료는, 우리 관계의 비옥한 표토를 점차 침식하는 내적·외적 폭풍으로부터 기껏해야 일시적인 안식처를 제공할 뿐이다. 다른 방법은 있으며, 이 책에서 그 방법을 살펴볼 것이다. 그러나 그 전에 '맞춰가야 한다'는 전제에 대한 문제점을 좀 더 깊이 살펴볼 필요가 있다.

**   **옮긴이 주** 영어에서 파트part라는 단어는 a part of me feels this way, a part of me thinks this way라는 식으로 일상에서 자연스럽게 쓰이는 말이다. 지은이가 내면의 다양한 인격을 파트로 지칭하는 이유는 우리가 특정 순간에 경험하는 어떤 생각이나 감정 등은 우리 전체를 대변하는 것이 아니라 우리의 한 부분일 뿐이라는 것을 강조하기 위함이다. 이 파트라는 말을 한국어로 직역을 하여 '부분'이라고 할 때는 맥락에 따라 부자연스럽게 느껴질 수 있으므로 이 책에서는 그냥 '파트'로 지칭하도록 한다. 하지만 문맥상 파트라는 말이 부자연스러울 때는 마음, 부분, 측면 등으로 다양하게 번역했다.

세 가지 프로젝트

—

당신의 파트너가 항상 당신의 기분을 좋게 만들어주는 데 실패할 수밖에 없는 이유는 다음과 같다. 예를 들어 당신이 과거에 거절과 외로움으로 가득 찬 힘든 삶을 살았다면, 파트너의 사랑으로 무가치함과 자기혐오의 먹구름을 일시적으로는 걷어낼 수 있을 것이다. 하지만 이 먹구름은 파트너가 옆에 없거나 그 사람이 좋은 무드에 있지 않을 때마다 다시 돌아올 것이다. 만약 파트너가 당신을 구원해 주리라고 기대하며 연애를 시작했다면 당신은 결국 실망할 수밖에 없다. 서구 문화는 그리고 많은 관계 전문가들은 우리에게 잘못된 지도와 부적절한 도구를 제공했다. 우리는 사랑이 특별하고 친밀한 파트너의 마음속에 숨겨진 보물이라고 들었다. 그 '완벽한' 파트너만 찾으면 우리가 갈망하는 사랑이 끝없이 넘쳐흘러 우리 마음속 공허함이 채워지고 고통이 치유될 것이라고.

그러나 그 사랑의 흐름이 잠시라도 멈추면 우리는 두려움을 느끼고, 세 가지 프로젝트 중 하나를 시작하게 된다. 이 중 처음 두 가지 프로젝트는 파트너를 다시 사랑의 구원자로 만들기 위한 것이며, 세 번째 프로젝트는 그러한 노력을 포기하고 대안을 찾는 것이다.

첫 번째 프로젝트는 가장 일반적인 것으로, 파트너를 변화시키기 위해 직접적으로 강요하는 것이다. 우리 중 일부는 상대의 마음을 둘러싼 벽을 뚫기 위해 무딘 톱이나 메스, 다이너마이트를 꺼내 든다. 우리는 상대를 변화시키기 위해 애원하고, 비판하고, 요구하고, 협상하고, 유혹하고, 거부하고, 수치심을 주기도 한다. 그러나 대부분의 파트너는 마음을 바꾸려는 우리의 조잡한 시도에 저항하고, 이러한 시도 뒤에 숨어 있는 우리의 비판적이고 조종하려는 태도를 감지하고 방어적으로 된다.

두 번째 프로젝트는 파트너에게 썼던 조잡한 도구들을 우리 자신에게 똑같이 사용하는 것이다. 먼저 우리는 파트너가 우리에 대해 불만을 느끼는 부분을 파악하고, 그것이 우리의 진정한 모습이 아니더라도 그들이 원하는 대로 우리 자신을 맞추려고 노력한다. 우리는 자기비판과 수치심을 이용하여 성격의 일부를 잘라내거나, 성형이나 다이어트를 통해 신체의 일부를 덜어내며, 내가 파트너를 기쁘게 하면 그가 나를 사랑해 줄 것이라고 생각한다. 이 자기 변화 프로젝트는 진정성이 없기 때문에 대부분 역효과를 낸다.

세 번째 프로젝트는 우리가 파트너로부터 갈망하던 사랑을 얻는 것을 포기할 때 시작된다. 이 시점에서 우리는 상대에게 마음을 닫기 시작하고 ① 다른 파트너를 찾거나, ② 기존 파트너와 함께 살기 위해 관계에서 오는 고통과 공허함에 무감각해지거나, ③ 혼자서 살아가기 위해 무감각해지고 주의를 분산시킨다.

이 모든 방법은 '추방 프로젝트'이다. 첫 번째는 우리를 위협하는 파트너의 파트들(특정 측면들)을 추방하는 것이다. 두 번째는 파트너가 싫어할 것 같은 우리 내면의 파트들을 추방하는 것이다. 세 번째는 상대에게 애착된 우리의 파트들을 추방하는 것이다. 나중에 설명하겠지만, 관계가 추방자를 만들 때마다 우리는 대가를 치르게 된다.

커플은 다양한 문제를 호소하며 치료를 받으러 오지만, 대체로 역기능적인 상호작용 패턴 뒤에는 이 세 가지 프로젝트의 조합이 있다는 것을 알아차리는 것은 어렵지 않다. 왜냐하면 우리는 대부분 고통, 수치심, 공허함으로 가득 찬 내면의 지하실을 가지고 있고, 이런 감정이 터져 나오지 않도록 무감각하게 만들거나 주의를 분산시키는 것 외에는 내면의 고통을 다루는 법을 알지 못한다. 그리고 우리는 이 모든 것이 특별한 사람의 사랑으로 치유될 수 있을 것이라 믿으며 그것을 얻기 위해 살아왔다.

로맨스를 통한 구원
: 데비의 이야기

베스트셀러 작가 데비 포드Debbie Ford는 자신이 느꼈던 내면의 무가치함과 싸운 경험을 이렇게 묘사했다. "다섯 살 때쯤, 저는 제 머릿속에서 '나는 충분하지 않아. 나는 남들이 원치 않는 사람이야. 나는 어디에도 속할 곳이 없어'라고 속삭이는 목소리에 익숙해져 있었어요. 마음속 깊이 저는 저에게 뭔가 문제가 있다고 믿었고, 제 결점을 감추기 위해 많은 노력을 기울였습니다."[1] 이런 말은 나뿐만 아니라 나의 내담자들도 충분히 할 수 있는 말이다. 우리 각자는 내면의 불안을 다룰 수 있는 방법들을 찾으며, 그 불안을 사라지게 해줄 구원자를 기다리며 살아간다.

데비가 어렸을 때 불안을 다룬 방법은 자신의 매력과 우수한 성적으로 끊임없이 타인들의 인정을 받아 부정적인 목소리를 잠재우는 것이었다. 이 전략은 일시적으로는 효과가 있었지만 지속적이지는 않았다. "저를 인정해 주거나 괜찮다고 말해 줄 사람을 찾을 수 없을 때는 길 건너편에 있는 세븐일레븐에 몰래 가서 사라 리 브라우니* 한 봉지와 코카콜라 한 병을 사서 먹곤 했어요. 그 정도의 설탕은 정말 효과가 있는 것 같았습니다." 하지만 열두 살이 되던 해에 부모님이 이혼하면서 데비는 충격과 수치심에 빠졌고, 모든 고통은 더 깊어졌다. 그녀는 자신이 결함이 있고 상처 받았으며 인생에서 나쁜 일을 많이 겪었다는 깊은 두려움을 억누르고 있었다.[2]

"나를 사랑해 줄 특별한 사람이 나타나지 않을까?"라는 애처로운 질문의 다양한 버전이 많은 이들의 마음속에 자리 잡고 있으며, 이런 생각이 보물찾기와 무언가를 바꾸려는 시도의 원동력이 된다. 그 어두운 순간에 우리는 너무나 심한 상실감과 절망감, 외로움을 느끼기 때문에 로맨틱한 구원만이 유일한 해결책인 것처럼 보인다. 친구, 가족, 미디어로부터 받는 많은 메시지는 이런 환상적인 해결책에 대한 우리의 집착을 강화시킨다.

데비는 자기혐오라는 내면의 수렁에서 벗어나기 위해 성취와 완벽한 외모를 계속 이용했지만 그것만으로는 충분하지 않다는 것을 알게 되었다. "저는 마약에 빠져 끊임없는 내면의 소음을 잠재우려고 했습니다. 저는 계속되는 내면의 대화, 즉 내가 절대로 성공하지 못할 것이라는 이야기, 내가 그토록 간절

---

*　**옮긴이 주** 사라 리 브라우니Sara Lee Brownie는 슈퍼마켓이나 편의점에서 손쉽게 살 수 있는 과자 형태의 초콜릿 케이크이다. 한국에서의 초코파이처럼 미국에서 누구나 아는 과자라 보면 된다.

히 원했던 사랑, 안정, 내면의 평화를 결코 얻지 못할 것이라는 이야기의 최면에 걸렸습니다."[3]

당연히 데비는 이런 고통으로부터 피난처를 찾기 위해 정신없이 보물찾기에 나섰고, 그녀의 삶은 결국 보물찾기의 연속이 되었다. "20대에 저는 고통을 덜기 위한 처방전에 남자들을 추가했는데, 불행히도 남자들과의 관계는 항상 제 기대와는 반대로 작용했습니다. 이런 관계들은 구원의 약속으로 시작했지만 결국은 시작했을 때보다 더 깊은 절망에 빠지며 끝이 났어요."[4]

이 마지막 문장은 많은 사람들의 경험을 요약하고 있다. 우리는 우리를 사랑하고 우리를 구원해 줄 사람을 찾았을 때, 즉 우리가 무가치하지 않다는 것을 증명해 줄 구원자를 발견했을 때 강렬한 환희를 느끼지만, 그 사람도 결국 우리가 찾던 답이 아니었다는 것을.

이 책에서 다룰 주제는 음식, 마약, 성취, 완벽한 외모가 우리의 무가치감을 없애줄 수 없는 것처럼 우리의 파트너도 그럴 수 없다는 것이다. 결국 그들은 우리의 간절한 파트들을 실망시키고, 우리는 더 깊은 절망과 좌절의 늪에 빠지게 되는데, 이 시점에서 우리는 앞서 말했던 세 가지 프로젝트 중 하나를 시작하게 된다.

당신 파트들의 주 양육자가 되기

다행히도 우리를 고통과 수치심에 가두는 이런 비관적인 패턴에서 벗어날 방법은 있다. 그 목표를 향한 첫 번째 단계는, 우리의 초점을 전환하는 것이다. 데비처럼 대부분의 사람들은 자신의 내면의 삶을 피하고 구원자를 찾거나 그들을 바꾸는 것을 포함한 외적인 해결책에 주의를 집중한다. 나는 커플들이 초점을 완전히 유턴하여 자신들이 두려워하는 내면의 세계에서 도망치지 않고 오히려 이를 향해 나아갈 수 있도록 돕는다.

내면에 깊이 귀를 기울일 때, 우리는 일상적인 경험의 배경이 되는 다양한 감정, 환상, 생각, 충동 및 감각을 만나게 된다. 우리가 이러한 내면의 경험 중 하나에 집중하고 질문을 하면, 그것이 단순히 순간적인 생각이나 감정 그 이상이라는 것을 알게 된다. 우리 내면에는 다양한 하위 인격subpersonalities이 존재하는데, 이를 **파트**parts라고 부른다.[5] 이 파트들은 우리가 모순되고 혼란스러운 욕구를 동시에 가질 수 있는 이유이다. 미국 시인 월트 휘트먼Walt Whitman은 〈나의 노래Song of Myself〉에서 이렇게 짚어낸다. "나는 내 자신과 모순되는가? 좋아, 그렇다면 나는 내 자신과 모순되는 거야. (나는 크고, 나는 아주 많은 무리의 나를 품고 있어)"[6] 우리 모두의 내면에는 우리의 무리들이 있다.

따라서 "너 자신을 알라"는 델파이Delphi 신탁의 훈계는 실제로는 "너 자신들을 알라"가 되어야 할 것이다.

나는 여기서 서로 다투는 하위 인격들을 '파트'라고 부르는데, 그 이유는 내가 처음 이런 식의 작업을 시작했을 때 나의 내담자들이 그렇게 불렀기 때문이다. 한 내담자는 "제 속의 어떤 파트는 결혼 생활을 유지하고 충실하고 싶어 하지만 다른 파트는 매일 밤 다른 여자와 자유롭게 관계를 맺고 싶어 해요"라고 말했다. 또 다른 내담자는 "내가 직장에서 성공하고 있다는 것은 알지만 아내가 내가 얼마나 어리석고 무능한지 알게 되는 것은 시간문제라고 생각하는 파트가 있어요"라고 말했다. 자기혐오가 심한 데비 포드를 괴롭힌 비판적인 목소리는 자신감을 떨어뜨려 위험을 감수하지 못하도록 막으려는 **보호자**protector*라고 부르는 파트로, 많은 사람들에게서 흔히 나타난다. 내면의 비판자가 하는 말을 믿고 그 결과 무가치하고 공허함을 느끼는 취약한 내면의 아이 같은 파트는 내가 **추방자**exile라고 부르는 파트의 한 예이다.

---

* **옮긴이 주** 보호자 파트는 추방된 파트(추방자)를 보호하거나 추방된 파트들이 시스템을 압도하지 않도록 보호하는 역할을 한다. 이 파트는 두 가지로 구분할 수 있는데, 매니저와 소방관이 이에 속한다.

처음 이런 식의 작업을 시작했을 때, 내가 세션에서 안전하고 수용적인 분위기를 제공하면 내담자들이 자신의 파트들과 내면에서 대화를 할 수 있다는 사실에 나는 놀랐다. 내면에 깊이 몰입한 상태에서 그들은 파트들이 비합리적이거나 자기패배적인 방식으로 반응하게 된 동기를 이해할 수 있었다. 파트들의 이야기를 들으면서 처음에는 비합리적으로 보였던 것이 갑자기 이해가 되기 시작했다. 많은 경우, 파트들은 자신들이 과거 어느 지점에 갇혀 있는지 알려주었고, 그 당시 왜 그런 행동을 했는지, 왜 그렇게 믿었는지를 말해주었다. 그러면서 내담자들은 파트들이 왜 그렇게 될 수밖에 없었는지 이해했고, 심지어는 그런 행동과 믿음이 그 당시에는 필요했었다는 것을 알게 되었다.

당신은 스스로를 치유할 수 있다. 당신이 바로 당신의 취약한 파트들이 기다려온 그 특별한 사람이 될 수 있다. 그렇게 되면 당신의 파트너는 구원자의 역할과 그에 수반되는 프로젝트에서 해방되고 두 사람은 진정한 친밀감을 느낄 수 있게 된다.

이전에는 이것이 별로 희망적으로 들리지 않았다. 왜냐하면 과거에 치유란 오랜 시간동안 심리 치료를 받으며 당신이 어린 시절에 어떤 상처를 받았는지에 대해 치료사와 함께 추측하는 것을 의미했기 때문이다. 이러한 통찰이 고통을 줄여주기를 바랐지만, 별다른 진전을 이루지 못한 경우가 많았다. 그러나 이제는 상황이 달라졌다. 이제는 당신의 고통과 수치심의 근원을 빠르게 발견하고 고통을 품고 있는 파트들의 고통을 덜어주는 것이 가능하기 때문이다. 그 과정에서 당신의 파트들은 당신을 치유자로 신뢰하고 환영하게 된다. 이렇게 되면 당신의 파트들은 파트너와 함께 있는 것을 좋아하게 될 것이다.

참나 THE SELF

내담자들이 자신의 극단적인 감정과 생각들(자신의 파트들)로부터 분리하는 법을 배우게 되면서, 나는 그들이 자발적으로 침착하고 중심이 잡힌 상태, 즉 **참나**Self라고 부르는 상태로 들어가는 것을 목격했다. 세션 안에서 이런 일이 일어날 때는 공기 중의 에너지가 급변하는 것처럼 느껴질 정도로 변화를 감지할 수 있다. 내담자의 얼굴과 목소리가 더 부드럽고 평온해지며, 분노, 방어, 경멸 없이 자신의 파트들을 탐색할 수 있는 개방성과 다정함이 나타난다. 이러한 참나의 상태에 접근할 때 내담자는 이 모든 갈등하는 내면의 전사들을 넘어선 더 깊고 근본적인 것, 즉 영적 전통에서 흔히 '영혼soul' 또는 '본질essence'이라고 부르는 것을 접하게 된다. 참나 상태의 한 측면은 '마음 챙김'이라고 부르는 것이다. 참나 상태에 있을 때 내담자들은 내면의 추방자를 스스로 돌보는 방법을 이미 알고 있으며, 이 파트들이 본래 나쁜 것이 아니기 때문에 구원이 필요하지 않다는 것을 깨닫게 된다. 나는 이런 상태를 **참나 리더십**이라고 부른다.

참나 대vs. 참나 상호작용

커플 세션에서 각 파트너가 이 참나 상태에 접근하도록 도왔을 때, 커플이 겪고 있는 관계 문제에 대한 서로의 상호작용에서 극적인 변화가 일어나는 것을 나는 보았다. 그들의 대화는 방어적이고 파트들이 지배적이었던 평소의 대화와는 완전히 달라졌다. 비록 감정적으로 민감한 내용을 논의할 때에도 그들은 서로를 존중하고 연민어린 어조를 유지하며 자신을 방어하지 않고 경청할 수 있었다. 이전에는 시도하기 어려웠던 창의적인 해결책이 나의 개입 없이도 자연스럽게 나오곤 했다.

파트를 대변해서 말하기

이런 대화에서 내담자 파트들의 감정이 부재했다는 것은 아니다. 오히려 내담자들은 자신들의 매우 강한 감정에 대해 이야기를 했지만, 그들은 자신의 파트들과 약간 분리되어 있었기 때문에 그 강렬한 감정에 휩쓸려서, 그 감정이 직접 말하게 하는 대신 그 강렬한 감정을 대변해서 말할 수 있었다. 예를 들어, 과거에 마이클은 마리사에게 "내가 말하려고 할 때 당신이 나를 방해하는 게 싫어"라고 단호하고 판단적인 목소리로 말했을 것이다. 내가 마이클이 참나 리더십을 발휘하도록 도와주었을 때, 그는 "당신이 나를 방해할 때 당신이 내 감정에 신경 쓰지 않는다고 생각하는 화난 파트가 자극이 되었어"라고 말했다. 그의 말투는 여전히 부드럽고 연민이 담겨 있었으며, 마리사가 자기를 방해했을 때 그녀의 마음속에서는 무슨 일이 일어났는지에 대한 호기심을 계속 유지할 수 있었다.

이 책은 모든 관계, 특히 로맨틱한 관계에서 놀라운 변화를 가져올 두 가지를 할 수 있도록 고안되었다. 첫 번째는 당신의 참나가 당신의 추방자들에 대한 주 양육자가 되어 파트너는 보조 양육자가 되게 하는 것이다. 이렇게 되면 당신의 보호자 파트들은 앞에서 언급한 모든 프로젝트를 포기할 수 있으며, 그러면 당신은 파트너를 당신이 원하는 모습으로 몰고 가지 않고, 있는 그대로의 그 사람을 즐길 수 있다. 이렇게 되면 아이러니하게도 당신의 파트너는 경계심을 풀고 취약해질 수 있어서 당신이 추구하는 사랑에 보답할 수 있게 된다. 두 번째로, 이 책은 당신이 점점 더 참나 상태에서 파트너와 상호작용할 수 있게 도와 당신과 파트너 사이의 오랜 문제를 해결하게 하거나 그 문제가 별로 중요하지 않게 만들 수 있을 뿐만 아니라, 두 사람 모두에게 지속되는 친밀감과 깊은 연결감을 형성할 수 있게 돕는다.

이러한 목표를 달성하는 것이 쉽다는 것은 아니다. 서구 문화가 제공하는 많은 신념과 외부적 조건은 이를 방해하며, 우리 각자는 이를 더 어렵게 만드는 개인적인 상처와 마음의 짐을 가지고 있다. 이를 해결하기 위해서는 노력이 필요하며, 때로는 치료사와 함께 작업을 해야 할 수도 있다. 이 책은 이런 작업을 당신이 보다 수월하게 하고, 더 지혜롭게 할 수 있도록 돕기 위해 만들어졌다.

우선 친밀한 관계를 어렵게 만드는 문화적 요인에 대해 살펴보자.

1장

친밀함을 가로막는
문화적 제약

CHAPTER 1
CULTURAL CONSTRAINTS TO INTIMACY

만약 가족이 또는 우리가 자란 문화가 우리 내면의 추방자들을 돌보도록 장려했더라면, 친밀함을 유지하는 것이 그렇게 어렵지는 않았을 것이다. 하지만 안타깝게도 현실은 그렇지 않아서, 성공적인 관계를 유지하는 데 필요한 이 비밀을 아는 사람은 거의 없다. 당신은 가족들로부터 상처 받거나 의존적이거나 부끄럽게 느끼는 순간, 즉 고통을 느끼는 순간에 당신의 추방자 파트들을 가두어 두라는 정반대의 메시지를 받았을 가능성이 높다. 그런 다음 서구 문화는 우리가 마침내 '소울 메이트'를 찾으면 모든 문제가 해결될 것이라는 메시지를 퍼부어 댔다.

고립

로맨스, 안도감, 구원을 친밀한 관계에서 찾을 수 있다는 문화적 메시지는 우리가 미국식 결혼이라는 독특한 제도로 들어가도록 설득하는 데 일조한다. 문화인류학자 마거릿 미드Margaret Mead는 "미국식 결혼은… 인류가 시도한 결혼 형태 중 가장 어려운 것 중 하나다"라고 말한 바 있다.[1] 과거에는 커플들이 친척과 친구들로 구성된 공동체 속에서 지냈고, 그 속에서 가치관을 공유하고 사람들로부터 도움을 받았다. 반면 오늘날의 많은 커플은 지역사회로부터 고립되어 생존을 스스로 책임져야 하며, 사람들과 유대감을 느끼지 못한 채 지낸다. 각 파트너는 터무니없는 과도한 업무나 자녀 양육의 부담을 홀로 짊어지며, 친척이나 주변의 도움 없이 살아가야 하는 상황도 많다. 이런 현실 속에서 자녀는 종종 부부가 친밀함을 형성하는 데 큰 장애물이 될 수 있다.

결혼 만족도에 대한 연구에 따르면, 대부분 첫 아이가 태어나면서 결혼 만족도는 급격히 감소하기 시작해 막내가 부모의 품을 떠날 때까지 회복되지 않는 경향이 있다고 보고한다. 커플은 남들에게 어떻게 보일지에 대해 지나치게 신경을 쓰고, 진정한 내면의 욕구는 무시되거나 이를 두려워하는 사회에서 자랐기 때문에 자신의 참나와 단절되어 있는 경우가 많다. 이 거의 불가능한 관계에서는 파트너가 나를 행복하게 해줘야 하고, 그렇지 못하면 뭔가 잘못되었다는 생각이 솟구치게 한다.

로맨틱한 구원을 추구하게 하는 문화

파트너를 향한 이런 메시지는 추방자가 너무나 갈망하는 소망을 자극하고, 이들의 열망은 당신보다는 외부 관계에 초점을 맞추게 한다. 따라서 로맨틱한 사랑을 궁극적 구원으로 여기는 서구 문화의 관점은 이미 힘든 상황을 더욱 어렵게 만든다. 많은 전문가들은 우리 문화에서 결혼에 거는 비현실적인 기대가 결혼 실패율이 높은 주요 원인이라고 지적한다. 나 역시 결혼에 대한 이런 기대가 배우자를 치료자/구원자로 보게 하는 신드롬을 지속시킨다는 점에 어느 정도 동의한다.

이 사회에서 우리는 부모를 떠나고 자녀도 우리를 떠난다. 결국 우리와 평생 함께해야 할 사람은 파트너뿐이다. 외모에 집착하고 일과 소비에 중독된 고도로 이동성이 높은 문화에서는, 고립된 커플, 특히 자녀가 있는 커플은 서로에게서 높은 만족감을 느껴야만 자녀에게 이혼의 고통을 안기거나 부모의 안녕에 대한 부담을 지우는 것을 막을 수 있다.

만약 우리가 우리 내면의 파트들을 치유하는 방법을 배운다면, 친밀한 관계에서 생기는 많은 욕구들을 충족시킬 수 있을 것이다. 친밀한 관계에 대한 기대가 비현실적인 것은 아니다. 다만, 파트너에게 전적으로 책임을 전가하지 않고 스스로 자신의 파트들을 돌보는 책임을 기꺼이 분담한다면 파트너로부터 더 많은 것을 얻을 수 있다. 파트너가 당신의 파트들을 보살펴야 하고 그러지 못했을 때 일어나는 당신의 분노와 토라짐을 감당해야 한다는 극도의 압박감에서 벗어나게 되면, 파트너는 당신이 원하던 연인, 동반자, 함께 탐험을 즐기는 동료가 될 수 있다. 자신의 추방자들을 치유하고 나면, 당신은 당신의 성으로 가는 다리를 놓아 파트너가 당신에게 충분히 다가올 수 있게 하여 진정한 즐거움을 함께 나눌 수 있다.

조지George는 아내인 앤Ann을 만족시키기가 거의 불가능하다고 불평한다. 그는 하루 종일 열심히 일하고 평일 저녁에는 대부분 아들의 축구 경기나 딸의 필드하키 경기를 보러 간다. 회계사인 앤은 자신도 열심히 일하지만 집에 돌아와서는 집안 청소라는 또 다른 일을 해야 한다고 말한다. 그녀는 조지의 장시간 근무가 원망스럽고 그들의 삶이 일과 아이들 중심으로 돌아간다고 느낀다. 주말에는 가끔 다른 커플들과 어울리기도 하지만, 집안에 관한 이야기를 나누다 보면 어색한 침묵이 흐르는 것이 두려워 함께 외출하는 것을 중단했다.

조지와 앤은 이들이 다른 방식으로 소통할 수 있게 도와주려고 노력하는 커플 치료사를 만나고 있다. 치료사는 두 사람에게 서로 비난하는 것을 멈추고, 그 대신 조지가 경험하는 실패한 남편이라는 느낌, 앤의 외로움, 조지가 자신보다 일을 더 좋아한다는 앤의 믿음 등 취약한 감정에 대해 이야기하도록 돕는다. 또한 이 치료사는 서로가 이야기할 때 상대방을 방해하지 않고 상대의 말을 주의 깊게 듣고, 상대가 말한 내용을 다시 반복함으로써 상대방의 말을 들었음을 보여주도록 한다. 이와 함께 데이트 일정을 잡고, 집안일을 더 공평하게 분담하고, 서로에 대해 칭찬할 점을 찾아내는 과제를 부여한다. 이러한 개입이 도움이 되는 것 같다. 두 사람 모두 파트너가 자신의 어려움을 진심으로 경청하고 공감해 주는 것이 큰 도움이 된다고 말한다. 또한 조지는 앤으로부터 긍정적인 말을 듣는 것이 도움이 된다고 말하며, 앤은 조지가 집안일을 더 많이 도와주는 것을 보고 만성적인 분노가 사라졌다고 말한다.

어두운 바다에서 벗어나기

조지와 앤은 전형적인 미국 중산층 부부이며, 최상의 치료를 받고 있다. 나 역시 오랜 시간 동안 커플들과 함께 이런 치료를 해 왔지만, 그 효과가 지속되지 않는다는 사실을 깨달았다.

파트너의 끊임없는 긍정이 없다면 우리는 대부분 무가치

함, 공허함, 패배자라는 느낌, 외로움, 거절감, 절망, 자신이 추하다는 느낌, 지루함, 불안과 두려움을 어느 정도 겪게 된다. 이런 느낌들은 무슨 수를 써서라도 우리가 피하고 싶은 견딜 수 없는 감정이다. 우리가 행복이라고 부르는 것은 종종 이런 상태에 있지 않다는 안도감일 뿐인 경우가 많다. 너무나 자주 우리는 파트너를 고통, 수치심, 두려움이라는 어두운 바다에서 우리가 머리를 물 밖으로 내고 숨을 쉴 수 있게 해주는 구명조끼처럼 사용하게 된다. 파트너가 우리를 떠날 것 같은 느낌이 들면 위협과 질투를 느끼는 것은 자연스러운 반응이다. 그리고 어떤 이유로든 파트너가 더는 우리를 그 바다에서 머리를 내밀고 숨을 쉴 수 있게 해주지 못하거나 심지어 바다 밑으로 밀어 넣는다면, 더 나은 파트너를 찾고자 하는 꿈을 꾸고 그런 파트너를 찾아 나서는 것도 당연하다.

이런 방식의 '물 위에 떠 있는 행복'은 불안정하고 쉽게 방해를 받는다. 파트너는 우리를 지탱해 주어야 한다는 압박감에 지칠 수 있고, 그들이 우리를 구하기 위해 아무리 노력해도 직장에서의 실패나 부모의 비난 같은 큰 파도가 우리를 덮칠 수 있다.

우리 문화는 텔레비전, 소셜 미디어, 쇼핑, 일, 흡연, 합법 및 불법 약물, 알코올, 포르노, 매춘, 성형 수술, 다이어트와 운동, 기름지고 단 음식 등 우리에게 일시적 위안을 주지만 중독을 유발할 수 있는 대안을 제공한다. 미국의 소설가 존 업다이크John Updike는 "미국은 당신을 행복하게 만들기 위한 거대한 음모다"라고 말했다.[2] 그러나 이런 구명용구들은 인간관계를 대신할 수 없는 미봉책일 뿐이다. 이러한 중독성 있는 주의 분산제들은 우리를 오래 버티게 하지는 못하지만, 관계의 부력을 잃었을 때 느끼는 실망감을 무감각하게 만들어 친밀한 관계를 버리지 못하게 할 수는 있고, 친밀한 접촉이 끊어졌을 때 느끼는 고통을 무마해 줄 수도 있다. 우리는 행복이 새 신발 한 켤레, 주말여행, 새 직장에 있다고 확신하게 된다.

이런 주의 분산제는 우리가 물 위로 머리를 내미는 정도의 행복을 찾는 데 중독되어 더 영속적인 행복에서 멀어지게 하는 악순환의 일부가 된다. 행복을 추구할수록 우리는 서로, 그리고 우리 자신으로부터 더 고립되고 주변에서 덮쳐올 파도가 더 두렵기 때문에 더욱 필사적으로 행복을 추구하게 된다. 다른 비유를 들면, 우리는 구덩이에 갇혀 있는데 문화가 우리에게 던져주는 도구는 삽 몇 개뿐인 것 같다. 레너드 코언Leonard Cohen의 노래처럼, "당신은 고통에 갇혀 있고, 쾌락은 봉인되어 있다".[3]

실습

잠시 시간을 가지고 다음 질문에 대해 생각해 보세요. 이 책을 읽으면서 공책이나 수첩을 준비해 답을 적어보는 것도 좋습니다.

- 당신 내면에는 어떤 감정과 믿음이 있나요? 예를 들면 공허함, 사랑받지 못할 것이라는 두려운 감정이나 믿음이 있나요?
- 파트너가 어떤 방식으로 그런 감정을 없애주기를 기대했나요?
- 그리고 그런 감정을 없애기 위해 우리 문화가 제공하는 주의 분산제에 의존할 때는 언제이고, 어떤 종류의 주의 분산제를 사용하나요?
- 그런 감정을 느끼게 하는 내면의 파트들을 치유할 수 있다는 믿음이 있나요?

공허한 자아

―

미국에 사는 사람 대부분이 외로운 공허함과 고요한 절망이라는 비밀스러운 어두운 바다를 마음에 품고 있는 데에는 여러 가지 이유가 있다. 이 책의 뒷부분에서 이러한 상태에 대한 심리/논리적 원인에 대해 논의하겠지만, 역사가 필립 쿠시먼 Philip Cushman이 '공허한 자아'라고 부른 제2차 세계대전 이후 미국에서 일어난 사회적 국면을 고려하는 것도 중요하다고 생각한다. 쿠시먼에 따르면, 전쟁 전 미국의 개인주의는 강력한 공동체 봉사 윤리에 의해 형성되었지만, 전쟁 이후에는 산업 자본주의의 거대한 압력으로 인해 영혼을 잃게 되었다.[4] 대공황의 기억과 점점 더 널리 퍼진 국가 차원의 광고에 힘입어 끊임없이 확대 재생산되는 아메리칸 드림은 전쟁 세대에게 더욱 이기적인 개인주의를 불어넣었다. 전쟁 세대가 전수한 이런 이기적 개인주의는 그들의 자녀들인 베이비붐 세대에게 전달되었고, 그들은 부모 세대가 누렸던 대가족과 공동체 중심의 양육을 충분히 경험하지 못했다. 그 결과 많은 사람들은 서로 연결하고자 하는 열망으로부터 단절되었다. 호주계 미국인 작가 피터 월시 Peter Walsh는 베스트셀러인 그의 저서 《너무 많아 It's All Too Much》에서 이렇게 말한다. "우리는 지구상에서 아주 번영한 나라 중 하나에 살고 있고, 성공을 물질적 축적으로 측정한다. … 하지만 많은 사람들은 이 모든 것으로 인해 행복과 마음의 평화 대신 스트레스를 받고 가족, 파트너, 꿈으로부터 멀어지게 된다는 사실이 분명해졌다."[5]

결국, "공동체, 전통, 공유된 의미가 현저하게 부재한 공허한 자아, 즉 결핍, 외로움, 삶에서의 실망감을 만성적이고 분화되지 않은 정서적 허기로 체화하는 자아가 탄생했다".[6] 우리의 공허한 자아는 물질적 소유로 그 허기를 채우도록 조건화되었고, 이는 우리가 잘 살고 있다는 환상을 주며 강력한 경제를 만들어냈다. 하지만 우리 내면의 삶은 그렇지 않다.

최근 수십 년 동안 일어난 정치를 비롯한 많은 변화로 인해 실제 미국 사람들은 경제적으로 생존하기가 더 어려워졌는데, 미디어에서 제공하는 행복하고 부유하며 소비적인 사람들에 대한 이미지에 시달려온 것도 도움이 되지 않았다. 경제적 생존을 위해 또는 부유층에 합류하기 위해 돈을 벌려고 끊임없이 노력하고 고된 업무에 시달리다 보면, 우리는 우리 자신과 가족 및 친구들과는 점점 더 감정적으로 멀어지게 된다. 소셜 네트워크에서 보게 되는 이상적인 삶과 우리가 살고 있는 삶 간의 격차로 인한 두려움과 또 이 격차를 줄이기 위한 노력으로, 우리는 도처에 깔린 광고에 나오는 거짓 행복에 쉽게 빠져들고 더욱 물질주의에 빠지게 되며, 그러한 물질주의적 습관을 유지하기 위해 더욱 열심히 일해야 한다. 또한 수년간 보수적 정권이 집권하면서 사회 안전망이 무너진 미국에서는 경제적 빈곤이 갑자기 닥칠 수도 있다는 비현실적인 두려움 때문에 대부분의 사람들이 불안해하며 일의 속도를 올리게 된다.

미디어는 힘들고 고립되고 불안한 미국식 생활 방식에 빠져 있는 우리 모두에게 가장 큰 구명조끼를 던져준다. 각종 미디어를 통해 모든 사람이 조만간 자신을 행복하게 해줄 진정한 단 하나의 인연을 찾을 수 있다고 확신하게 된다. 당신을 치유하고, 당신을 완성하고, 당신이 물 위에 떠 있게 받쳐줄 사람이 저 밖 어딘가에 있다고. 만약 지금 당신 옆에 있는 사람이 그렇게 하지 않는다면 그 사람은 당신에게 맞는 사람이 아니거나 그를 당신에게 맞는 사람으로 바꿔야 한다고.

이것은 친밀한 관계가 감당하기 어려운 큰 부담을 준다. 많은 결혼 생활에서 커플들은 돈을 벌기 위해 열심히 노력하고 보살펴주는 사람들로부터 고립되어 있다는 것만으로도 충분히 힘들다. 커플 모두는 삶의 속도와 보살핌의 부재로 인해 고갈되어 있을 뿐만 아니라, 열심히 일하고 경쟁하기 위해서는 친밀감이 초래할 수 있는 취약성을 느끼지 않는 고군분투하는 파트들이 장악해야 하기 때문에 정말 힘들다. 이런 생활 방식에서 오는 스트레스를 다루기 위해 우리는 우리 문화가 제공하는 많은 주의 분산제를 추구하는데, 이것들은 친밀감을 가로막는 장애물이자 친밀감을 대신하는 대체물이 되기도 한다.

최근 미국은 일본을 제치고 최장시간 일하는 노동력을 가진 선진국이 되었다. 우리는 직장 사무실 칸막이, 회의실, 공장, 컴퓨터 화면 뒤, 출퇴근길에 많은 시간을 보내며 자연이나 가족, 친구, 영적 연결감과 멀어진 채 살아간다. 대충 먹고, 몸은 지치고, 수면은 부족하다. 돈과 외모에 대한 불안이 커지는 가운데, 오염된 물, 기후 변화, 사회적 불안에 대한 부담까지 더해져 많은 결혼이 파탄에 이르는 것은 당연한 결과일 수 있다. 이러한 스트레스, 고갈, 고립 때문에 내면의 악마를 통제하기 어렵게 되고, 그 결과 자기혐오와 불안의 파도를 막아낼 수 있는 진정한 관계를 찾으려는 압박감을 더 많이 느끼게 된다. 이는 불가능한 일이지만, 우리는 여전히 그것이 효과가 있기를 기대하고, 결국 실패하면 스스로를 끔찍한 실패자처럼 느낀다.

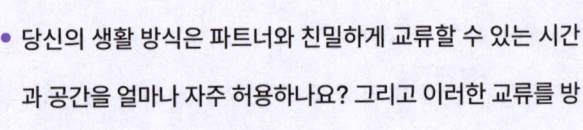

- 당신의 생활 방식은 파트너와 친밀하게 교류할 수 있는 시간과 공간을 얼마나 자주 허용하나요? 그리고 이러한 교류를 방해하는 요소는 무엇인가요?

- 당신과 당신의 파트너는 관계를 강화시킬 수 있는 네트워크에 얼마나 연결되어 있나요?
- 빈곤에 대한 두려움이나 다른 사람과의 경쟁이 당신의 삶에 어떤 영향을 미치고 있나요?

또 다른 종류의 행복

연애나 결혼 여부와 상관없이 꾸준히 느낄 수 있는 또 다른 종류의 행복이 존재한다. 이 행복은 당신의 모든 파트들이 서로 사랑하고 참나를 신뢰하며 수용된다고 느낄 때 생기는 연결감에서 비롯된다. 이런 사랑이 당신 안에서 넘쳐흐르면 주변 사람들에게도 퍼져나가고, 그 사람들은 당신에게 사랑과 지지를 주는 사랑의 서클의 일부가 된다. 내면의 고통, 수치심, 두려움으로 가득 찬 어두운 바다에서 벗어나기 위해 반드시 친밀한 타인이 필요한 것은 아니다. 왜냐하면 그 어둠의 바다에서 고통, 수치심, 두려움이 사라지기 때문이다. 내면세계에서 당신의 파트들은 마르고 단단한 땅 위에 있으며, 좋은 보금자리에서 양분을 받으며 성장하기 때문이다. 이렇게 되면 파트들은 당신을 그들의 주 양육자로 신뢰하게 되고, 그 결과 당신의 파트너는 당신 파트들의 보조 양육자가 됨으로써 더 많은 자유와 기쁨을 누릴 수 있다.

당신을 삼켜버릴 것 같은 어두운 바다가 더는 존재하지 않기 때문에 물에 빠질 것을 두려워하지 않고, 내면이 변함없는 사랑으로 가득 차 있다면, 당신은 우리 문화가 끊임없이 던져주는 구명조끼에 집착할 필요가 없다. 물질적 욕구는 단순해지고, 비인간적인 도피처보다는 편안한 인간관계를 더 중요하게 여기게 된다. 파트너 외에도 친밀한 네트워크를 구축할 수 있는 시간과 에너지가 있으므로 파트너만이 유일한 욕망의 대상이 되지 않는다. 저자 존 F. 슈마커John F. Schumaker는 자신의 집이 있는 미국에서 멀리 떨어진 탄자니아를 여행하면서 겪은 경험에 대해 "그다음 한 시간 동안 나는 그 작은 마을에서 내가 이전에 목격했던 모든 것보다 더 많은 행복과 삶의 기쁨을 발견했다"[7]라고 썼다.

이는 지난 몇 년간 사회적 지원, 서로에 대한 관대함, 정부의 정직성이 행복에 매우 중요한 요소라는 것을 입증한 《세계 행복보고서World Happiness Report》에서도 확인할 수 있다.[8]

나의 경험에 따르면, 고립되고 고갈되는 미국 문화 속에서 살다 보면 아무리 심리적으로 건강한 커플이라도 진정으로 친밀하고 서로에게 자양분을 주는 관계를 형성하기가 매우 어렵다. 복잡한 개인사와 성 역할 사회화*라는 추가적인 마음의 짐을 지고 있는 사람들은 더 큰 어려움에 직면한다. 그럼에도 우리는 이러한 어려운 과제의 특성을 고려하지 못한 채 실패할 때마다 자책감에 사로잡혀 도움이 되지 않는 방법을 계속 반복해서 시도한다.

잔인한 농담

우리는 모두 잔인한 농담의 희생양이 되었다. 처음에는 가족과 또래들로부터 상처를 받고 마음의 짐을 지게 되었고, 그다음에는 그 짐을 지고 있는 파트들을 추방하라고 배웠다. 그리고 세상으로 나가서는 우리가 우리 자신을 좋아하게 만들어줄 특별한 사람을 찾으라는 말을 듣는다. 우리는 파트너와 함께 시간

---

* **옮긴이 주** 성 역할 사회화gender socialization란 성 역할에 대한 사회·문화적 기대치를 충족시키면서 사회구성원으로서의 역할을 습득하는 과정을 말한다.

을 보내지 못하게 하고 공동체로부터 우리를 소외시키며, 우리를 지치게 하고 스트레스를 주는 동시에 수많은 중독성이 있는 주의 분산제를 제공하는, 미쳐 날뛰는 미국식 생활 방식 속으로 파트너와 함께 뛰어든다. 이 불가능한 상황에 적응하지 못하면 마치 모든 것이 우리의 문제인 것처럼 스스로를 완전한 실패자로 느끼게 된다. 사실상 처음부터 그것이 가능하지 않았다는 것을 깨닫지 못한다.

대부분의 자기개발서와 커플 치료법들은 이 잔인한 농담과 공모를 하고 있다. 이것들은 고칠 수 없는 문제를 고치도록 도와주려고 하고 이것이 효과가 없을 때 당신은 실패자처럼 느끼게 된다. 침몰하는 '타이타닉 호'에 타고 있을 때 갑판 의자만 옮긴다고 해서 재앙을 피할 수는 없다. 그 대신, 관계라는 배를 유턴시켜야 한다.

당신의 치료사는 구조화된 의사소통 기법을 사용하여 두 사람이 방어적인 태도를 버리고 다시 한번 서로에게 마음을 열도록 설득할 수 있다. 이 접근법은 당신과 파트너가 서로의 필요를 충분히 충족시키지 못하는 문제를 파악하고, 서로를 더 잘 돌볼 수 있는 방법을 협상하도록 돕는 것을 목표로 한다. 이런 치료사들은 상대방에게서 구원을 바라는 필사적이고 고아 같은 추방자들이 당신 내면에 있는 한, 그리고 미국식 생활 방식의 소용돌이에 휩쓸려 있는 한, 그런 방법은 소용없다는 것을 이해하지 못한다. 두 사람 모두 너무 지쳐 있고 취약하며 요구 사항이 많고 서로에게 지나치게 의존하기 때문에, 근본적인 조건들이 변하지 않는 한 어떤 개선도 오래가지 못한다.

간단히 커플의 사연을 듣고 난 후, 나는 커플들에게 실패에 대해 너무 자책하지 말라고 자주 이야기한다. 그들이 관계를 맺을 때 짊어진 마음의 짐과 정신없는 생활 방식을 고려할 때, 그들은 진정한 친밀감을 유지할 기회가 없었다. 커플은 자신들이 그동안 얼마나 잔인한 농담의 희생양이 되어왔는지를 아는 것만으로도 악순환의 고리를 끊는 길로 가는 한 걸음을 내딛을 수 있다.

희소식은 각자 더 참나 주도적으로 변화하고 내적/외적 친밀감을 더 많이 경험하게 되면 물질적인 주의 분산제에 대한 필요성이 줄어들고, 주변 사람들의 참나와 연결되는 공동체를 만드는 데 더 관심을 가지게 된다는 것이다. 나와 함께 치료하는 동안 많은 커플이 자연스럽게 일상의 활동들을 줄이고, 서로 또는 친구 및 가족과 함께 보내는 시간을 늘릴 수 있는 창의적인 방법을 찾는다.

실습

- 관계에서 당신이 실패했다고 느끼는 부분은 어떤 것인가요?
- 지금까지 논의된 제약 요건 중 당신의 관계에 부정적인 영향을 미친 것은 무엇인가요? 그것이 어떤 식으로 부정적 영향을 미쳤나요?

성 역할 사회화

삶의 여러 활동을 줄이는 것과 같은 변화는 남성에게 특히 어렵게 느껴질 수 있다. 이런 어려움은 무시할 수 없는 또 다른 중요한 문화적 요소, 즉 성 역할 사회화를 생각하게 한다. 이 주제는 너무 방대하고 복잡하여 내가 여기서 다루기에는 한계가 있을 뿐 아니라 많은 독자들에게 해당되지 않을 수 있는 과過일반화를 피하기도 어렵다. 하지만 수년간 많은 남성, 여성 내담자들과 함께 그들의 방어기제와 고통의 근원에 이르는 내면 여정을 하면서 발견한 몇 가지 패턴은 언급할 만한 가치가 있을 것이다. 일반적으로 남자아이들은 자신의 특정 파트들을 소중히 여기고 이 파트들로 삶을 살아가도록 배우는 반면, 다른 파트들은 억누르거나 추방하도록 배운다. 여자아이들 또한 비슷한 방식으로 사회화되지만, 강조되거나 추방되는 파트들이 다르다. 이러한 차이는 그 자체로 문제를 일으킬 수 있으며, 여성이 남성보다 친밀한 관계를 맺기에 더 적합하다는 일반적인 가정에 도전한다.

수십 년 동안 우리 사회를 지배해 온 전통적이고 가부장적인 양육 방식은 남자아이와 여자아이의 내면에 뚜렷한 영향을 미쳤다. 이런 양육 패턴에서 남자아이들은 보통 4~5세 정도까지 양육자(대부분 어머니)의 보살핌을 받는다. 하지만 그 이후부터는 '계집애 같다'는 말을 들을까 두려워하며, 여성적이라고 여기는 감정, 즉 나약함을 드러내거나 감정 표현을 할 때 아버지나 또래 친구들로부터 가혹한 비난과 수치심을 경험하는 경우가 많았다. 그 대신 남자아이들에게 허용된 감정은 공격성과 분노뿐이었다.

이런 사회적 패턴으로 인해 내가 치료를 했던 많은 남성들의 내면에는 극도로 의존적이고 두려움에 떠는 추방자들이 있었지만, 이들은 철저히 지하 감옥에 갇혀 있어서 대부분의 시간 동안 남성들은 그 취약한 감정에 접근조차 하지 못했다. 이런 남성들을 묘사할 때 종종 사용되는 용어가 바로 '감정표현 불능증alexithymia'이다. 이는 자신의 감정과 너무 단절되어 있어 감정을 표현할 단어조차 없는 상태를 의미한다. 남성의 감정적 상처에 대해 잘 묘사하고 있는 책《나는 그것에 대해 이야기하고 싶지 않아I Don't Want to Talk About It》의 저자 테런스 리얼Terrence Real은 이 책에서 자신의 삶을 묘사하고 있는데, 그의 경험은 내가 함께 일했던 많은 남성들과 나 자신의 경험에도 적용이 된다.

> 내 존재의 핵심에는 어둠이 자리 잡고 있다. 눈을 감으면 나는 언제나 그곳에 있다. 몇 시간 이상 혼자 있을 때면 나는 그 어둠으로 돌아간다. 날카롭고 공허하며 두려운 감정은 내가 기억하는 한 내 내면의 일부였다. 그것은 나의 기본 상태였고, 내가 오랜 시간 도망치려 했던 나의 모습이었다. 이제 나는 내 내면 깊은 곳에서 느껴지는 그 어둡고 날카로운 불안감이 위험한 가정에서 자라면서 내가 경험했던 정서적 유기와 두려움이라는 것을 이해하게 되었다. 그것은 어린 소년의 외로움이었고, 나는 그 외로움을 간직한 채 30년을 살았다.[9]

남성들은 자신의 어두운 두려움과 외로움을 숨기고 이를 없애기 위해, 이성적이고 공격적이며 경쟁적이고 항상 안정적이고 침착하게 보여야 한다는 보호자 파트들에게 장악된다. 이 보호자 파트들은 직업적 맥락에서는 상당히 도움이 되고, 다시는 당신이 상처 받거나 굴욕감을 느끼지 않게 해주겠다는 결심으로 행동한다. 남성들은 또한 여성을 대상화하고 트로피 같은 여성*을 추구하며, 이를 통해 취약한 자존감을 보완하도록 배워왔다.

결혼이 보다 전통적인 형태로 유지되던 1960년대 이전에는 많은 남성들이 이런 경직되고 제한적인 내적 구조에 큰 도전을 받지 않은 채 관계를 유지할 수 있었다. 그들은 아내에게 마음을 열거나 정서적으로 가까워지는 데 대해 관심이 없었고, 아내들 또한 남편에게 그런 친밀감을 기대하지 않도록 사회화되었다.

반면, 전통적인 방식으로 자란 여자아이들은 자연스럽게 보살피는 역할을 맡게 되었다. 여자아이들은 갑자기 양육자로부터 버림받거나 취약하다는 이유로 남자아이들처럼 수치심을 느끼지 않았기 때문에, 자신의 취약함을 추방하지 않아도 되었

---

*   **옮긴이 주** 트로피 여성이란 경제적 능력이나 사회적 지위가 높은 남성들이 젊고 아름다운 여성을 곁에 두는 것을 말한다. 마치 이런 여성들이 남성이 얻은 트로피 같다는 식의 비꼬는 표현이다.

고 자녀 및 여자 친구와의 관계에서 더 많은 유대감을 유지할 수 있었다. 하지만 다른 사람을 돌보는 데 집중하다 보니, 정작 자신의 취약한 파트들을 돌볼 능력이 부족하게 되었다. 남성들이 내면의 취약함을 추방하려 했다면 여성들은 관계 속에서 위안을 찾는 법을 배웠다.

하지만 여자아이들은 또 다른 문제에 직면했다. 그들의 밝고 자기주장이 강하며 활기차고 유능한 파트들은 추방당했고, 타인의 필요를 우선시하거나 남성에게 매력적으로 보이는 것에 집착하는 자기비판적인 보호자 파트들에게 지배당하게 되었다. 남성을 더 중요하게 여기는 가정에서 자란 탓에 여자아이들은 무가치함을 느끼는 추방자를 가지게 되었다. 또한, 아버지들은 딸들이 신체적으로 성장함에 따라 점점 더 딸들과 거리를 두는 경향이 있었는데, 이 때문에 딸들은 아버지의 인정과 사랑을 받기 위해 애쓰게 되었다.

1960년대 이후 남성과 여성의 전통적인 성 역할이 도전을 받으면서, 남녀 모두에게 혼란스러운 모순이 생겨났다. 이제 남성은 사회와 직장에서는 여전히 강하고 성취 지향적이어야 하지만, 관계 안에서는 자신의 감정을 느끼고 솔직하게 표현하며 파트너의 감정을 보살피는 등 감성지수가 높은 사람이 되어야 한다. 그러나 지금까지 남성의 내면에 자리 잡아온 보호자 파트들—이성적이고, 참을성 없고, 행동 지향적인 문제 해결사, 특권의식이 있고, 마초처럼 타인을 대상화하는 측면들—은 이제 가정에서 더는 환영받지 못한다.

이로 인해 남성은 확고하게 자리 잡힌 자신의 내면 시스템을 완전히 뒤엎어야 하는 상황에 처하게 되었다. 평생 가두어 두려고 애썼던 취약하고 민감하고 보살피는 파트들에게 갑자기 접근을 해야 하는 것이다. 동시에 지금까지 자신을 지켜주고 가장 신뢰했던 보호자 파트들 중 일부를 추방해야 한다. 더욱 혼란스러운 것은, 성공과 많은 돈을 벌 수 있게 도와준 고군분투하고 경쟁적인 보호자 파트들과 가까이 지내야 하지만 그런 파트들을 관계에는 끌어들이지 말아야 한다는 것이다.

내가 치료하는 많은 남성들이 감정을 차단하는 것은 놀라운 일이 아니다. 그들은 감성지수 부족으로 인해 굴욕감을 느끼는데, 굴욕감이란 결코 다시는 경험하지 않겠다고 일찍이 맹세했던 것이다(그래서 남자들은 길을 잃었을 때 남들에게 묻지 않는 것이다). 치료실에서 남성들에게 내가 자주 듣는 말 중 하나는 "저는 절대 그녀를 만족시킬 수 없을 것 같아요"이다. 관계에서 공격성이나 합리성에 더는 의존할 수 없기 때문에 많은 남성들은 포기하고 무관심과 수동성이라는 벽 뒤에 숨어 파트너를 더욱 분노하게 만든다. 이런 남성의 보호자 파트들은 친밀감 없는 삶에

체념하고, 주의 분산제를 찾는 세 번째 프로젝트를 착수한다.

반면, 여성들은 변화된 성 역할 기대 속에서 자신들만의 딜레마에 직면했다. 1960년대 이후 여성들은 순종적이고 자기희생적인 역할에서 벗어나, 이전에는 추방당했던 적극적이고 야심찬 모습을 되찾아야 했다. 결혼 생활에서는 정서적 연결감과 보살핌에 대한 자신의 요구를 남편에게 알리고, 의사 결정에서 더 많은 평등성을 요구하고, 더 많은 자원에 접근하는 것을 기대해야 했다.

문제는 남성들과 마찬가지로 여성들 역시 뿌리 깊이 박힌 익숙했던 내면 시스템을 뒤엎으려 했지만 그 방법을 알지 못했다는 점이다. 많은 경우, 의식적이든 무의식적이든 보살피는 파트들이 여전히 강력한 영향력을 행사하고 있었기 때문에 여성들은 (남편의 권위적인 파트들과 완전히 결탁하여) 가정에서 자신이 맡아야 할 이상으로 일을 하고 집 밖에서도 일을 하게 되었다. 이런 불균형은 남편의 정서적 한계에 대한 지속적인 실망과 맞물려 화근이 되었다. 여성은 자신의 보살피는 파트들과 자기주장을 하는 파트들 사이에서 끊임없는 내적 전쟁을 치러야 했다. 이 내적 전쟁은 시간이 지나면서 점점 쌓여가다가 결국 어느 날 갑자기 폭발하여 남편을 당황하게 만드는 경우가 많다.

결혼 연구가인 존 가트먼John Gottman의 연구가 이를 잘 설명해 준다.[10] 가트먼은 700쌍이 넘는 다양한 커플을 실험실에서 연구하고, 장기간에 걸쳐 이들을 추적 관찰해 왔다. 그의 연구 결과를 해석하는 방식에서 나와 가트먼의 견해가 다르기는 하지만, 내가 이 책에서 가트먼의 연구를 자주 인용하는 이유는 그의 연구가 커플의 관계에 대한 가장 신뢰할 만한 데이터를 제공하기 때문이다.

가트먼은 남성과 여성이 갈등을 처리하는 방식이 매우 다르다는 사실을 발견했다. 예를 들어 혈압과 심박수 변화를 보면, 부부 갈등이 시작될 때 남성은 여성보다 혈압과 심박수가 훨씬 더 크게 상승하고 이런 활성화 상태가 더 오래 지속된다. 남성은 겉으로는 평온하고 차분해 보이지만, 속으로는 아내의 비판에 격렬하게 감정적으로 반응하는 경우가 많다.

또한, 남성은 싸움이 끝난 후에도 분노와 복수심을 계속 마음에 품을 가능성이 더 높다. 가트먼은 "만약 당신이 그들의 마음을 읽을 수 있다면, '내가 이런 걸 견딜 필요가 없어', '다 저 여자 탓이야', '내가 복수할 거야'와 같은 말을 들을 수 있을 것입니다."[11]라고 설명한다.

가트먼의 연구는 또 다른 흥미로운 사실을 밝혔다. 부부싸움에서 긴장이 고조될수록 남성은 여성보다 감정적으로 더 위축되고, 비판에 직면했을 때 감정을 더 차단하며, 파트너를 외면하거나 완전히 무시하는 '돌벽stonewallers'이 될 가능성이 훨씬 더 높다는 것이다. 실제로, 부부가 갈등을 겪는 동안 남성이 돌벽이 되는 경우가 85퍼센트나 되는 것으로 나타났다.

반면, 여성은 문제를 제기하고 남편을 비난하는 방향으로 갈등을 시작할 가능성이 더 높다. 남편이 돌벽이 되기 시작하면 아내는 자신의 말이 무시된다고 느껴 논쟁을 더 키우고, 남편은 더욱 감정을 차단하며, 아내는 그 벽을 뚫기 위해 점점 더 화를 내는 악순환이 반복된다.

앞서 설명한 남성과 여성의 파트들에 대한 논의에 비추어 볼 때, 가트먼의 연구는 성 역할 차이를 더 깊이 이해할 수 있는 단서를 제공한다. 남성에게는 어떤 대가를 치르더라도 가두고 숨기려 하는 매우 취약한 추방자가 있다는 점을 감안할 때, 아내의 비난은 추방자가 가지고 있는 수치심을 자극하고, 이는 남성에게 극단적인 생리적 반응을 유발한다는 것이 당연하다. 동시에, 남성은 방어기제가 활성화되며, 심지어 분노를 포함한 다양한 보호자 파트들이 강하게 반응하게 된다. 놀이터에서 놀던 어릴 적부터 남자아이들은 비판을 남성성에 대한 도전으로 받아들이고, 이에 대해 분노로 반응하는 법을 배워왔다. 하지만 앞서 살펴보았듯이, 남성의 분노 파트들은 대체로 결혼 생활에서 환영받지 못한다. 게다가 많은 남성들은 자신이 분노를 표출하면 파트너에게 '폭력을 휘두르게 될까 봐' 두려워한다. 이 때문에 남성에게는 대안이 거의 없다. 자신이 느끼는 극도의 취약함을 드러내는 것이 싫고, 이를 표현할 적절한 단어조차 없으며, 평소 자신을 지켜주던 보호자 파트들은 결혼 생활에서 금기시된다. 결국, 가트먼이 발견한 것처럼, 남성에게 가장 안전해 보이는 선택은 감정을 차단하는 것이다. 하지만 이렇게 할 때, 겉으로는 차단하고 담을 쌓아 문제가 없는 것처럼 보이지만 내적으로는 억눌린 분노하는 보호자 파트가 수면 아래에서 계속 꿈틀거리며 그들을 끊임없이 자극하고 있다.

여성은 남성보다 훨씬 더 관계를 통해 외로움을 다루는 법을 배우며 사회화되어 왔다. 그래서 여성은 자신의 추방자가 자극 되었을 때, 결혼 생활에 변화를 원하게 된다. 그래서 자신들의 고통 받는 추방자가 남편으로부터 사랑과 위안을 받고, 필요한 안정감을 느낄 수 있게 말이다. 이러한 이유로 여성은 변화를 위한 논의를 주도하는 경우가 많고, 남편이 감정을 차단하고 대화를 멈추면 좌절하고 점점 더 비판적으로 변하게 된다. 또한, 여성의 보살피는 파트와 남성의 권위적인 파트 간의 공모로 인해, 현실적으로 아내가 부부생활에서 더 많은 책임을 떠맡는 반면, 자원에 대한 접근성은 더 부족한 실질적 불균형이 발생하는 경우가 많으며, 이 불균형은 아내의 분노를 더욱 부추기고,

그 결과 남편은 더더욱 말을 꺼리게 된다.

앞서 언급한 것처럼, 관계에서 추방자가 상처를 받을 때 보호자 파트들이 수행하는 세 가지 프로젝트가 있다. 이 중에서 여성은 주로 앞의 두 가지 프로젝트를 계속 밀고 나가는 반면, 남성은 세 번째 프로젝트로 더 빨리 후퇴하는 경향이 있는 것처럼 보인다. 구체적으로, 여성은 자신의 고통을 관계를 통해 해결하려고 하기 때문에 내면의 비판자들은 남편을 겨냥하고, 그것이 효과가 없을 때는 남편의 마음을 열기 위해 자신을 겨냥한다. 반면, 남성은 견디기 힘든 비난에 직면하여 관계를 통해 친밀감을 형성하려는 프로젝트를 더 빨리 포기하고 그 대신 일, 스포츠, 음주와 같이 기분을 좋게 만드는 주의 분산제에 집중하려는 경향이 강하다.

남성들에게는 추방자들이 너무 철저히 격리되어 있어, 마치 친밀감이 필요 없는 것처럼 보일 때가 많다. 하지만 이런 '필요 없음'이라는 신화의 오류는 파트너가 이제 더는 못 하겠다고 판단하고 그들을 떠나겠다고 심각하게 위협할 때 드러난다. 그 순간 남성의 보호 요새에는 균열이 생기고, 그들 내면에 숨어 있던 원초적이고 의존적인 추방자가 침입하여 장악한다. 나는 하루 전까지만 해도 무심하고 완벽하게 통제하며 독립적인 것처럼 보였던 남편들이 아내로부터 버림받을 위기에 처하자 절망적이고 애원하는 어린아이로 변하는 모습을 보았다. 남성들의 내면 깊은 곳에 고립되어 있었음에도 이 어린아이 같은 파트들은 보호벽을 통해서 흘러들었던 아내가 주었던 작은 사랑의 물줄기에 중독되어 있었던 것이다. 이런 추방자들은 아내가 주는 이 작은 사랑의 물줄기가 자신들이 완전히 사랑에 굶주리고 무가치한 존재로 돌아가는 것을 막아주는 유일한 방법이라는 것을 알고 있었다. 이는 다음과 같은 또 다른 현상도 설명해 준다. 배우자와 정서적으로 소원해 보이는 일부 남성들이 배우자가 떠나려 할 때 갑자기 소유욕과 질투를 느끼며, 심지어 스토킹하거나 위협하는 행동까지 보이는 이유가 바로 여기 있다.

성 역할 차이에 대한 이 부분을 마무리하면서 두 가지 중요한 점을 다시 강조하고자 한다. 첫째, 우리 문화와 커플 치료사들 사이에 널리 퍼져 있는 믿음—즉, 여성이 남성보다 자신의 감정을 더 잘 느끼고 더 관계적이며, 더 친밀감을 잘 형성할 수 있다는 가정—은 재검토되어야 한다. 여성은 다른 사람들을 돌보고 관계를 유지하는 데 집중하며, 관계를 통해 자신의 소외되고 추방된 파트들을 돌보려고 하기 때문에, 남성보다 자신의 파트들을 더 잘 돌본다고 볼 수 없다고 나는 생각한다.

둘째, 이런 성 역할 패턴이 감정적 취약성이나 감정 표현에서 생물학적 차이 때문만은 아니라는 점이다. 물론 생물학적 차이가 존재하고, 그것을 무시해서는 안 된다. 그러나 남성과 여성 모두 사회화 과정을 거치면서 자신의 내면에 추방자를 만들어 낼 수밖에 없는 상황에 처하게 된다. 남녀 간의 많은 갈등과 불일치는 내적·외적 욕구를 어떻게 다루도록 사회화되었는지에서 비롯된다. 친밀한 관계를 형성하려면 남성과 여성 모두 자기 내면에 고착된 내면 시스템을 설명서 없이 바꿔야 하는 상황에 놓이게 된다. 하지만 다행히도 자기 내면의 추방자를 돌보고 참나로 삶을 주도하는 방법을 배우면 혼란스러운 사회화 과정에서 발생한 많은 양극화(갈등)가 해소된다.

성소수자$_{LGBTQIA+}$* 커뮤니티 역시 문제가 있는 사회화 과정을 거치며, 성 정체성과 다르다는 것으로 인한 수치심이라는 마음의 짐을 짊어지고 있다. 전통적인 가정에서는 이성애가 아닌 것들은 추방하도록 교육받을 뿐만 아니라 성소수자들의 성적 욕구마저도 추방당한다. 이로 인해 수치심은 자기혐오로 가득 찬 파트들과 자신이 취급받은 방식에 대한 분노로 가득 찬 또

---

* **옮긴이 주** LGBTQIA+란 레즈비언, 게이, 양성애자, 트렌스젠더, 간성$_{intersex}$(생물학적, 생식 해부학적 또는 유전적 특성이 전통적인 남성 또는 여성의 정의와 일치하지 않게 태어난 사람), 퀴어$_{queer}$(전통적인 성별 혹은 성적 지향 범주에 정확히 들어맞지 않는 사람들), 무성애자, 그리고 여기 포함되지 않은 다양한 성 정체성과 성적 지향을 말한다.

다른 파트들을 만들어낼 수 있다. 이런 추가적인 마음의 짐은 이성애자보다 성소수자들의 관계를 더욱 어렵게 만들 수 있다.

나는 많은 성소수자 내담자들을 상담했지만, 커플 치료에서는 성소수자 커플을 많이 만나지 못했다. 이 책에 나오는 사례들은 내 임상 경험에서 나온 것이며, 이성애자 커플들의 사례이다. 하지만 내가 다루는 이론 대부분과 이 책에서 제시하는 모든 기법이 동성 커플에게도 충분히 적용될 수 있다고 생각한다.

실습

- 당신의 삶과 인간관계에서 고도로 이성적이고 경쟁적이며 성취지향적인 파트들이 어디에서 나타나고 있나요?
- 문제를 제기하는 것을 언제 피하고, 대화 도중 언제 문제에 대해 더 얘기하지 않으려고 하나요? 갈등 상황에서는 어떤 감정을 느끼나요?
- 파트너가 나에게 보살핌을 주고 부드럽게 대할 것이라는 기대가 있나요? 그렇다면 그 기대는 얼마나 큰가요?
- 당신의 보살피는 파트들이 얼마나 열심히 일하고 있나요? 당

신은 자기주장, 즉 필요한 것을 직접 요청하는 것을 얼마나 잘하나요? 관계에서 거리가 느껴질 때, 그것을 얼마나 힘들어하나요?

- 파트너가 강인하고 나를 돌봐줄 것이라고 기대하나요? 그런 기대가 있다면, 그 기대치가 얼마나 높은가요?

다중성 대 vs. 단일 인격의 신화

친밀한 관계에 만연하고 해로운 영향을 미치는 또 하나의 문화적 믿음이 있다. 나는 이를 **단일 인격의 신화**라고 부른다. 이는 우리에게는 다양한 생각과 감정을 발산하는 단 하나의 마음이 있다는 잘못된 믿음이다. 단일 인격의 신화는 친밀한 관계를 멀어지게 하고 심지어 파괴하기까지 하는 가장 큰 원인 중 하나이다. 우리의 자연스러운 다중성에 대한 이해야말로 이 문제에 대한 가장 큰 해법이 될 수 있다. 단일한 인격을 가진 사람보다 다중성, 즉 여러 가지 파트들을 가진 사람과 행복한 파트너십을 유지하는 것이 훨씬 쉬운 이유는 무엇일까? 우선, 파트너가 당신에게 이제 더는 사랑하지 않는다고 말했을 때, 그것을 그들의 단일한 인격에서 나온 것이라고 생각하면 상황이 꽤 암울해지지만 파트너에게 다양한 감정과 관점이 있을 수 있다고 이해한다면 그 말을 받아들이는 태도도 달라질 수 있다. 다른 하나는, 관계에서 자연스럽게 발생하는 감정의 변화 속에서, 당신 역시 파트너에 대한 다양한 감정과 관점을 가진 내면의 가족이 있다는 것을 안다면, 파트너에 대한 특정 순간의 강렬한 감정을 절대적 진리로 받아들이지 않을 수 있다는 것이다. 이렇게 하면 파트너를 포기하거나 관계를 단절하지 않고도 갈등을 이겨낼 가능성이 훨씬 더 커진다.

내면에 자율적이고 다양한 인격이 존재한다는 개념이 처음에는 낯설고 당황스러울 수 있지만, 이 다중성의 관점은 커플에게 많은 희소식을 제공한다. 예를 들면, 관계 속에서 피할 수 없는 암흑기가 찾아왔다고 생각해 보자. 바람 빠진 풍선처럼 마음속에서 상대방에 대한 사랑이 빠져나가고, 상대의 단점만 눈에 띄고, 그들이 한 모든 잘못을 떠올리며, 그들이 떠나거나 죽어서 마침내 자유로워지길 바라는 마음이 들 때, 그것이 당신의 가장 진실한 감정, 생각, 욕구라고 믿는 것은 두려운 일이다. 그들을 더는 사랑하지 않는데 왜 아직도 당신은 그들과 함께 있는 것일까?

어떻게 그들이 죽기를 바랄 정도로 이기적일 수 있나? 도대체 뭐가 잘못되어서 관계가 잘 풀리지 않는 것일까? 이런 종류의 당황스럽고 신랄한 내면의 질문들은 당신이 단일 인격을 가지고 있다고 믿는다면 이해가 된다. 만약 당신의 사랑이 사라졌고 이제 당신의 파트너가 역겹게 느껴진다면, 파트너 없이 혼자 사는 것이 합리적일 것이다. 당신의 하나뿐인 마음이 그들이 죽기를 바란다고 믿는다면, 그런 욕망을 품었다는 이유로 자신을 끔찍한 사람이라고 여기게 되는 것도 어쩌면 당연할 것이다.

반대로, 갑작스러운 사랑의 부재가 마치 일식이 일어나는 동안 달이 태양을 가리는 것처럼 사랑을 차단하는 보호자 파트들이 활성화되면서 발생한 것임을 깨닫는다면, 당황하거나 성급하게 행동할 필요가 없다는 것을 알게 된다. 그 대신, 파트너에 대한 무감각함이 느껴지면 내면에 귀를 기울이고 그 파트들이 왜 그렇게 보호적으로 되었는지, 내적·외적으로 무엇이 변화해야 하는지 알아내고, 당신의 보호자 파트들이 다시 마음을 열어도 안전하다는 것을 믿게 도와줄 필요가 있다는 것을 알려주는 신호로 사용할 수 있다.

마찬가지로, 좌절감을 느낄 때 우리 내면에 미성숙하고 이기적인 환상을 품는 어린아이 같은 파트들이 존재한다는 사실을 이해한다면, 파트너의 죽음에 대한 터무니없는 공상조차도 다르게 받아들일 수 있다. 이런 생각을 억누르거나 자신을 혐오하기보다는 화난 두 살짜리 아이가 "아빠 미워. 아빠가 죽어버렸으면 좋겠어!"라고 소리칠 때 부모가 보이는 인내와 이해로 자신을 대할 수 있다.

우리의 다중성에 대한 이해는 파트너가 상처 주는 말을 하거나 극단적인 행동을 할 때도 도움이 된다. 예를 들어, 싸우는 도중에 파트너가 '이제 당신을 더는 견딜 수 없어. 당신과 결혼하지 말았어야 했어'라고 말한다고 할 때, 이를 그들의 진심이라고 받아들이기보다는 순간적으로 화가 난 어리고 미성숙한 파트가 한 말이라고 생각한다면 훨씬 충격이 덜할 것이다. 또한, 직장에서 실패한 후 파트너가 불안해하고 겁먹은 것처럼 보일 때, '이 사람이 이렇게 겁이 많은 사람인지 몰랐어'라고 생각하기보다는 '실패가 이 사람의 겁먹은 파트를 자극했구나'라고 생각하는 것이 관계에 훨씬 더 긍정적인 영향을 준다.

자신과 파트너에 대한 다중성의 관점을 유지하는 능력은, 사실 간단한 (그러나 종종 어려운) 행동으로 향상될 수 있다. 그것은 바로 당신의 파트가 직접 말하게 하기보다는 그 파트를 대변해서 말하는 것이다. 이는 간단해 보이지만 실제로는 쉽지 않다. 예를 들어, 화가 났을 때 "나의 한 파트가 지금 당신을 미워하고 있어"라고 말하면 당신의 파트너는 당신이 "나는 지금 당신을 미워해"라고 말할 때와는 완전히 다른 메시지를 받게 된다. 이는 우선 앞의 말이 상대방에게, 미움이 당신의 전부가 아니라 단지 당신 내면의 한 부분일 뿐이라는 것을 상기시킨다. 그리고 어떤 파트를 대변해서 말할 때는 그 파트와 어느 정도 분리가 되어야 하기 때문에, 당신이 말을 할 때 그 파트가 당신을 완전히 장악하고 그 파트가 직접 말할 때와 같은 수준의 비난이나 경멸을 전달하지 않게 된다. 이 책의 뒷부분에서 파트가 직접 이야기하게 하기보다는 파트를 대변해서 말하는 연습에 대해 자세히 살펴볼 것이다. 지금은 당신과 파트너 모두가, 모든 사람에게는 다양한 파트들이 있고 또 모두에게는 참나가 있다는 것을 아는 것이 관계에서 폭풍우가 몰아칠 때에도 연결감을 유지하는 데 도움이 된다는 점만 기억하면 된다.

또한, 파트와 분리되면 참나가 자연스럽게 더 많이 드러난다. 파트너와 대화를 할 때 참나가 어느 정도 존재하면, 비판적이거나 도전적인 메시지를 주고받을 때도 상대방은 존중과 배려의 어조를 느낄 수 있다. 물론 격렬한 갈등의 한가운데서 온전한 참나 리더십을 발휘할 수 있는 사람은 매우 드물지만, 자신의 파트와 완전히 섞여서 모든 관점을 잃는 상황은 피할 수 있다. 내 경험에 따르면, 커플이 갈등 중에도 조금이나마 참나 대 참나 사이의 연결을 유지할 수 있다면 폭풍우로 인한 피해는 최소화되고 회복도 빨라진다.

심지어 갈등이 최고조에 달해 두 사람 모두 극단적인 보호자 파트들에게 완전히 사로잡힌 상황이라 하더라도, 그것이 영구적인 상태가 아니라는 사실, 즉 구름이 걷히고 태양이 다시 빛날 것이라는 사실, 양쪽의 보호자 파트들이 긴장을 풀고 결국 두 참나가 등장할 것이라는 사실을 알면 매우 위안이 되고 패닉에 빠지지 않게 된다. 참나가 다시 나타나면 회복과 재연결이 가능하다. 평온한 하늘이 코앞에 있다는 믿음이 있다면 사람들은 무서운 난기류를 견뎌낼 수 있다. 나중에 더 자세히 논의하겠지만, 보호자 파트들이 상호작용을 영구적으로 지배하게 되면 관계는 파멸에 이르게 된다.

다중성의 관점을 받아들이면 커플이 관계에서 피할 수 없는 갈등과 폭풍을 헤쳐나가는 데 도움이 될 뿐만 아니라, 두 사람이 함께 이룬 친밀감이 더욱 깊어질 수 있다. 친밀감의 중요한 측면 중 하나는 파트너와 함께 매우 취약한 상태에서도 함께 있을 수 있는 능력이며, 그 상태에서 서로의 사랑과 수용을 받는 것이다. 누구든 특히 친밀한 관계에서는, 자신의 약점이라든지 불미스럽거나 부끄러운 면을 드러내는 것이 두렵게 느껴질 수 있다. 이런 측면들을 드러내는 순간 상대방이 나를 영원히 그런 성격적 결함이 있는 사람으로 볼까 걱정하기 때문이다. 그러나 그런 측면들은 단지 당신의 일부분일 뿐이며, 이 파트들은 무가치함, 불안감, 왜곡된 성적 충동 같은 마음의 짐을 안고 있고, 공감받고 수용되면 치유될 수 있다는 것을 이해한다면 당신은 이 파트들을 드러내기가 더 쉬워지고 파트너 역시 이 파트들에게 사랑으로 반응할 수 있다.

관계 속에서 자신의 모든 측면, 즉 모든 파트들이 환영받는다는 믿음을 갖는다는 것은 마법 같은 경험이 될 수 있다. 예를 들어, 당신이 자녀의 일부 행동 때문에 부끄러움을 느끼고, 아이들 때문에 자신이 나쁘게 비쳐질까 봐 걱정하는 한 가정 부모라고 가정해 보자. 그런데 어느 날, 당신의 아이들을 있는 그대로 받아들이면서 아이들의 겉으로 드러난 결점을 넘어 본질적인 선함과 사랑스러움을 볼 줄 아는 사람을 만났다고 생각해 보라. 당신은 이제 더는 아이들을 세상으로부터 숨기지 않아도 된다는 안도감을 느낄 뿐 아니라 그 사람이 아이들을 얼마나 빛나게 해주는지, 아이들이 그 사람에게 얼마나 애착이 되어 있는지를 보면서 그 사람과 놀라운 유대감을 형성하게 될 것이다.

이러한 취약성과 수용의 과정이 상호적으로 이루어질 때, 커플은 보호자 파트들이 안심할 수 있을 정도로 안전한 관계를 형성하고, 어린 파트들은 언제든지 튀어나와도 안전하다는 것을 알게 된다. 아마도 당신은 활기찬 자발성과 창의적인 장난기로 가득한 커플을 본 적이 있을 것이다. 이들은 서로의 모든 파트들이 따뜻하고 안전한 공간으로 들어올 수 있다는 것을 알고 있기 때문에, 말 그대로 서로의 장점을 최대한 끌어낸다. 그들의 상호작용은 마치 즉흥 연극 무대처럼 느껴지는데, 다양한 캐릭터들이 무대에서 신나게 뛰어다니며 서로와 호흡하며 연기하는 듯한 느낌을 준다.

사실, 주변에서 이런 활기차고 생동감 넘치는 관계를 맺고 있는 커플을 떠올리기가 어려울 수도 있다. 안타깝게도 이런 관계는 드문데, 다중성의 관점과 참나 리더십을 발휘하는 방법에 대한 이해가 없으면 파트너의 일부 극단적인 행동에 과잉 반응하지 않는 것이 매우 어렵기 때문이다. 예를 들어, 당신은 파트너의 정리정돈을 하지 않는 태도가 자신에게 집안일을 다 떠넘기려는 의도로 느껴져 화가 날 수 있다. 당신이 청결에 대해 잔소리를 하면 파트너는 당신을 통제광으로 여겨 분노 폭발을 할 수도 있다. 빚을 지지 않으려는 당신의 노력이 파트너에게는 마치 당신이 그들의 돈 관리 능력을 신뢰하지 않는 것처럼 느껴지게 할 수도 있다. 돈을 쉽게 쓰는 파트너의 태도는 당신이 돈을 벌기 위해 얼마나 열심히 일해야 하는지 그들이 신경 쓰지 않는다는 인상을 줄 수도 있다. 파트너가 반복적으로 우리를 괴롭히는 방식으로 행동할 때, 우리는 다음과 같은 방식으로 생각하게 된다. ① 그 행동이 파트너의 핵심적인 성격적 특성을 나타내며, ② 그 행동에 이기적이거나 병리적인 동기가 있다고 생각한다. 이러한 유연하지 못한 생각은 당신이 파트너에게 비판적이거나 경멸적인 태도를 취하게 하고, 파트너도 그에 상응하는 반응을 보이게 된다.

그 결과, 각 파트너는 점점 무관심과 조심스러움의 벽 뒤로 물러서게 된다. 처음에 두 사람을 하나로 연결했던 장난기 넘치고 사랑스러운 파트들은 멍들고 너무 취약해져서 더는 드러낼 수 없게 된다. 두 사람 사이의 경고 시스템은 처음에는 녹색이었지만 점차 노란색으로, 때로는 빨간색으로 바뀌어 간다. 각자의 내면에서 소수의 파트들만이 관계에서 상호작용을 하게 되는데, 문제는 이 파트들이 서로를 신뢰하지 않기 때문에 이들의 상호작용은 점점 더 부자연스럽고 예측 가능한 방식으로 변해간다는 것이다. 파트너의 많은 파트들이 반갑지 않게 느껴진다. 이런 파트들은 관계에 깊은 공허함과 불만을 남기게 되고, 결국 시간이 지나면 이 파트들은 희망을 포기하고 관계를 방해하거나 사보타주하기 시작한다.

이 책의 나머지 부분은 두 사람의 관계가 이런 경고 신호에서 노란색이나 빨간색 신호의 커플이 되지 않도록 돕고, 이미 높은 경계 상태에 있다면 다시 녹색으로 돌아갈 수 있도록 돕기 위해 고안되었다. 과거에 두 사람 사이에 생기발랄한 에너지가 있었다면 그것을 다시 되찾을 수 있다. 파트들과 참나에 대한 지식이 있으면 큰 도움이 될 수 있으며, 다음 장에서는 지금까지 발전시킨 틀을 더욱 구체화하고, 관계에서 온 마음의 짐을 덜어줄 수 있는 실습과 기법을 추가로 소개할 것이다.

실습

- 관계에서 극단적인 믿음과 감정을 경험한 후 당신은 어떻게 느끼나요? 수치심? 분노? 억울함? 이러한 극단적인 신념과 감정은 당신에게 어떤 방식으로 드러나고 표현되나요?
- 파트너가 한 극단적인 말이나 행동이 그 사람 성격의 핵심을 드러내는 것이라고 받아들이는 경향이 있나요? 만약 그렇다면, 그것이 관계에 대한 당신의 느낌과 태도에 어떻게 영향을 미치나요?
- 이러한 극단적인 신념과 감정이 단지 당신과 파트너의 작고 마음의 짐을 가지고 있는 파트들에서 비롯된 것이라고 믿는다면 관계에 어떤 변화가 일어날까요?

2장

추방자가 만들어지는 과정과 추방자의 힘

CHAPTER 2
THE DEVELOPMENT AND POWER OF EXILES

마술 부엌 은유

추방자가 만들어지는 과정과 추방자의 힘에 대해 살펴보기 전에, 이 주제를 이해하는 데 도움이 될 수 있는 은유를 한 가지 소개하고자 한다. 영적 스승이자 작가인 돈 미겔 루이즈 Don Miguel Ruiz는 친밀한 관계를 설명하기 위해 마술 부엌이라는 은유를 사용했다.[1] 나는 그의 은유를 활용해 우리 내면의 파트들에게 어떤 일이 일어나는지 설명해 보려고 한다.

모든 종류의 음식이 무한히 제공되는 마술 부엌이 딸린 집을 부모님에게서 물려받았다고 상상해 보라. 당신의 부모님은 무조건적으로 당신에게 음식을 제공했기 때문에, 당신도 자연스럽게 자녀에게 똑같이 하도록 배웠다. 자녀들은 마술 부엌에서 제공되는 당신의 음식을 좋아하기 때문에 그로 인해 행복하다. 이 음식들은 영양이 풍부하고 포만감을 주기 때문에 아이들은 과식하지 않으며, 사탕이나 다른 종류의 불량식품을 갈망하지 않는다. 게다가 당신은 음식을 체벌 수단이나 동기 부여의 수단으로 사용하지 않기 때문에 아이들은 단지 자신이 당신의 자녀라는 이유만으로 충분히 잘 먹을 가치가 있다고 믿는다. 아이들은 모두에게 먹을 것이 충분하다는 것을 알기 때문에 싸우지 않는다. 또한 나눔의 즐거움을 위해 친구, 이웃, 음식이 필요한 사람들과 기꺼이 음식을 나눈다. 이 부엌은 식량이 절대 바닥나지 않기 때문에 비축할 필요가 없다는 것을 알고 있다.

어느 날, 한 남자가 문을 두드리며 자신을 정서적으로 돌봐준다면 당신의 자녀에게 꾸준히 피자와 사탕을 제공하겠다고 제안한다. 당신과 자녀는 배가 부르고 그가 자신의 자녀를 잘 돌보지 않는다는 것을 알기 때문에, 당신은 "아니요, 괜찮아요. 우리에게는 음식이 충분합니다"라고 대답한다.

며칠 후, 또 다른 남자가 문을 두드린다. 그는 여러 자녀를 둔 아버지로, 그의 아이들은 행복하고 만족해한다는 점에서 당신과 비슷하다. 그는 마술 부엌의 요리에 매료되었지만, 자신도 요리하는 것을 좋아하고 이미 음식이 충분하기 때문에 마술 부엌이 필요하지 않다. 그의 아이들은 당신의 아이들과 함께 노는 것을 좋아하고, 당신의 집에서 살고 싶어 하지만, 그가 어디에 살든 자신들을 돌볼 것이라는 믿음을 주기 때문에 아이들은 그의 선택을 신뢰한다.

당신은 이 남자를 당신 집으로 초대하여 함께 살게 하고, 당신은 이 사람과 함께 서로의 요리를 맛있게 먹는 것을 좋아한다. 이제 두 사람의 자녀들 모두는 부엌에서 나오는 다양한 요리를 즐긴다.

이제는 당신이 다른 가정에 살고 있다고 상상해 보자. 당신은 매우 가난하고 아이들을 먹일 음식이 거의 없다. 아이들은 늘 굶주려 있고, 특히 아주 어리고 약한 아이들은 항상 울면서 밥을 줄 사람을 찾아달라고 애원한다. 아이들의 절박함은 극도의 좌절감을 주고, 당신은 아이들이 당신의 신경을 건드리지 않도록, 그리고 그들의 고통이 당신에게 상기되지 않도록 아이들을 자주 지하실에 가둔다. 이것이 바로 당신이 부모님께 배운 문제아를 다루는 방법이다.

하지만 아무리 무시하려고 해도 어린아이들의 흐느낌은 마룻바닥 사이를 통해 들리는 듯하다. 아이들의 절박함은 끊임없이 당신 마음 한구석을 갉아먹는 것처럼 느껴진다. 나이가 많은 자녀 중 일부는 당신이 가족을 돌볼 수 있는 능력에 대한 신뢰를 잃기 시작한다. 그들은 당신에게 더 열심히 일하라고 재촉하고, 지하실에 있는 아이들을 통제하거나 진정시키고, 먹을 것을 찾아다니는 등 어른이 맡아야 할 책임감을 떠안게 된다. 나이든 아이들은 이런 수준의 책임감을 감당할 준비가 되어 있지 않기 때문에 경직되고 통제적으로 변하게 된다. 그들은 당신이 일하는 방식과 성과를 끊임없이 비판하면서, 지하실에 있는 아이들이 그대로 거기에 있도록 하기 위해 엄청난 에너지를 쓴다.

피자와 사탕을 든 남자가 문 앞으로 다가오자 지하실에 갇혀 있던 아이들은 그가 도착하기도 전에 음식 냄새를 맡는다. 아이들은 음식을 먹고 지하실에서 풀려날 수 있다는 생각에 기쁨이 넘친다. 아이들은 캔디맨을 우상화하고 그를 기쁘게 하기 위해 무엇이든 하려고 한다. 당신과 나이든 아이들은 배고프고 지친 상태에서 캔디맨이 지하실 아이들을 행복하게 만드는 모습에 감동을 받는다. 이제 더는 당신이 아이들을 상대하지 않아도 되고 그 대신 이 아이들이 다른 사람에게 애착하게 할 수 있다는 가능성은 매우 매력적으로 보인다.

이제 이 이야기에 나오는 음식은 사랑이고, 아이들은 당신 내면의 파트들이라고 상상해 보라. 만약 당신이 처음에 말한 마술 부엌을 가진 첫 번째 부모와 자신을 동일시한다면 이 책의 나머지 부분을 읽을 필요가 없다. 내 안에 있다는 이유만으로 내 파트들을 무조건적으로 사랑하고 받아들일 수 있다면, 다른 사람의 거짓된 약속에 휘둘리지 않을 것이기 때문이다. 또한, 당신이 올바른 파트너를 찾게 된다면, 당신의 파트들은 의존적이거나 까다롭거나 방어적이지 않고 쉽게 상처 받지 않기 때문에, 끊임없는 드라마를 만들거나 학대를 용인하게 하지 않을 것이다. 그 대신, 각자 다른 방식으로 파트너를 사랑하며 친밀한 경험을 풍부하게 만들 것이다. 설령 파트너로 인해 상처를 받더라도, 당신이 곁에서 함께 있어줄 것이라는 믿음 덕분에 이 파트들은 안심할 수 있다.

하지만 당신도 많은 사람들과 마찬가지로 부모나 또래, 기타 영향으로 인해 자신의 특정 파트들을 추방하는 법을 배웠다. 그 결과, 마음의 지하실은 사랑에 굶주리고 연약한 내면의 아이들로 가득 차 있다. 이 아이들은 당신에게서 충분한 사랑과 보살핌을 받지 못했기 때문에, 자신을 구해줄 수 있는 누군가를 찾는 데 집착하게 된다. 하지만 이 아이들은 너무 필사적이어서 그들이 의지하려는 사람의 결점을 당신이 보지 못하게 할 것이다. 따라서 그들은 당신이 잘못된 사람을 선택하게 만들고, 너무 의존적이고 취약하기 때문에 그 사람과의 관계에 너무 오래 머물게 하거나, 그 사람이 준다고 생각하는 상처에 과민반응을 보이거나, 그 사람이 당신이나 다른 사람과 얼마나 가까워지게 할지 혹은 멀어지게 할지를 통제하려고 할 가능성이 높다.

그렇다면 마술 부엌처럼 무한한 사랑의 샘은 어디에서 찾을 수 있을까? 그것은 당신이 가장 마지막으로 생각했을 곳, 즉 당신의 참나에 있다. 하지만 당신의 파트들은 다른 사람들이 보내는 메시지와 과거에 당신이 그들을 대했던 방식으로 인해 그들이 갈망하는 사랑을 찾을 수 있는 유일한 희망은 외부 세계에 있다는 것을 확신해 왔다.

좋은 음식을 배부르게 먹은 파트들

이 개념은 허무맹랑한 것이 아니다. 당신의 파트들은 다른 사람으로부터도 많은 것을 얻을 수 있다. 그러나 그것은 그들이 이미 당신과 사랑스러운 관계를 맺고 있을 때만 가능하다. 이 책은 당신이 스스로 당신 내면 파트들의 주 양육자가 되고 파트너는 당신 파트들의 보조 양육자가 될 수 있게 하는 방법을 알려준다.

관계 개선을 다루는 많은 책들은 자신을 사랑하기 전에는 다른 사람을 진정으로 사랑할 수 없다는 진리를 이야기하고 있다. 대부분의 책에서 자신을 사랑해야 한다는 생각은 노력해야 하는 추상적인 이상향으로 제시되거나, 부정적인 자기 대화에 대응하기 위한 방법으로 긍정의 말을 반복하라는 등의 해결책을 제시하지만 그것만으로는 충분하지 않다. 이 책에서는 마술 부엌인 참나를 구체적으로 활용하는 방법을 통해, 지독한 자기 비판자와 지하실의 아이들까지도 당신이 사랑할 수 있게 도울 것이다. 그리고 바깥세상에서 좋은 음식을 배부르게 먹은 아이들이 그러하듯, 내면의 아이들도 굶기지 않고 잘 먹일 때 더 가벼워지고 행복하게 변화한다는 것을 알게 될 것이다. 그렇게 되면 이 파트들은 친밀한 관계에 걸림돌이 되기보다는 오히려 관계를 더 강화시키는 데 기여할 수 있다.

우리가 이렇게 할 수 있으면 파트너가 의도치 않게 소홀해졌을 때 감정적 의존의 무게나 분노의 쓰라림을 느끼지 않게 되므로 파트너도 이러한 방식을 높이 평가할 것이다. 당신의 파트들은 자양분을 위해, 또 상처를 받았을 때 파트너보다 당신을 먼저 찾고 위로를 받을 것이다. 이렇게 하면 파트너가 멀어져도 당황하지 않고 침착함을 유지할 수 있고, 파트너와 가까워져도 상처 받을까 두려워하지 않으며, 파트너를 자신이 꿈꾸던 이상적인 사람으로 만들기보다는 그들 본연의 모습으로 있도록 허용할 수 있다. 예를 들어, 파트너가 울거나 두려움을 보이거나 자신의 취약한 파트처럼 행동할 때, 이미 자신의 취약한 파트를 어떻게 다뤄야 하는지 알기 때문에 파트너에게도 사랑스럽고 따뜻하게 위로할 수 있다. 파트너가 화를 내고 당신을 비난할 때에도, 이를 증폭시키는 불쾌한 내면의 비판자가 없으므로 방어적으로 대응할 필요가 없다. 파트너가 수줍음을 많이 타더라도, 당신이 자신의 수줍은 파트를 이미 받아들이고 있기 때문에, 상대방을 판단하지 않는다. 다시 말해, 당신이 자신의 모든 파트들을 사랑할 수 있기 때문에 파트너의 다양한 모습들도 사랑할 수 있다. 이렇게 우리가 내면의 파트들과 관계 맺는 방식은 외부 사람들과 우리가 관계 맺는 방식에도 영향을 미치고, 그 반대의 경우도 마찬가지이다.

친밀감은 흔히 자신의 모든 면을 상대방에게 드러내고, 내 모습 그대로 받아들여진다고 느끼는 능력으로 정의된다. 자신의 취약한 파트들을 부끄러워하거나 두려워하지 않기 때문에 당신은 이 파트들을 파트너에게 드러낼 수 있고, 이를 통해 상대방에게 온전히 알려지고 인정받는 기쁨을 경험할 수 있다. 마찬가지로 파트너가 취약해질 때도, 당신은 그들과 사랑으로 함께할 수 있으며, 그들을 고쳐야 한다는 느낌 없이 그들을 있는 그대로 받아들일 수 있다. 모든 파트들이 진정으로 환영받는 관계를 만들 수 있는 것이다. 파트너가 거리를 두거나 화를 내더라도, 파트너에게 어떤 일이 일어나더라도 당신의 민감한 파트는 여전히 당신의 사랑을 받고 있다는 것을 믿기 때문에 당황하지 않는다.

그럴 때, 당신은 파트너의 사랑을 잃을까 두려워하거나 파트너의 사랑에 눈이 멀지 않기 때문에 파트너가 주는 사랑의 광

채를 만끽할 수 있을 것이다. 삶이 때로 당신에게 상처를 주거나 두렵게 느껴질 때 당신에게 위안을 줄 수 있는 두 가지 원천은 바로 자신과 파트너이다. 예를 들어, 파트너가 당신 과거의 누군가(예: 부모님)처럼 행동하고 이로 인해 치유되지 않은 상처가 활성화되어 끔찍한 기분이 들 때도 있을 것이다. 이럴 때, 당신의 상처 받은 파트들은 당신이 자신들을 잘 대변해 줄 것이라고 믿기 때문에 직접 표현을 하기보다는 당신이 자신을 대변해서 말을 할 수 있게 해준다.

이런 접근 덕분에, 당신은 흔히 갈등 상황에서 나타나는 비난이나 투정 없이 명확하고 존중하는 태도로 자신의 상처와 감정을 전달할 수 있다. 그러면 파트너는 연민 어린 태도로 반응할 수 있다. 이런 파트너의 태도 덕분에 당신의 파트들은 친밀한 관계에 대해 가지고 있던 부정적 믿음을 수정하게 되고 과거로부터 지니고 있던 고통을 내려놓을 수 있게 된다. 이런 식으로, 파트너는 당신의 치유자가 되어야 한다는 무거운 짐을 지지 않으면서도 자연스럽게 당신의 치유를 돕게 된다.

추방자가 생기는 과정

우리의 추방자와 그들을 보호하는 보호자 파트들은 우리가 파트너와 가까워지는 능력에 큰 영향을 미친다. 따라서 추방자가 어떻게 생겨나며, 왜 관계에서 그런 강력한 힘을 발휘하는지 자세히 살펴보겠다.

누구나 태어날 때부터 취약한 파트들을 가지고 있다. 그러나 대부분의 사람들은 어린 시절, 양육자와의 상호작용이나 트라우마 경험을 통해 취약한 것은 안전하지 않다는 것을 일찍이 배우게 된다. 그 결과, 우리는 어린아이와 같은 취약한 파트들을 마음속에 가둬두고 그들을 우리 내면의 추방자로 만든다.

반면, 운이 좋은 사람들은 자신의 취약함을 드러낼 때 사랑, 인내, 부드러움, 보살핌으로 반응해 주는 양육자를 만나게 된다. 만약 당신이 그런 경우라면 당신 내면에는 추방자가 많지 않을 가능성이 크다. 당신의 양육자가 민감한 파트들을 수용하고 포용해 주었기 때문에, 당신 역시 같은 방식으로, 즉 수용과 사랑으로 그 파트들과 관계하는 법을 배웠을 것이다.

이에 대한 예를 하나 들어보겠다. 사이먼Simon은 학습 장애가 있었다. 그의 형은 학교와 가정에서 성적으로 칭찬을 받던 모범생이었지만, 사이먼은 그 반대였고 종종 상처 받은 마음과 좌절감으로 인해 엄마의 관심을 요구하며 징징대고 매달리곤 했다. 사이먼의 부모는 아들의 이런 행동을 비난하거나 벌하지 않았다. 그 대신, 그들은 아들의 미성숙한 행동 이면에 있는 아픔을 볼 수 있었다. 사이먼의 상처 받은 파트가 우회적으로 혹은 강하게 표현될 때는, 부모님은 한계를 설정하되 단호하면서도 열린 마음으로 그를 대했다. 더 중요한 것은 사이먼이 실패자나 패배자처럼 느낄 때 그 감정을 안전하게 이야기할 수 있는 관계를 부모님과 형성했다는 점이다. 부모님은 사이먼에게 '네가 다른 분야에서는 형보다 뛰어나다'고 설득하거나 '인생의 긍정적인 면을 생각하라'고 훈계하기보다는 그저 그의 아픔에 진심으로 귀를 기울였고, 성적이 어떻든 상관없이 사이먼을 사랑한다는 것을 행동으로 보여주었다.

사이먼의 부모는 그의 상처 받은 파트를 연민과 인내, 사랑으로 보듬어주었기 때문에 사이먼은 자신이 다른 아이들처럼 책을 읽지 못해 기분이 나빠질 때마다 부모님이 해주었던 것과 같은 방식으로 자신의 상처 받은 파트를 위로해 주었고, 그 아픔에 귀 기울이며 스스로에게 사랑을 베풀 수 있었다. 그 결과, 어리고 연약한 파트는 사이먼과 안전하게 연결되어 있다고 느꼈고, 상처를 받지 않는 상황에서는 사이먼에게 세상에 대한 경이로움과 유쾌한 장난기를 지속적으로 제공해 주었다.

만약 사이먼의 부모가 그의 '유치한' 행동에 대해 많은 부모들처럼 비난과 성마름으로 반응했다면, 사이먼은 상처를 느꼈을 때 자신을 비난하고 상처를 내면의 지하실로 추방했을 것이다. 성인이 된 사이먼은 이러한 경이로움과 장난기가 단절된 채 살고, 비판적이고 참을성 없는 파트인 매니저 파트들의 지배를 받게 되었을 것이다. 결과적으로, 그는 분노와 냉소를 제외한 모든 감정을 두려워하고 배제하는 무감각하고 감정표현을 못하는 사람이 되어, 많은 여성들이 불평하는 남성이 되었을 것이다. 매니저 파트들이 지배하는 사람들은 연결감을 느끼지 못하기 때문에, 그의 파트너는 사이먼의 유일한 관심사가 섹스이고 자신은 그를 멋지게 보이게 하는 장식물인 것처럼 대상화되는 느낌을 호소했을 것이다.

이와 함께, 사이먼의 내면에서 추방된 파트로부터 비롯된 만성적인 아랫배의 묵직한 통증은 그의 삶의 배경 음악처럼 지속되었을 것이다. 그의 보호자 파트들은 그를 고통으로부터 무감각하게 하거나 주의를 분산시킬 방법을 찾아낼 것이고, 그래서 만약 누군가 그에게 안부를 묻는다면 그는 대부분 "괜찮아요"라고 말하고 또 실제로 그렇게 느꼈을지도 모른다. 그러나 예외적으로 괜찮다고 할 수 없을 때는 외부의 사소한 일이나 실패가 치유되지 않은 상처를 건드렸을 때일 것이다. 그런 상황이 닥치면, 사이먼은 어린 시절부터 내내 묻어두었던 굴욕의 수렁으로 다시 빨려들어 가면서 내장이 고통의 불길로 폭발하는 것처럼 느끼곤 했을 것이다.

비록 사이먼이 이를 명확히 의식하지는 못했더라도, 그 만성적인 통증과 그 폭발 가능성은 그의 삶을 조직하는 주요한 힘이 되었을 것이다. 그는 일 중독자가 되어 아픔으로부터 주의를 분산시키기 위해 끊임없이 노력하고, 자신이 실패자가 아니라는 것을 증명하기 위해 성취에 몰두하며, 누구도 거부하지 않을 만큼 매력적인 사람이 되기 위해 노력했을 수도 있다. 그러나 만약 그가 어떤 실패를 경험했다면, 그는 봇물처럼 터져 나오는 감정의 불길을 폭음으로 잠재울 수도 있을 것이다. 그리고 이 책과 가장 관련 있는 것을 말하자면, 그는 자신이 찾은 배우자가 자신을 치유하거나 구원하여 욱신거리는 아픔을 없애주기를 기대했을 것이다.

파트들이 추방되는 세 가지 경로

친밀감 문제는 마음의 상처, 공허함, 그리고 수치심에서 비롯된다. 어린 시절, 우리의 파트들이 화를 내고, 이기적으로 행동하고, 수줍어하고, 흥분하고, 떼쓰고, 요구하고, 때리고, 성적으로 행동하고, 두려워하는 등 화를 내고 극단적으로 되었을 때, 우리는 종종 부모님의 내면에 있는 파트들을 자극했다. 왜냐하면 부모님 역시 자신의 내면에 있는 이런 파트들에 대한 인내심이 없었기 때문이다. 그 결과, 부모님은 우리에게 비판, 분노, 애정 철회, 가혹한 처벌로 반응했다. 물론 항상 그런 반응을 보였던 것은 아닐지 모르지만, 부모님은 우리가 이런 파트들을 두려워하고 혐오하며 추방하도록 만들 만큼 충분히 자주 이런 반응을 보였다.

그 결과, 당신이 상처 받고, 의존적이고, 삐치고, 요구하고, 투덜대고, 울음을 터뜨릴 때 당신의 양육자는 따뜻한 보살핌이나 차분한 한계 설정이 아닌 극단적인 방식으로 반응했을 가능성이 있다. 어쩌면 당신의 아버지는 자신의 취약성을 여성스러운 것이라고 경멸하고, 그 결과 당신의 취약성을 부끄러워했을지도 모른다. 당신의 어머니는 당신이 자신을 감정적으로 보살펴주기를 간절히 바랐던 나머지 당신은 자신의 욕구를 가질 수 없다는 메시지를 받았을 수도 있다. 어릴 때, 당신이 개방적이고 즉흥적으로 행동했을 때 또래 친구들이 당신을 모욕했고, 부모님이나 친구들에게 그 모욕감에 대해 이야기했지만 그들은 당신에게 그런 경험은 그냥 무시하고 잊어버리라고 했다고 가정해 보자. 추방자들은 가장 민감한 파트들인데, 그 이유는 이들이 가혹한 환경의 거절, 굴욕, 트라우마, 버림받음으로 인해 가장 큰 상처를 받는 파트들이고, 상처 받고 도움이 필요한 상태에서도 우리 주변 사람들을 가장 자극하는 파트들이기 때문이다.

하지만 어린 시절 화가 나거나 극단적으로 행동했을 때만 처벌을 받았던 것은 아닐 것이다. 많은 가정에서는 아이의 자연스러운 흥분, 성적 호기심, 자기주장 등을 과시, 이기심, 역겨움, 죄악으로 규정하는 등 특정 표현에 대한 무언의 규칙이 존재한다. 이런 가정에서 살아남기 위해, 당신은 가족의 태도를 받아들이고 자신의 이러한 파트들을 억압하고 추방하게 되었을 가능성이 크다.

이런 경험을 통해 많은 사람들이 자신의 요구사항, 취약함뿐만 아니라 생동감마저 경멸하고 억누르며 없애려고 노력하는 법을 배웠다. 이러한 특성들이 우리가 의존해야 하는 사람을 위협할 수 있다는 이유로 우리는 활력, 열정, 관능, 용기를 가두어 두었다. 나는 가족으로부터 '너무 과하다'는 말을 들으며 장난기와 대담함을 억눌러 온 많은 내담자들과 함께 작업했다.

다음에는 자신의 가장 가치 있는 측면들을 추방하게 되는 주된 이유 세 가지에 대해 알아보도록 하겠다.

자연스럽고 순수한 취약성이 양육자나 또래를 불편하게 할 때

이는 당신의 부모 혹은 양육자가 다음과 같을 때 일어날 수 있다.

- 부모나 양육자가 우울하거나 서로 갈등을 겪고 있어, 아이인 당신이 필요로 하는 정서적·신체적 돌봄을 제공할 여유가 없으며, 오히려 당신이 부모나 양육자를 걱정하거나 돌봐야 하는 경우
- 부모나 양육자가 자신의 문제나 배우자의 문제에 빠져 있느라 아이인 당신이 부모 또는 형제자매를 돌봐야 할 정도로 방치되는 경우
- 부모나 양육자가 당신을 배우자 대용으로 사용하거나 당신의 성취를 통해 대리만족을 느끼는 경우
- 부모나 양육자가 '살아남기 위해서는 강인해야 하고, 성공하기 위해서는 치열하게 경쟁해야 한다'고 확신하며, 이런 믿음을 당신에게 강요하는 경우
- 부모나 양육자가 자신의 취약성을 두려워하거나 경멸하여, 당신이 취약성을 보일 때 언어적 혹은 신체적으로 학대하는 경우

당신이 속한 또래 집단이 멋짐, 강인함, 경쟁력 같은 특정 양상에 초점을 맞추는 경우에도 이런 일이 발생한다.

자연스러운 활력이 보호자나 또래에게 위협이 될 때

이는 당신의 부모 혹은 양육자가 다음과 같을 때 일어날 수 있다.

- 부모나 양육자가 엄격한 종교적 전통을 신봉하여 다양한 자연스러운 표현을 죄악시하는 경우
- 부모나 양육자가 당신에게 지나치게 의존하여 당신이 성장해 그들을 떠날까 봐 두려워하는 경우
- 부모나 양육자가 성 학대 또는 신체적 학대의 생존자로서, 당신의 성욕이나 공격성을 위협으로 느끼는 경우
- 부모나 양육자가 서로에게 폭력을 행사하거나 성적 행동화*를 하여, 당신이 자기주장이나 성에 두려움을 갖게 된 경우
- 부모나 양육자가 자신의 활력을 두려워하여, 당신이 활기차

---

* **옮긴이 주** 성적 행동화란 자신의 감정이나 내면의 갈등을 성적인 행동으로 표현하거나 해소하는 행위를 말한다. 외로움이나 거절감을 느꼈을 때 무분별한 성관계를 맺는 것을 예로 들 수 있다.

고 에너지 넘치는 모습을 보였을 때 이를 언어적 또는 신체적으로 학대하는 경우
- 부모나 양육자가 '파트너에게 매력적으로 보이기 위해서는 당신이 복종해야 하고 위협적이지 않아야 한다'고 믿는 경우

또래 집단이나 형제자매가 매우 공격적이거나 비하하는 발언으로 당신의 활력을 억압하는 경우에도 이런 일이 발생한다.

취약하거나 활기찬 파트들이 상처를 받고, 그 상처로 인해 극단적으로 변한 후 다른 사람들을 자극하고 또 자신을 불편하게 할 때

이는 다음과 같은 상황에서 발생할 수 있다(내 임상에서 몇 가지 예를 들어보겠다).

- 형제자매의 출생으로 자신의 입지를 잃고 부루퉁해지고 투정을 부리다가 심하게 꾸중을 들은 경우
- 가족 구성원에게 몰래 성추행을 당한 후 다른 아이들과 성적으로 행동하기 시작했고 이로 인해 가혹한 처벌을 받은 경우
- 학교에서 괴롭힘을 당한 후 두려움 때문에 집 밖으로 나가고 싶지 않다고 느꼈지만, 억지로 학교로 돌아가기 위해 두려

움을 가둬둔 경우
- 부모의 갑작스러운 죽음으로 충격을 받고 슬픔에 빠져 침대에서 나오고 싶지 않았지만, 일상에서 기능을 하기 위해 슬픔을 가두어둔 경우

첫 번째와 두 번째 이유로 추방되었을 때, 추방자 파트들은 거절당했다고 느끼고 사랑받지 못한다고 느끼게 된다. 우리 사회의 성별에 대한 문화적 믿음 때문에, 첫 번째 유형은 남자아이에게, 두 번째 유형은 여자아이에게 더 자주 발생한다. 세 번째 유형은 모든 성별에서 발생하는데, 세 번째 이유로 추방되었을 때 이 파트들은 상처에 더해 모욕감까지 받게 된다. 그들은 상처 받았던 경험에 대한 기억, 감각, 신념, 감정을 그대로 가지고 있으며, 이로 인해 우리 자신뿐만 아니라 다른 사람들에게도 거부당하는 악순환을 겪는다.

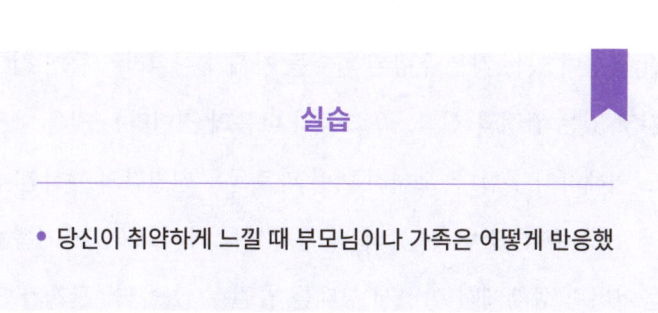

실습

- 당신이 취약하게 느낄 때 부모님이나 가족은 어떻게 반응했

나요? 당신이 활기찼을 때는 어땠나요? 상처를 받고 그 결과 극단적인 행동을 했을 때, 그들은 어떻게 반응했나요?
- 그들의 반응이 당신이 자신의 이런 파트들과 관계 맺는 방식에 어떤 영향을 미쳤나요?

우리는 기쁨을 묻는다

우리의 추방자들은 묻혀 있는 보물들이지만 이들은 극심한 고통과 절박한 상태에 있기 때문에 우리는 이들을 유독성 폐기물처럼 느끼고 가까이 가면 오염될 것이라고 확신한다. 우리 주변의 많은 사람들은 우리가 그곳에 가면 안 된다고 하고, 그냥 극복하고 뒤돌아보지 말아야 한다는 데 동의할 것이다. 하지만 독성이 있는 것은 추방된 파트들 자체가 아니라 그들이 짊어지고 있는 감정과 신념, 즉 그들의 마음의 짐이라는 것을 아무도 이해하지 못한다. 오히려 이런 파트들은 친밀감의 핵심인 취약성, 감수성, 장난기, 창의성, 자발성을 가지고 있다. 기쁨을 묻어버린 상태에서 어떻게 상대를 즐길 수 있을까? 관계가 밋

밋하고 무미건조해 보일 때, 우리는 관계에 활력을 불어넣는 양념들을 우리가 어디에 숨겼는지 잊은 채 상대방만을 비난한다.

따라서 취약한 파트들을 추방하는 것은 어린아이에게 수치심을 준 다음 어두운 지하 감옥에 가두는 것과 비슷하다. 그런 상황에 처한 어린아이는 거부당하고 버림받았다는 끔찍한 느낌, 무서움, 의존하고 싶은 마음, 사랑받을 수 없는 존재라는 느낌, 구원을 갈구하는 절박한 심정을 갖게 된다. 이것이 바로 우리 내면의 많은 추방당한 어린아이 같은 파트들이 느끼는 감정이다.

추방자의 힘

우리가 추방한 파트들은 마치 감옥에 갇힌 아이처럼 보이지만, 사실 그들은 우리 삶을 훨씬 더 강하게 통제한다. 감옥에 갇힌 아이와는 달리, 추방자들은 우리가 삶에서 일어나는 일로 인해 상처를 받으면 우리를 절망 속으로 끌어당기는 힘을 가지고 있다. 어느 순간 우리는 갑자기 추방자의 고통과 수치심에 휩싸여 그들의 감정에 압도당한 채 그들과 동일시되는 끔찍한 경험을 하게 된다.

작가 엘리자베스 길버트Elizabeth Gilbert는 자신의 책에서, 남자 친구인 데이비드David가 자신을 거부하기 시작했을 때 자신이 어떻게 추방자의 상태로 빠져들었는지 이야기한다. 그녀는 우리가 그런 상태에서 경험하는 지옥 같은 내면의 고통을 생생하게 묘사한다.

> 나는 밤을 지하 고문실처럼 두려워하기 시작했다. 나는 근접할 수 없는 아름다운 데이비드의 잠든 몸 옆에 누워 극심한 외로움과 치밀하게 계획된 자살 충동으로 공황 상태에 빠지곤 했다. 내 몸 구석구석이 아팠다. 나는 마치 스프링이 장착된 원시적인 기계처럼, 그 기계가 견딜 수 있는 것보다 훨씬 더 큰 장력을 받으며, 근처에 있는 사람에게 큰 위험을 안겨주면서 곧 터져버릴 것만 같았다. 나는 불행의 화산이 되어버린 내 자신에게서 벗어나기 위해 몸의 일부가 내 몸에서 떨어져 나가는 상상을 했다. 대부분의 아침, 데이비드는 깨어나서 침대 옆 바닥에서 개처럼 욕실 수건 더미에 웅크리고 곤히 자고 있는 나를 발견하곤 했다.[2]

추방자가 이런 식으로 우리를 강력하게 장악할 때, 그들은 종종 파트너에게 충격과 혐오감을 불러일으키는데, 이는 추방자가 원하는 것과는 정반대이며, 결국은 거절당했다는 느낌을 더욱 가중시킨다.

데이비드가 이렇게 반응하자 엘리자베스는 점점 더 절망적으로 되었다.

> 미숙아 세쌍둥이보다 보살핌이 더 많이 필요했던 나는, 낙담했고 의존적이었다. 그가 물러나면 나는 요구사항이 더 많아졌고, 그러면 그는 더 물러났다. 곧 그는 "어디 가는 거야? 우리에게 무슨 일이 일어난 거야?"라는 나의 울부짖는 탄원에 불타 도망가고 말았다. …당신이 숭배하던 대상은 이제 당신에게 혐오감을 느낀다. 그는 당신을 한때 열렬히 사랑했던 사람처럼 바라보는 대신, 한 번도 만난 적이 없는 낯선 사람처럼 당신을 바라본다. 아이러니하게도, 그를 비난할 수 없는 이유는 당신 자신도 그렇게 느끼기 때문이다. "네 꼴을 좀 봐. 너는 지금 네 자신도 알아볼 수 없을 정도로 한심하고 엉망진창이야."[3]

엘리자베스의 마지막 문장은, 추방자가 우리를 장악할 때 시작되는 다루기 힘든 악순환의 또 다른 측면을 드러낸다. 자신의 나약하고 집착하는 행동이 미워지고, 그것이 파트너에게 어떤 영향을 미치는지 알면서도 스스로를 멈출 수 없다는 것을.

내면의 비판자들은 미친 듯이 당신에게 수치심을 주고 추방자들을 다시 가두려고 하지만, 이렇게 되면 추방자들은 자신에 대해 더 나쁘게 느끼고 더 절망적이 되어 당신 내면의 공간을 더 많이 차지하게 될 뿐이다. 데이비드 역시 많은 남성들처럼 의존적인 자신의 추방자들을 미워했기 때문에 엘리자베스가 그런 행동을 보일 때, 그는 자신의 추방자에게 했던 것과 같은 방식으로 그녀에게 거리를 두고 경멸하는 반응을 보였을 가능성이 높다.

IFS 치료사 모나 바르베라Mona Barbera는 《스스로를 사랑하기Bring Yourself to Love》라는 책을 통해 추방된 파트들이 어떻게 우리에게 영향을 미치는지에 대한 또 다른 예를 보여준다. 그녀는 남편과 함께 커플들을 위한 워크숍에 가려고 했지만, 남편이 이를 거절했던 경험을 다음과 같이 묘사한다.

> 나는 편안한 느낌을 잃고 … 긴장하기 시작했다. 갑자기 나는 열두 살의 나로 돌아가, 식탁에 앉아 있었다. 왼쪽에는 엄마, 오른쪽에는 아빠, 맞은편에는 여동생 라나Lana가 있었다. 내 앞에는 엄마가 만든 부드러운 토마토수프 한 그릇이 놓여 있었는데 나는 먹지 않았다. 엄마가 이유를 물었고 나는 그냥 그것을 좋아하지 않는다고 대답했다. 엄마는 1~2초 동안

은 괜찮은 것 같더니 갑자기 의자에서 벌떡 일어나 "넌 배은 망덕하고, 남에게 상처를 주고, 미움이 많은 아이야! 도대체 네 비위를 맞출 수가 없구나!"라고 소리치며 방으로 올라가 버렸다. 우리 가족 모두는 엄마가 사흘 동안 방에서 나오지 않을 것이라는 사실을 경험적으로 알고 있었고, 우리가 아무리 노크를 하거나 애원하거나 미안하다고 말해도 소용이 없다는 것도 알고 있었다.

나는 여동생과 아버지와 함께 그 식탁에 앉아 아무도 자극하지 않기 위해 겉으로는 아주 가만히 있었다. 하지만 내면에서는 내가 직감적으로 느끼는 것을 표현하면 상처를 받을까 봐, 나의 직감gut feeling 주위에 보호막이 만들어지고 있었다.

남편이 "커플 워크숍에 참여하고 싶지 않아"라고 말했을 때, 그는 내 안에 있던 열두 살짜리 아이를 자극했다. 그 순간, 나는 마치 가족과 함께 있었던 어린 시절로 되돌아간 것 같았다. 내 머릿속에서 맴돌던 것은 "그는 내가 원하는 걸 전혀 신경 쓰지 않아! 내가 뭘 원하든 상관하지 않아!"라는 생각뿐이었다. 나는 그 파트에 완전히 압도되어 있었기 때문에 이것이 내 내면의 한 파트가 반응하는 것이라는 사실을 알아차리지 못했다. 내 안의 열두 살짜리 아이가 상처 받았다는 것을 알아차리지 못했고, 그 아이 곁에 있어주지 못했다.

나는 남편에게 내 상처를 드러내지 않았다. 그 대신, 화가 난 파트가 불쑥 튀어나와 남편이 배려심이 없고 공정하지 않다고 비난했다. 물론 내 화난 파트는 남편의 화나고 공격적인 파트를 자극했다.[4]

모나가 발견한 것처럼, 이러한 추방자들은 우리가 잊고 싶은 장면에 얼어붙어 있다. 어떤 사람들은 자극이 되었을 때 엘리자베스처럼 반응하여 압도당하고 상대방에게 상처와 결핍을 드러내기도 한다. 다른 사람들은 모나처럼 추방자의 극심한 고통을 마음속으로 느끼면서도 파트너에게는 이를 절대 보여주지 않는다. 그 대신, 폭발적으로 분노한 보호자 파트로 행동하고 반응의 강도를 높여서 파트너를 당황하게 만든다. 모나의 이유 없는 갑작스러운 폭발이 남편 내면에 있는 비슷한 추방자를 자극해서 남편은 겁에 질렸고, 그 추방자는 남편을 과거의 똑같이 어두운 기억으로 데려가 자신을 보호하기 위한 보복에 불을 붙였을 가능성이 높다. 이것이 바로 커플의 싸움이 확대되는 방식이다. 커플의 보호자 파트들은 서로의 연약한 추방자에게 상처를 주고, 상대를 과거로 몰아넣으며 더욱 극단적인 보호와 상처를 유발한다.

또한 추방자가 직접적으로 촉발되지 않더라도, 만성적인

배경 통증으로 추방자는 우리 안에 강력히 존재한다. 비록 무의식적이긴 하지만, 추방자는 우리가 친밀한 파트너를 선택할 때 파트너를 찾는 동안 인내하는 능력이나 파트너에게 집착하고 통제하고 그들로부터 우리를 보호하며 상처를 받고 불만족하는 정도 등, 우리 삶의 많은 측면에 강력한 영향을 미친다. 다시 말하면, 우리의 추방자들과 그들을 보호하는 보호자 파트들이 우리가 파트너와 친밀감을 느끼는 데에 결정적인 역할을 한다는 것이다. 추방자들은 이중고를 겪었다. 먼저 자신을 사랑한다고 믿었던 사람으로부터 거절당하고 수치심을 경험하고 버림받았고, 그다음에는 당신이 그들을 거절하고 버리며 그들에게 수치심을 주었다. 그 결과, 추방자들은 필사적으로 사랑에 매달리지만 동시에 사랑을 잃을까 두려워하고, 사랑받을 자격이 없다고 확신한다. 앞서 말했듯이 추방당한 상태에서는 추방자들은 묻혀 있는 보물이라기보다는 밖으로 내보내면 모든 것을 오염시킬 수 있는 독성 폐기물처럼 느껴진다. 이런 상태에서는 추방자들이 우리의 관계에 많은 문제를 일으킬 수밖에 없다.

그러니 모두가 그쪽으로 가지 말라고 말하는 것은 당연한 일이다. 추방자들과 가까워지려면 상당한 믿음이 필요하다. 그들은 보이는 것 이상이며, 가치 있는 특성으로 변화할 수 있다는 것을 믿어야 한다. 이 책의 한 가지 목표는, 추방자들이 당신의 관계에 파괴적이지만 그렇게 된 이유는 그들이 추방당했기 때문이고 과거로 인한 마음의 짐을 짊어지고 있기 때문이라는 사실을 설득하는 것이다. 당신이 그들을 사랑하고 돌보는 법을 배우게 되면 추방자들은 관계를 빛나게 만드는 특성으로 변화할 것이다.

실습

- 추방자들과 친해지는 시간을 가져본 적이 있나요? 그 탐색을 안전하게 느끼려면 무엇이 필요한가요?
- 추방자들을 알아가면서 그들을 바라보면 어떤 마음이 드나요? 내면에서 그들과 어떻게 대화를 하나요?
- 이 연약한 추방자들이 당신의 관계를 얼마나 자주 장악하는지 느낌이 오나요? 그들이 당신을 과거 어느 시기로 데려가나요?
- 당신이 추방자들을 어떻게 다른 식으로 돌볼 수 있을까요? 만약 당신이 그들을 효과적으로 돌볼 수 있다면 상황이 어떻게 달라질 수 있을까요?

추방자 찾기와 치유하기

모나는 자기 내면의 파트들에 대해 잘 알고 또 그들을 찾는 방법을 알고 있었기 때문에, 나중에 그 비참하게 느끼는 열두 살 소녀 파트를 찾아 위로하고 남편과 다시 연결할 수 있었다.

몇 시간 후, 어느 식당 밖 비포장도로에서 나는 마침내 내 안의 상처 받은 열두 살 소녀를 만날 수 있었다. 그 아이는 부엌에 갇힌 채 고립감을 느끼고 있었다. 내가 거기 있고 자신의 세계를 내가 인정해 주자 그 아이가 편안해지는 것이 느껴졌다. … 나는 그 누구도 하지 않았던 일, 즉 그 아이의 고통을 알아주었다. 나는 곧 좁은 자기중심적 포커스에서 벗어나 어둠 속에서 어깨를 잔뜩 움츠리고 굳은 표정으로 서 있는 남편을 보았다. 남편도 고통스러워하고 있었다!

… 나는 심호흡을 하고 화를 내던 마음을 내려놓으며 말했다. "당신이 이렇게 행동하는 건 내가 당신에게 큰 상처를 주었기 때문이겠지." 그러자 그의 어깨가 내려가고, 얼굴이 부드러워지며 익숙한 모습으로 돌아왔다. 나는 내 몸의 긴장이 사라지는 것을 느꼈고, 내 중심에는 풍부하고 따뜻하며 안정된 느낌, 즉 우리의 연결감이 느껴졌다.[5]

열두 살 소녀 모나가 처음에 남편에게 끌렸던 이유는, 아마도 남편이 모나의 아버지와는 다른 방식으로 자신을 돌봐줄 사람처럼 보였기 때문이었을 것이다. 하지만 남편이 중요한 부탁을 거절할 때마다 추방된 소녀의 희망은 물거품처럼 터져버렸다. "남편도 아버지와 다르지 않아! 난 구원받은 줄 알았는데, 여전히 저 안에 갇혀서 제정신이 아닌 엄마로부터 보호받지 못하고 있어!"라고 말이다. 모나가 추방된 파트에게 자신이 보호하고 돌볼 수 있다는 것을 계속 보여준다면, 이 파트는 모든 기대를 남편에게 투사하지 않게 될 것이고 더는 과거에 머물지 않을 것이다. 그 대신, 남편은 모나의 내면에 있는 안정된 십대 소녀가 가진 엉뚱한 유머 감각과 영리함의 수혜자가 될 것이다.

모나의 이야기에서 내가 강조하고 싶은 또 다른 측면은, 모나가 남편과의 싸움을 통해 자신의 내면에 있는 중요한 상처를 발견하고 치유했다는 점이다. 만약 파트너가 이렇게 할 수 있다면 관계를 단절시킬 수 있는 불편한 에피소드조차도 미래의 관계에 도움이 되는 엄청나게 소중한 치유의 기회로 전환될 수 있다. 하지만 그러기 위해서는 관계에서 상처를 받았을 때 서로를 공격하기보다는 두 사람 모두 자신의 내면을 들여다보아야 한다. 이렇게 할 수 있을 때 두 사람은 관계에 긍정적인 변화를 가져올 수 있다.

관계에 대한 극단적인 믿음

열두 살 소녀 모나처럼, 추방자들은 고아가 된 것 같은 느낌과 거절감을 경험한다. 그들은 비참한 상태에서 구출되어 사랑받고 치유되기를 간절히 원한다. 이 갈망만으로도 추방자는 당신이 친밀감을 형성하는 능력에 강력한 영향을 미친다. 하지만 추방자들은 단순히 사랑을 갈망하는 것에 그치지 않는다. 그들은 사랑이 무엇인지, 자신이 사랑을 받을 자격이 있는지, 누구로부터 사랑을 받아야 하는지, 사랑이 지속될 수 있는지에 대한 다양한 극단적인 신념을 가지고 있다. 이러한 신념은 대부분 어렸을 때 부모와 같은 양육자와의 경험을 통해 형성되지만, 이후 삶에서 겪은 상처로 인해 극단적으로 변할 수 있다.

사랑이란 무엇인가

내 내담자 중에는 부모로부터 사랑을 받지 못했거나, 사랑을 거의 경험하지 못한 경우가 상당하다. 그 대신, 그들은 부모의 파트들 때문에 어릴 때 다양한 방식으로 대상화되었다. 예를 들어 아버지가 당신을 통해 무언가를 얻고자 했다면, 그는 당신의 내면에 있는 파트들 중 자신의 욕구에 부합하는 파트들—돌봄, 성취, 또는 성적인 파트들—만을 중요하게 여겼을 것이며, 그 결과 당신은 취약한 파트들을 추방해야 했을 것이다.

이런 추방자들에게는 사랑이란 누군가를 돌보려는 헛된 노력에 대한 막중한 책임을 지는 것을 의미한다. 만약 부모 중 한 명이 당신을 성적으로 대상화했다면, 사랑은 당신에게 위험과 굴욕을 의미한다고 믿는 추방자가 있을 것이다. 어머니가 당신의 독립이나 당신이 떠나는 것을 참을 수 없어 했다면, 사랑은 다른 사람을 위해 당신의 모든 희망과 야망을 희생하는 것을 의미할 것이다.

여기서 중요한 점은 많은 추방자들이 곤경에 처해 있다는 것이다. 그들은 사랑받기를 갈망하면서도, 동시에 사랑에는 큰 대가가 따른다고 확신한다. 나는 많은 내담자들과 함께 일하며, 그들이 어린아이 같은 추방자에게 가까이 다가갔을 때 이 파트들이 겁을 먹거나 마음을 닫아버리는 것을 발견했다. 이런 파트들은 참나의 사랑조차 믿지 못했다. 이런 경우, 내담자가 추방자에게 압박을 가하지 않고 부드럽게 대하는 여러 세션을 거친 이후에야 추방자가 참나의 사랑에 조금씩 반응하기 시작했다. 사랑을 속박이나 위험한 것으로 생각하는 당신 내면의 추방자, 즉 겁 많고 날것 그대로의 지하실에 있는 아이가 당신이 누군가와 친밀해지는 데 어떤 영향을 미칠지 상상해 보라.

사랑받지 못함과 생존에 대한 공포

추방자들은 대부분 사랑에 대한 두려움을 가질 뿐만 아니라 아니라 자신이 무가치하고 사랑받을 수 없는 존재라고 믿는다. 당신이 이렇게 생각한다면 부모님 중 한쪽 또는 양쪽 모두로부터 그런 메시지를 받았기 때문이다. 아이에게 그런 메시지는 끔찍하다. 아이가 받을 수 있는 가장 무서운 메시지는 자신이 보호자로부터 가치를 인정받지 못한다는 것이다.

아이들은 인정받고 싶어 하는 강한 욕구를 가지고 태어난다. 여기에는 그럴 만한 이유가 있다. 인류 역사 대부분 동안, 많은 아이들이 질병, 분만 합병증, 방치, 학대로 인해 유아기를 넘기지 못했다. 지금도 매년 약 500만 명의 아이들이 5세 이전에 사망한다. 인간 영유아는 고도의 관리가 필요한 생명체이다. 지속적인 관심과 노력이 필요하고, 다른 동물에 비해 더 오랜 기간 동안 보호자에게 의존해야 한다. 어떤 아이들에게는 보호자의 외면이 죽음이나 극심한 고통처럼 느껴질 수 있다.

따라서 아이들은 태어날 때부터 가치 있는 존재가 되고자 하는 욕구를 생존의 최우선 조건으로 인식하고, 그렇지 않다고 느낄 때는 극심한 공포를 느낀다. 사람들이 자존감이라고 부르는 것은 사실, 어렸을 때 자신이 가치 있는 존재이며 살아남을 가능성이 높다는 안정감에서 비롯된다. 보호자가 나를 좋아하면 나는 살아남을 수 있고, 그렇지 않으면 죽을 수도 있으니까.

이러한 초기 생존에 대한 공포는 아이가 자신의 가치에 대한 일관된 긍정적인 메시지를 받고 환경이 안전하다는 것을 경험하게 되면 완화된다. 잘 양육된 아이는 따뜻한 목욕탕에 들어가는 것처럼 편안하게 세상에 적응할 수 있다. 이때 생존을 보장하기 위해 설계된 아이의 파트들은 이완되며, 그 결과 아이는 놀라운 감각과 자원으로 가득 찬 풍부한 내면의 삶에 접근할 수 있게 된다. 이런 내면의 풍부한 영역에 더 많이 접근할 수 있는 아이들은 보다 창의적이고 모험적이며 장난기 넘치는 파트들과 연결될 뿐 아니라 모든 두려움 뒤에 있는 진정한 참나를 느낄 수 있기 때문에 더 안정감을 갖게 된다.

아이들은 세 가지 방식으로 자신이 사랑스럽지 않다는 메시지를 받는다. 첫 번째와 두 번째는 부모가 자녀를 대상화할 때, 즉 아이를 있는 그대로 보지 않을 때 발생한다. 어떤 부모는 자녀가 매우 가치 있고 심지어 핵심적인 존재이지만 특정 역할을 수행할 때만 그렇다는 메시지를 줌으로써 대상화한다. 이런 부모는 자녀를 배우자 대체물, 친구 또는 연인, 성과나 외모로 부모의 자존심을 높여야 하는 트로피, 오락거리나 주의 분산제, 아슬아슬한 결혼의 구원자, 적대적인 배우자에 대항하는 동맹군으로 취급한다. 이런 부모의 자녀는 자신이 누구인지가 중요한 것이 아니라 자신이 맡은 역할이 매우 중요하다는 메시지를 받는다. 이런 자녀들은 혼란에 빠지게 된다. 그들은 종종 부모로부터 관심, 특권, 칭찬을 아낌없이 받고, 그래서 부모에게 깊은 감사와 충성심을 느낀다. 그런데도 왜 자신이 그토록 무가치하게 느껴지는지 이해하지 못한다.

두 번째 그룹의 아이들은 자신이 왜 기분이 나쁜지에 대해 전혀 혼란스럽지 않다. 부모는 자녀를 자신의 삶을 망친 원치 않는 짐, 자신의 실패에 대한 원흉, 분노의 표적, 사용 후 버려야 할 섹스 토이 등으로 대상화했다. 이런 아이들은 종종 자신이 가치가 없다는 부모의 메시지를 내재하고 있을 뿐만 아니라 부모의 행동이 자기 때문이라고 스스로를 비난한다. 그들은 스스로에게 이렇게 묻는다. '나에게 문제가 없다면 엄마가 왜 저렇게 행동했겠어?' 그리고 자신에게 문제가 있는 것이 틀림없다고 결론을 내린다.

적어도 첫 번째 그룹의 아이들은 자신의 역할을 계속 수행하면 살아남을 수 있다는 것을 알고 있다. 반면에, 두 번째 그룹의 아이들은 필사적으로 부모를 만족시킬 방법을 찾지만 결코 찾을 수 없다. 그들은 부모를 만족시킬 방법을 찾는 것을 포기하고 보호벽을 쌓는다. 그 결과 생존에 대한 공포와 자신이 불운하다는 느낌이 만연하다.

아이들이 부모로부터 자신이 소중하지 않다는 메시지를 받는 세 번째 방법은 우연이다. 아이들이 사건을 잘못 해석하고 자신을 탓하기는 매우 쉽다. 부모가 이혼할 때, 자신이 뭔가 잘못했기 때문에 아버지가 떠났다고 생각하는 아이. 언니가 학교에서 뛰어난 성적을 내고 칭찬을 많이 받는 것을 보면서, 자신은 언니만큼 가치 있는 존재가 아니라고 생각하는 아이. 오빠가 만성질환으로 부모의 많은 관심을 받는 동안, 자신은 버려졌다고 느끼거나 오빠보다 자신이 덜 중요하다고 느끼는 아이. 사춘기에 접어들어 2차 성징이 시작되니 아버지가 갑자기 자신을 안아주지 않게 되자, 자신이 뭔가 나쁜 짓을 했기 때문이라고 생각하는 아이. 오랜 기간의 임상 경험을 바탕으로, 나는 부모가 가족의 변화나 트라우마에 대한 자녀들의 반응에 세심하고 민감하고 면밀하게 모니터링하고 해결을 할 수 없다면 아이들의 내면에는 무가치함이 쌓여갈 가능성이 높다는 것을 관찰했다.

추방자가 갖는 사랑받지 못한다는 느낌이 당신의 관계에 어떤 영향을 미치는가? 물론 자신이 사랑받지 못하는 사람이라고 마음속으로 믿는다면 거절당하는 것에 엄청난 두려움을 느낄 것이다. 그 결과, 어떤 사람들은 좋은 파트너를 찾는 데 필요한 위험을 감수하지 않고, 상대방이 자신이 얼마나 결점 투성이

인지 알게 될까 봐 자신과 친해지려는 사람과 거리를 유지하려 할 것이다. 또 다른 사람들은 나르시시스트가 되어 바닥을 알 수 없는 무가치함을 타인의 관심이나 칭찬으로 채우려고 끊임없이 노력할 것이다.

구원에 대한 열망

사랑받지 못한다는 느낌의 또 다른 결과는 매우 광범위하고 강력하기 때문에 더 자세히 살펴볼 필요가 있다. 사랑받지 못한다는 느낌의 마음의 짐은 앞서 언급했듯이 생존에 대한 공포뿐만 아니라 구원에 대한 강렬한 욕구, 즉 자신이 사랑받을 수 없다는 메시지를 준 보호자가 언젠가 마음을 바꾸어 자신을 정말 소중하게 여긴다고 말해주기를 갈망하고, 구원받고자 하는 강력한 욕구를 만들어낸다. 이런 구원에 대한 열망은 우리가 짝을 선택할 때 중요한 요소로 작용한다. 왜냐하면 우리는 원래 구원을 받고 싶었던 사람과 외모, 말투, 행동이 비슷한 사람을 찾게 될 것이기 때문이다. 만약 당신이 부모로부터 사랑받고 구원받기를 원했었다면, 당신은 부모님 중 한 명과 닮은 점이 많은 사람에게 강하게 끌리게 될 것이다.

파트너를 찾는 과정에서 우리는 특정 사람에게 이상할 정도로 큰 매력을 느끼게 된다. 그 열정의 내면적 근원을 따라가 보면, 당신은 마침내 그토록 갈망하던 방식으로 구원받고 보살핌을 받을 수 있다는 기대에 황홀해하는 지하실에 있는 아이들 중 한 명을 발견할 수 있을 것이다. 이 특별한 사람은 추방자에게 구조자이자, 양육자이자, 구원자가 된다. 추방자는 그 특별한 사람이 자신을 사랑하게 되면, 마침내 자신이 사랑스럽지 않은 존재가 아니라는 것을 증명할 수 있다고 믿는다. 마치 어머니가 마음을 바꿔 자신을 사랑스럽게 여기거나, 아버지가 자신을 실패자로 보지 않고 매우 자랑스러워하는 것과 같은 일이 일어날 것이라고 추방자는 생각한다. 추방자는 마침내 부모나 양육자로부터 갈망하던 사랑과 안정감을 얻고, 그동안 빠져 있던 수치심과 무가치함의 늪에서 빠져나올 수 있을 것이라 기대한다.

내 내담자 티나Tina는 32세의 매력적인 데이트 베테랑이었다. 그녀는 나를 찾아와 이렇게 말했다. "왜 저는 나쁜 남자한테만 끌리는 걸까요? 왜 저를 존중해 주고 잘 대해주는 남자는 만날 수 없는 걸까요?" 몇 번의 상담 끝에, 티나는 자신 안에 있는 추방자인 여덟 살짜리 소녀를 발견했다. 그 소녀는 까다로운 나르시시스트였던 아버지가 놀아달라는 자신의 요청을 계속 무시했던 과거의 상처에 갇혀 있었다. 아버지는 집에 거의 오지 않았고, 집에 있는 짧은 시간마저도 일을 하거나 오빠와 공놀이를 하며 보냈다. 어린 티나는 마치 아버지의 눈에 자신이 존재하지 않는 것처럼, 자신이 아버지에게 보이지 않는 것처럼 느꼈다. 어린 소녀는 아버지가 자신을 봐주기를 기다리면서 오빠와 놀아주는 아버지를 쓸쓸히 바라보고 있었다.

티나는 과거의 그 장면을 떠올리며 눈물을 흘렸고, 무시당했던 불쌍한 소녀에게 슬픔을 느낀다고 말했다. 나는 티나에게 그 장면 속으로 들어가 그 소녀가 그 당시 누군가를 필요로 했던 것처럼 그 소녀와 함께 있어주라고 했다. 티나는 소녀에게 다가가 주의를 끌려고 했지만 소녀는 티나의 말을 무시하고 계속 아버지를 애타게 바라보고 있었다. 나는 티나에게 그 아이가 계속 무시하더라도 조금만 더 참으라고 말하며, 소녀에게 자신이 아끼고 있다는 것을 계속 알려주라고 했다. 소녀는 티나를 호기심 있게 바라보더니 "나는 아빠만 원해"라고 말했다. 나는 티나에게 소녀가 아버지의 사랑을 받지 못하면 무슨 일이 일어날까 봐 두려워하는지 물어보라고 했다. 소녀는 아빠가 자신을 사랑하지 않는다면 자신에게 뭔가 문제가 있는 것이 틀림없다고 말했다. 티나는 여덟 살 소녀에게 너는 아무 문제가 없다고 말했다. 그 대신 아버지가 그 아이와 관계를 맺는 방법을 몰랐고 남자아이가 더 중요하다고 생각했을 뿐이라고 말했다. 소녀는 괜찮다고 느끼기 위해서는 여전히 아버지의 사랑이 필요하다고 말했다.

티나는 계속해서 그 소녀에게 자신이 그녀를 아낀다는 것을 보여주었다. 마침내 소녀는 티나가 자신에게 가치 있는 것을 줄 수 있다고 믿고 시선을 아버지에게서 티나로 옮기게 되었는데, 이러기까지 여러 세션이 필요했다. 어느 순간, 소녀는 심드렁한 가면을 벗어던지고 흐느끼며 티나의 품에 안겼다. 소녀가 준비가 되었을 때, 티나는 그 장면에서 소녀를 데리고 나와 자신의 아파트로 데려갔다. 티나는 소녀와 함께 살면서 계속해서 사랑을 쏟아부었다. 시간이 지나자, 무가치함과 사랑받지 못한다는 느낌이 소녀의 몸에서 사라졌고 그 자리에 평온한 평화가 자리 잡았다.

티나의 아버지는 어린 티나에게 사랑받지 못한다는 마음의 짐을 주었고, 어린 소녀가 이 고통을 견디기 힘들어하자, 티나는 그 아이를 추방했다. 그 결과, 이 아이는 티나가 자신에게 아무것도 줄 수 없다고 믿었다. 그 대신, 이 아이는 티나가 아버지처럼 잘생기고 권력이 있지만 자기중심적인 일중독자인 남자들에게 빠져들게 했다. 이런 남자들의 패턴은 항상 같았다. 티나는 이런 남자들에게 완전히 매료되어 그들의 명백한 위험 신호를 눈치 채지 못하고 그들의 관심에 감격했다. 그 이유는 티나 내면의 여덟 살짜리 소녀가 갑자기 사랑받지 못한다는 저주와 추방에서 벗어났다고 느꼈기 때문이었다. 티나는 마치 고

마워하는 아이처럼 그 남자들에게 애정을 쏟았다. 하지만 시간이 지나면서 그 남자들은 숨이 막힌다고 불평하고 티나를 함부로 대하기 시작했다. 티나는 내면의 여덟 살짜리 소녀가 아버지에게 거부당했던 과거로 다시 밀려나, 또 다시 무가치함이라는 검은 망토에 둘러싸여 극심한 상처를 받았다. 티나가 너무 심각하게 반응하자 겁을 먹은 남자들은 그녀를 차버리거나, 그녀의 보호자 파트들이 마침내 여덟 살짜리 소녀를 무시하고 관계에서 티나를 끌어낼 때까지 계속 그녀를 함부로 대했다. 관계가 끝난 후, 티나는 카리스마 넘치는 다음 구원자가 나타날 때까지 사랑받지 못한다는 자괴감을 안고 살아가야 했다.

아버지의 관심이 없어도 티나가 곁에 있기 때문에 괜찮다고 여덟 살짜리 소녀가 믿기 시작하자, 모든 것이 바뀌었다. 이제 티나는 어린 소녀가 아버지에 대한 황홀경에 가려 보지 못했던 남성들의 결점을 볼 수 있게 되었다. 이제 티나는 남자가 모델처럼 잘생기지 않고 수입이 많지 않더라도 자신에게 관심을 주고, 자기를 잘 대해주는 남성에게 매력을 느끼게 되었다. 티나는 이혼한 고등학교 교사이자 어린 두 아들에게 헌신적인 아버지인 스티브Steve와 만나기 시작했다. 나는 티나가 새로운 남자와 새로운 관계 방식에 적응하기 위해 노력하는 동안 계속 함께 작업했다. 그녀는 때때로 다른 남자들과 경험했던 연애 초기의 열정적인 감정이 그립다고 말했지만, 심한 감정기복을 느끼지 않고 자기가 아끼는 만큼이나 자신을 아껴주는 사람과 관계를 맺게 되어 안도감을 느낀다고 했다. 또한, 스티브가 사려 깊지 못한 행동을 했을 때 자신이 이전과 같은 강도로 반응하지 않는다는 사실도 깨달았다. 티나가 자신에 대해 느끼는 믿음은 이제 파트너의 행동에 더는 좌지우지되지 않았는데, 그 이유는 티나 내면의 어린 소녀는 스티브가 무슨 짓을 하든 티나가 자신을 사랑한다는 것을 알기 때문이었다.

나는 이런 구원에 대한 열망이 대부분의 내담자들의 연애 생활에 어느 정도 영향을 미쳤다는 사실을 발견했는데, 이는 서구 문화에서 조장하는 특별한 사람을 찾는 것이 행복의 열쇠이며, 혼자가 되면 패배자가 된다는 메시지로 인해 더욱 강화된다. 이런 환경에서 자랐기 때문에 우리 내면에는 찾기 힘든 소울 메이트를 만나기 전까지는 인생을 즐기지 못하고, 우리가 상대방에게 줄 수 있는 것에 대해서는 무관심한 파트들이 있다. 부모님이 그런 파트들에게 어느 정도 무가치함을 주입했다면, 우리는 티나처럼 깊은 무가치함과 이를 느끼지 않기 위해 고군분투하는 패턴에 영원히 묶여 있거나 이와 유사한 패턴 중 하나에 묶여 있을 것이다. 이런 패턴에는 여러 가지 변형이 있는데, 그중 하나는 '변색된 후광' 패턴으로, 자신이 선택한 구원자가 자신을 좋아하기 시작하면 "이 사람이 내가 매력적이라고 생각한다면 이 사람은 대단한 사람이 아닐 거야"라고 불만을 갖거나 구원자의 프로필에 맞지 않는 측면을 상대에게서 보게 되면 "이 사람은 왜 우는 거야? 강한 사람이어야지"라고 불만을 갖게 되는 것이다. 또 다른 변형은 상대방이 자신의 결점을 알아차릴 만큼 가까워지기 전에 상대와 거리를 두는 '차이기 전에 차버리기' 패턴이다.

요점은, 사랑받지 못한다는 느낌과 그로 인한 생존 공포와 구원에 대한 욕구가 바로 우리가 갇히게 되는 관계 지옥을 만들어내는 강력한 요인이라는 것이다. 사랑받지 못한다는 마음의 짐을 해결하기 위해, 우리 문화는 두 가지 방법을 제시한다. 그것은 ① 사랑받지 못한다는 느낌이 틀렸다는 것을 입증할 구원자를 찾거나 ② 주의를 분산시킬 활동이나 물질(약물, TV, 인터넷, 일, 쇼핑, 마약과 술, 기타 중독성 있는 행동)을 찾는 것이다. 이 두 가지 방법 모두 실제로는 효과가 없다. 아이러니하게도, 정말 효과적인 방법은 자신의 내면으로 들어가는 것이며, 내면에서 과거의 지옥 속에 갇혀 있는 추방된 어린 파트를 만나고, 그 아이를 데리고 나와 결코 그 아이가 사랑받을 자격이 없었던 것이 아니라는 것을 보여주는 것이다.

학대로 인한 마음의 짐

당신이 선택한 구원자는 그 아이(당신의 추방자)를 과거에서 구출하는 방법을 당신보다 더 모르기 때문에 필연적으로 실패할 수밖에 없다. 더군다나 당신이 그 사람을 선택한 이유는 당신에게 상처를 준 양육자와 닮았기 때문이므로, 언젠가는 그 사람도 당신의 부모가 그랬던 것처럼 당신에게 상처를 줄 가능성이 높다. 마치 보이지 않는 곰 덫을 다리에 찬 채 덫을 풀어줄 열쇠를 가진 사람을 찾는 것과 같다. 그 사람을 찾았을 때는 안도감에 기뻐하지만, 시간이 지나면 그 사람이 다른 쪽 다리에도 덫을 또 하나 설치했다는 사실을 알게 된다.

만약 당신이 신체적 또는 성적 학대를 당했다면, 당신의 추방자는 이런 사랑받지 못한다는 느낌과 구원 패턴을 강화하는 자신의 가치에 대한 왜곡된 믿음을 가지게 될 가능성이 높다. 이런 믿음 중 하나는 자신이 학대를 자초했고 따라서 자신은 나쁘고 진정한 사랑을 받을 자격이 없다는 것이다. 이런 믿음이 있으면 당신은 당신이 선택한 구원자로부터의 상당한 학대를 견디게 될 것인데, 그 이유는 그 학대가 이미 당신이 스스로에 대해 믿고 있는 바를 확인시켜 줄 뿐 아니라, 당신이 존중받고 사랑받는 사람이라는 것을 신뢰하거나 받아들이기 어렵기 때문이다. 당신 내면에는 받는 친절에 반드시 대가를 치러야 한다고 믿는 파트들이 있을 것이다(아마도 성적 호의를 베풀거나 과도한 보살핌을 주는 식으로). 이런 파트들은 또한 '괜찮은 사람이라면 절대 나와 함께하지 않을 거야'라고 생각할 것이다.

대부분의 학대 피해 아동은 어른들이 자신을 그렇게 나쁘게 대하는 이유에 대한 다른 설명을 찾을 수 없기 때문에, 자신에 대해 이런 식의 부정적인 믿음을 가지게 된다. 게다가, 아동이 반항을 하면 더 큰 상처를 입힐 수 있는 학대자에게 화를 내는 것보다는 자신을 미워하는 것이 더 안전하다. 학대를 경험한 사람들은 대개 학대가 일어난 당시인 어린 시절에 얼어붙어 있는 아이 같은 추방자들을 가지고 있을 가능성이 높다.

사랑받지 못한다는 느낌에 대한 믿음과 강도는 학대의 수준 및 학대의 만성성과 밀접한 관련이 있는데, 이는 왜 많은 사람들이 합리적인 대안이 있음에도 학대하는 파트너에게로 계속 돌아가는지에 대한 이유를 설명해 준다. 이들은 구원자로 여겨지는 사람(학대자)이 자신을 사랑해 주거나 보호해 주는 찰나의 순간에 중독되어 있으며, 자신이 학대를 받아 마땅하다고 믿는다. 이런 패턴은 많은 사람들 속에 있는 추방자들이 보이는 구원 패턴보다 더 극단적인 버전임을 명시하고 싶다.

사랑의 지속 여부

추방자들이 흔히 가지고 있는 영향력 있는 믿음의 마지막 세트는, 그들이 얻은 사랑을 잃을지 모른다는 두려움이다. 어떤 내담자들은 자신의 추방자를 처음 만났을 때 좀비처럼 쭈글쭈글한 모습으로 허공을 응시하며 자신의 존재에 반응하지 않는 아이의 모습을 보게 된다. 보호자의 사랑을 잃은 아이는 다시 사랑받기를 포기할 정도로 큰 충격을 받는다. 이런 상실감은 부모의 방치, 거부, 유기 또는 갑작스러운 사망 또는 기타 충격적인 사건을 겪으면서 느끼는 상실감에서 비롯되었을 수 있다. 특히 이런 사건이 반복되면 아이는 사랑이 결코 지속되지 않을 것이라는 믿음을 가지게 될 뿐 아니라 사랑을 잃는 고통이 너무 끔찍해서 다시는 마음을 열지 않는 것이 낫다는 확신을 갖게 된다. 이런 운명론적 믿음으로 당신은 누구와도 진정한 친밀감을 쌓을 위험을 감수하지 못하게 되거나, 위험을 무릅쓰고 파트너를 찾더라도 당신이 상대방에게 마음을 열지 못하게 된다. 상대가 언제든 떠날 것이라고 생각하기 때문에 감정적으로 많은 투자를 하지 않는 것이 현명하다고 느낀다.

자기 충족적 예언

사랑에 대한 이런 믿음은 우리 삶에서 느낄 수 있는 친밀함을 제한할 뿐만 아니라, 종종 추방자들이 두려워하는 바로 그 시나리오를 만들어내기도 한다. 예를 들어, 상대방이 떠날까 봐 두려워서 마음을 열지 않는다면, 마음을 열었을 때보다 상대방이 떠날 가능성이 훨씬 더 높다. 상대가 떠나고 나면 추방자의 믿음은 더 강해지고, 다음 관계에서도 동일한 역동을 만들어낼 가능성이 높아진다. 또 다른 예로, 당신이 사랑받을 수 없다는 느낌 때문에 현재 당신이 선택한 구원자에게 지나치게 의존하거나, 상대를 통제하거나, 동반의존적codependent*으로 된다면, 그들은 당신을 존중하지 않고 함부로 대할 가능성이 높다. 이들의 행동은 결국, 당신 내면에 있는 추방자의 믿음을 확인시켜 줄 것이다.

어렸을 때 학대를 경험한 사람들은, 처음 학대를 당했을 때 형성된 신념과 감정으로 인해 반복적인 학대의 패턴에 빠질 가능성이 큰데, 이는 이 세상에서 일어나는 큰 불의 중 하나이다. 이런 사람들은 종종 가족이나 정신 건강 전문가로부터 자신

---

* **옮긴이 주** 동반의존codependency은 관계에서 자신보다 상대방의 욕구나 감정을 지나치게 우선시하는 심리적 상태를 말한다. 예컨대 상대방의 기분이나 행동에 항상 맞추려고 하거나, 그 사람의 문제를 대신 해결하려고 하는 등, 자신을 돌보는 것보다 상대방을 우선시하고 돌볼 관계가 없으면 불안해지는 상태를 들 수 있다.

이 처한 곤경을 스스로 선택했고 그로부터 쾌락을 얻는다는 비난을 받는다. "저렇게 끔찍한 남자와 함께 있으면서 얻는 게 있을 거야. 그녀는 지배당하는 것을 즐기고 있음에 틀림없어."

실습

많은 전통적인 치료법이 초점을 맞추는 아동기에 대해 생각해보면 당신의 추방자가 가지고 있는 사랑과 관계에 대한 극단적인 믿음들에 대해 어느 정도 알 수 있습니다.

예를 들어, 부모님으로부터 얼마나 많은 대상화, 학대 또는 무가치한 존재라는 느낌을 받았나요? 얼마나 자주 부모님을 돌봐야 했나요? 그러한 경험으로 인해 당신의 추방자들은 사랑에 대해 어떤 생각을 가지고 있나요?

그러나 실제로 당신의 이야기를 직접 듣기 전까지는 추방자들이 가지고 있는 사랑에 대한 믿음이 무엇인지 정확히 알기는 어렵습니다. 현재로서는 당신의 보호자 파트가 추방자의 이야기를 들을 준비가 되지 않았을 수도 있기 때문에 추방자가 가지고 있는 사랑에 대한 믿음에 대해 아는 것이 불가능할 수도 있습니다. 이런 경우에는, 이 실습을 통해 많은 정보를 얻을 수 없으며, 추방자가 가지고 있는 신념에 접근하는 데 도움을 줄 IFS 치료사를 찾아야 할 수도 있습니다.

연인 관계에서 극도로 취약하다고 느꼈던 때를 떠올려 보세요. 상처, 수치심, 버림받음에 대한 두려움, 집착에 대한 두려움, 거절, 의존성, 구원에 대한 열망 등의 감정이 떠오를 수 있습니다. 이 중 가장 자주 떠오르는 감정을 선택해 보세요. 이제 그 감정과 관련된 기억을 떠올려 보고, 그 감정을 느끼는 파트가 몸 속 혹은 몸 주변 어디에서 느껴지는지 살펴보세요. 그 취약한 파트를 바라보면서 어떤 마음이 드나요? 그 파트를 두려워하거나 싫어하는 다른 파트들이 있다면, 취약한 파트에 대해 조금만 더 알아보겠다고 말하고 그 파트들에게 긴장을 풀고 한발 물러나 달라고 요청해 보세요. 추방자에 대한 호기심이 생길 때까지 두려워하는 파트나 비판적인 파트들에게 계속 물러나 달라고 요청해 보세요. 순수한 호기심이 생기면 그 파트에게 당신이 자신에 대해 알았으면 하는 것이 있는지 물어보세요. 열린 마음으로 경청해 보세요.

내면 작업을 통해 당신이 추방자에 대해서 배운 내용을 파트

> 너와 공유해도 괜찮겠다고 느끼면 그 이야기를 파트너와 나눠 보세요.

애착 이론과 추방자

—

나는 어렸을 때 학대받은 사람들이 현재 관계에서 학대를 반복하는 이유에 대해 완전히 다른 설명을 주장하고자 한다. 이 역동은 추방자들이 가지고 있는 강력한 신념과 관련이 있다. 수십 년 전 애착 이론의 창시자인 영국의 정신분석가 존 볼비John Bowlby는 양육자와의 초기 경험이 이후 사람들의 관계에 지대한 영향을 미친다고 주장했다. 1950년대에 볼비는 동물 연구를 기반으로, 인간 유아도 보호자와 애착을 형성하려는 본능적 욕구를 가지고 있다는 점에서 다른 영장류와 다르지 않다고 제안했다. 그는 유아가 부모와 형성하는 애착의 종류가 유아의 발달에 큰 영향을 미친다는 생각을 세상에 내놓았다. 그는 아이가 양육자와의 초기 상호작용을 바탕으로 세상에 대한 '내적 작동 모델'*을 형성하게 되며, 이는 이후 아이가 세상과 관계를 맺는 방식에 지속적으로 영향을 미친다고 제안했다.

심리학자 메리 에인스워스Mary Ainsworth는 실험실에서 아기와 엄마를 20분간 분리했다가 다시 재결합시키는 방식으로 볼비의 이론을 테스트했다. 그녀는 아기가 주 양육자로부터 분리될 때 어떤 반응을 하는지가 그 양육자가 어떤 사람인지 알 수 있게 하는 좋은 지표가 되며, 아기가 반응하는 방식, 즉 애착 유형이 아기의 이후 삶에서 성공적으로 관계를 맺는지를 예측하는 강력한 요인임을 보여주었다. 그녀는 애착 유형을 네 가지 기본 범주로 구분했는데, 이 틀은 이 연구를 수백 번 이상 반복하는 동안 유지되었다. 이 연구에서 아이의 요구에 일관되고 부드럽게 반응하는 어머니는 아이가 **안정 애착**을 형성하게 했고, 이러한 아이들은 분리되는 동안 엄마를 그리워하는 징후를 보이고 때로는 울기도 했지만 엄마가 돌아오면 금세 진정되고 다시 놀이로 돌아갔다.

지속적으로 차갑고, 거부적이고, 방치하고, 뻣뻣한 엄마

---

*   **옮긴이 주** 내적 작동 모델internal working model은 정신분석가이자 소아과 의사인 존 볼비가 제안한 개념으로, 어린 시절 양육자와의 관계를 통해 형성된 세상과 자기 자신, 타인에 대한 기본적인 믿음과 기대의 틀을 말한다. 볼비에 따르면 내적 작동 모델은 우리가 세상과 상화작용하고 관계를 맺는 방식에 큰 영향을 미친다고 한다.

의 아이는 회피적으로 되었다. **회피형** 아이들은 부모가 떠나거나 돌아오는 데 무관심한 듯 전반적으로 감정을 거의 보이지 않았다. 또 다른 어머니 그룹은 일관성이 없었는데, 때로는 적절하게 양육하고 때로는 갑작스럽고 아이의 마음 상태에 민감하지 않은 방식으로 아이와 연결하려고 노력했다. 이런 엄마들의 아이들은 엄마가 함께 있을 때는 엄마에게 꼭 들러붙어 있었고, 헤어질 때는 진정시킬 수 없을 정도로 울고, 엄마가 돌아온 후에도 그런 상태를 유지하는 등 **양가적 애착**을 보였다. 마지막 그룹인 **혼돈형 애착**을 보이는 그룹의 아이들은 학대, 심한 방치, 예측할 수 없는 양육의 피해자였다. 이 아이들은 놀이 중에 빙빙 돌거나, 몸을 앞뒤로 흔들거나, 일종의 얼어붙는 상태에 들어가는 등 이상한 행동을 보였다.

내담자들이 추방자와 접촉할 때, 그 파트에 대한 시각적 이미지가 떠오르는 경우가 많다. 수년 동안 이런 방식으로 내담자와 함께 작업하면서 나는 추방자들의 이미지가 애착 이론가들이 정의한 네 가지 애착 유형과 일치한다는 점을 발견했다. 즉, 어떤 내담자들은 양가적 애착을 가진 아이들이 엄마에게 집착하는 것처럼, 울고, 요구사항이 많은 아이가 미친 듯이 그들에게 집착하는 이미지를 본다. 또 다른 내담자들은 낯선 상황 실험에 등장하는 회피형 아이처럼 완전히 산만하거나, 자신의 존재를 인식하지 못하거나, 무시하는 것처럼 보이거나, 화를 내고 삐치며 거부하는 아이를 발견하기도 한다. 또 다른 추방자들은 에인스워스의 혼돈형 애착 유아들과 비슷하게 내담자들이 그들을 처음 만났을 때 얼어붙어 있거나, 반쯤 죽은 것처럼 보이거나, 삶의 에너지가 하나도 없는 것처럼 보이거나, 광란의 상태에 빠져 있는 것처럼 보이기도 한다.

볼비가 아이의 '내적 작동 모델'이라고 부르는 것은 추방자들이 가지고 있는 사랑에 대한 신념 체계이다. 애착 분야에서는 이러한 작동 모델이 이후의 관계에 미치는 영향을 기록한 상당한 연구가 있다.

애착 재상처

애초에 추방자에게 이러한 믿음과 감정을 만들어낸 행위를 **애착 상처**라고 한다. 연인이나 배우자가 원래 보호자가 했던 행동과 비슷한 행동을 하면 **애착 재상처**Attachment Reinjuries라고 부르는 고통을 경험하게 된다. 애착 재상처는 파트너가 당신을 배신하거나 버렸을 때 또는 모욕감을 주었을 때 경험하는 것으로, 당신의 추방자들에게 그들이 사랑받지 못하는 존재라는 원래의 메시지를 재확인시켜 준다. 추방자가 이미 느끼고 있는 무가치함의 정도에 따라 이 애착 재상처는 당신을 심각하게 황폐화시킬 수 있다.

　예를 들어, 대니얼Daniel과 세라Sara는 대니얼의 폭발적인 분노가 그들의 관계를 파괴하고 있다는 데 동의하며 나를 찾아왔다. 그들에 따르면 대니얼은 항상 화를 잘 내는 사람이었지만, 2년 전 아버지가 돌아가신 이후로 상황이 훨씬 더 악화되었다고 했다. 이제 세라와 논쟁을 할 때, 예측할 수 없는 지점에서 대니얼은 '이성을 잃고', 그녀를 때린 적은 없지만 소리를 지르고 위협적으로 변했으며 집안 구석구석 그녀를 따라다닌다고 했다.

　몇 차례 세션을 진행하면서 대니얼의 과거 경험을 살펴본 후, 나는 대니얼에게 화를 내는 방식을 바꾸고 싶은지 물었고, 그는 그렇게 하고 싶다고 대답했다. 나는 대니얼에게 화내는 파트에 집중하고 자신의 몸 어디에서 그 파트가 느껴지는지 물었다. 그는 자신의 팔과 주먹에서 그 파트를 느낄 수 있다고 했다. 나는 그가 거기에 집중하게 하고 그 파트를 바라보면서 어떤 마음이 드는지 물었다. 그는 그 파트가 갑자기 자신을 압도할 수 있고, 남들에게 상처를 주는 말과 행동을 했기 때문에 두렵다고 말했다. 그가 그 파트에 집중하자 뿔과 꼬리가 달린 악마의 이미지가 떠올랐다. 대니얼이 참나에 접근하도록 돕기 위해 나는 그에게 악마를 두려워하는 파트가 대니얼로부터 분리해 줄 수 있는지, 잠시만 '한발 물러서서' 대니얼이 악마에 대해 알아갈 수 있게 해줄 수 있는지 물어보라고 요청했다. 그는 그 파트가 말하길 '악마를 먼지 어딘가에 가둬두면 물러날 것'이라고 했고, 대니얼은 마음의 눈으로 악마를 방에 넣고 문을 잠갔다. 대니얼은 창문을 통해 악마를 바라보면서, 악마는 갇힌 것에 화가 나서 방 안에서 소리를 지르며 난리를 치고 있다고 말했다. 지금 그 악마를 바라보면서 어떤 마음이 드냐고 물었더니, 그는 악마가 왜 그렇게 화가 났는지 알고 싶다고 했다.

대니얼의 대답과 어조로 보아 그 시점에는 대니얼의 참나가 더 많이 존재한다는 것을 알 수 있었으므로 계속 진행해도 안전하다고 생각했고, 나는 대니얼에게 방으로 들어가 악마가 자신에게 알려주려고 하는 것이 있다면 말해달라고 부탁하게 했다. 처음에 악마는 대니얼에게 '겁쟁이', '계집애' 라는 등의 욕을 하며 무례하게 굴었고, 사람들이 지배하게 내버려 두었다고 말하며, 그러면 세라의 상대가 되지 못한다고 말했다. 악마는 계속해서 세라가 대니얼을 신경 쓰지 않았다고 말했고 아버지가 돌아가신 다음 주에 출장을 갔다는 사실을 증거로 들었다.

악마의 폭언에도 불구하고 대니얼이 침착함을 유지하자, 악마는 긴장을 풀고 대니얼의 모든 삶에서 어떻게 자신이 그를 공격으로부터 보호하고 너무 쉽게 믿지 못하게 하려고 노력했는지 이야기하기 시작했다. 악마는 '다시는 그런 일이 일어나지 않게 하겠다'는 철학을 가지고 있었고 어느 누구도 대니얼을 상처 입히지 못하게 하겠다고 말했다. 나는 대니얼에게 악마가 보호하고 있는 파트에 대해 물어보게 했다. 악마는 대니얼에게 어린 시절 부모님 집에서 아버지에게 꾸중을 듣고 있는 자신의 모습을 보여줬다. 대니얼은 이 장면을 몇 분 동안 조용히 울면서 지켜보았다. 나는 대니얼에게 그 소년이 대니얼에게 알려주고 싶은 것을 다 알려줬는지 물어보게 하고, 그것이 얼마나 나빴는지 대니얼이 충분히 이해한다고 느끼는지 물어보게 했다. 소년은 대니얼에게 그 장면은 자신을 무가치하게 느끼게 만든 수많은 에피소드 중 하나였다는 사실을 알려줬다. 나는 대니얼에게 그 장면에 들어가서 소년을 데리고 나와 현재의 안전하고 편안한 장소로 가서 소년이 그 무가치감을 내려놓을 수 있도록 했다. 안전한 장소에 도착한 소년은 피부에 묻은 검은 타르처럼 느껴졌던 무가치함을 없앨 수 있었다. 대니얼은 타르가 제거된 후 소년의 얼굴이 밝아졌고 소년은 해변에 가서 놀고 싶어 한다고 말했다.

대니얼이 소년을 도와준 후 악마가 어떻게 반응하는지 알아보기 위해 악마에게 돌아가게 했다. 대니얼은 악마의 이미지가 바뀌었고 이제는 가죽 옷을 입은 10대 소년처럼 터프해 보이지만 훨씬 더 편안해 보인다고 말했다. 이 악마는 대니얼이 그 소년을 돌볼 수 있다면 세라로부터 소년을 보호하기 위해 자신이 항상 나서지 않아도 된다는 데 동의했다.

대니얼이 이 작업을 하는 것을 본 후 세라는 대니얼에게 더 공감을 느끼고 그의 분노가 무엇에 관한 것인지 더 잘 이해할 수 있게 되었다고 말했다. 또한 그녀는 자신이 출장을 떠난 것이 대니얼에게 어떤 영향을 미쳤는지 미처 깨닫지 못했다며 사과했다. 이렇게 몇 번의 세션을 한 후 대니얼은 훨씬 더 안정되었고, 치료의 초점은 다른 문제로 옮겨갔다.

대니얼의 추방자들은 대니얼이 세라를 가장 필요로 하는 순간에 세라가 출장을 간다는 것이 세라가 자신을 소중히 여기지 않는다는 의미라고 해석했다. 그들에게 세라는 사랑받지 못한다는 느낌을 제거해 줄 사람이어야 했지만, 오히려 그를 버림으로써 그 믿음을 확인시켜 주었다. 이 작은 불씨는 대니얼이 이미 아버지의 폭언으로 인해 가지고 있던 수치심과 생존 공포에 불을 붙였고, 그의 어리고 요구사항이 많은 파트들이 세라의 사랑을 더욱 간절히 원하게 했다. 그러나 대니얼의 악마는 세라도 아버지보다 나을 것이 없다고 느꼈고, 결과적으로 대니얼 내면의 상처 받은 어린아이들에게 세라가 다시는 접근할 수 없게 했다.

많은 커플이 사소한 문제로 싸워서 내 치료실에 온다. 그러나 상담이 진행되면서 그들 중 한 명이 관계 초기에, 때로는 수십 년 전에 애착 재상처를 겪었다는 사실이 밝혀진다. 대니얼처럼 가장 취약한 시기에 버림받았다고 느낀 사람도 있고, 외도에 배신감을 느꼈거나 이전에 싸울 때 신체적 위협이나 잔인한 말에 공포를 느낀 사람도 있다. 파트너가 한 행동을 애착 재상처로 경험하는지 여부는 그 행위 자체보다는 상대방의 행위가 당신의 추방자가 이미 가지고 있던 마음의 짐을 얼마나 재활성화시켰는지와 더 관련이 있다. 많은 사람들은 세라의 행동에 실망했을지 모르지만 치명적인 상처를 입지는 않았을 것이다.

하지만 많은 커플은 불쾌하고 겉으로는 관련 없어 보이는 상호작용의 정글 속에서 헤매며, 싸움의 근원이 되는 애착 재상처에 대해 전혀 자각하지 못한다. 많은 치료사들이 커플에게 의사소통 기술을 가르치거나, 커플이 가져오는 갈등을 해결하도록 돕거나, 친밀감을 높이기 위한 숙제를 내주는 등 정글을 통과하는 길을 뚫으려고 노력하지만, 정글을 무성하게 만드는 애착 재상처를 발견하지 못하기 때문에 그들이 개척한 길은 금방 풀이 무성하게 자라게 된다.

반면, 일단 커플이 치유되지 않은 애착 상처에 가까이 가는 결과로 나타나는 대혼란은 종종 치료사를 포함한 모든 사람에게 두려움을 안겨주게 된다. 커플이 애착 재상처에 대해 이야기하지 않으려고 최선을 다하는 이유는 과거에 그런 사건을 둘러싼 감정이 너무 폭발적이었기 때문이다. 상처를 입은 파트너는 사건에 대해 너무 화가 나서 외부 관찰자가 보기에 극단적인 과잉 반응을 하는 식으로 보호자 파트들이 분출된다. 잘못을 저지른 파트너는 겁에 질리고 방어적으로 되어 자신의 행동이 상대에게 미친 영향을 축소하거나, 이것을 극복하지 못하는 상대의 무능함에 초점을 맞추게 되는데, 그러면 상대는 더욱 분노하게 된다. 대니얼의 경우, 그는 주로 추방자의 취약성을 느꼈기 때문에 자신이 세라에게 얼마나 화를 많이 내고 사과를 요구하고 있는지는 거의 인식하지 못했다. 그의 끊임없는 괴롭힘으로 세라는 더욱 분노하게 되었고, 세라는 "나는 당신의 아버지가 아니야. 그러니 그냥 넘어가"라고 응수했다. 이런 식으로 애착 재상처는 상처 받은 파트너가 반복적으로 더 큰 상처를 받게 하고, 상처를 준 파트너는 자신이 절대 용서받지 못할 것이라고 느끼게 한다.

이렇게 점점 더 심해지는 말싸움에 휘말리는 커플은 보통 두 가지 패턴 중 하나를 택한다. 하나는 문제의 빗장을 걸어 잠그고 다시는 그 문제에 대해 이야기하지 않는 것이다. 이 방법은 두 사람의 관계를 유지하게는 하지만 보호자 파트들의 활동을 더욱 증가시킨다. 이 패턴을 선택하는 커플은 개인의 추방자에게 일어났던 것과 같은 방법으로 그들에게 영향을 주는 추방된 이슈를 가지게 된다. 이런 이슈들은 커플이 두려워하는 관계의 영역이 되어 금기시 되고, 이는 관계에서 점점 더 많은 부분을 제한하게 된다. 두 사람 모두는 추방된 이슈들이 지하실에 갇힌 아이들처럼 그곳에 있고 관심이 필요하다는 것을 알고 있지만 그것을 다루려고 하면 항상 상황이 더 악화되는 것처럼 보인다.

다른 패턴은 문제를 추방할 수 없을 때 발생한다. 물을 가둘 수 없는 무너진 댐처럼 상처 받은 파트너는 매번 똑같은 고통스러운 결과를 초래하면서 끊임없이 문제를 제기한다. 이런 커플들은 일반적으로 함께 살지 않는다. 그런 종류의 위기 속에서 함께 살아가는 것은 너무 많은 스트레스를 유발하기 때문이다. 물론 이 두 가지 패턴 중 어느 쪽도 이상적이지는 않지만, 대부분의 사람들은 자신의 추방자들을 돌보고 그들을 대변해서 말하는 방법을 모르기 때문에 대안이 없다.

커플이 매일 겪는 격렬한 감정적 소용돌이의 정글 아래 숨어 있는 애착 재상처를 발견할 수 있다면, 이를 해결할 기회를 얻게 된다. 격렬한 감정에 겁먹지 않는 치료사는 상처 받은 파트너가 상대방의 행동이 얼마나 상처를 주었는지 이야기하게 하고, 상대방이 연민을 가지고 경청하고 진심으로 사과할 수 있게 도울 수 있다. 이런 과정을 통해 커플은 세션에서 안도감과 새로운 친밀감을 경험하고, 이는 한동안 긍정적인 영향을 미칠 수 있을 것이다.

하지만 내 생각에, 이런 치유는 불완전하다. 왜냐하면 상처 받은 사람의 추방자들이 파트너에 대해 좋게 느끼더라도 이들은 여전히 이전 경험으로부터 오는 부정적 감정과 신념을 가지고 있기 때문에 이는 언젠가는 다시 촉발될 수 있기 때문이다. 지뢰를 밟아 헤어졌던 커플이 다시 합치더라도 그들의 관계에는 여전히 지뢰가 많이 남아 있다.

실습

- 관계에서 애착 재상처를 경험한 적이 있나요? 당신과 당신의 파트너는 그 사건을 어떻게 처리했나요? 여전히 그 상처가 떠오르나요? 아니면 묻어두었나요? 현재 당신이 파트너와 겪고 있는 갈등 중 어떤 것이 그것과 연관이 있나요?
- 그 사건에서 느낀 감정을 따라 내면으로 들어가서 그 장면에

갇혀 있는 파트들과 훨씬 이전 장면에 갇혀 있는 파트들을 찾는 것이 얼마나 두렵게 느껴지나요?

치유의 실마리와 토멘토*

이 책은 당신과 파트너가 다시 연결될 수 있도록 도와줄 뿐만 아니라 관계 속에 있는 지뢰를 제거할 수 있도록 도와줄 것이다. 그러기 위해서는 파트너가 자신에게 어떻게 상처를 주는지 알고, 그 경험에서 느낀 감정을 치유의 실마리로 삼아야 한다. 즉, 상처 받은 파트에 집중하고 그 감정이 과거 어디에 갇혀 있는지 탐색해야 한다. 이렇게 하면 감정의 흔적을 따라 그 근원이 되는 애착 상처로 가게 되고, 이를 목격하면서 상처를 치유하고 그 상처를 안고 있던 추방자를 돌보는 법을 배울 수 있다. 다음 장에서 이 과정에 대해 더 자세히 설명할 것이다.

---

* **옮긴이 주** 토멘토tor-mentor란 지은이가 고통torture과 멘토mentor를 결합해 만들어낸 합성어로 고통을 통해 가르침을 주는 사람을 일컫는다.

지금쯤 당신은 이전과는 전혀 다른 방식으로 파트너와 함께 사는 것이 가능하다는 것을 깨닫기 시작했을 것이다. 둘 중 한 사람이 상처를 받으면, 두 사람 모두 자신의 내면에 집중하고, 이에 관련된 파트들을 찾고, 그 파트가 현재와 과거의 고통에 대해 알기를 원하는 것을 목격하고, 자신이 발견한 것을 서로와 공유하도록 한다. 그렇게 함으로써, 서로가 관계에 가져온 지뢰를 밟고 다치지 않도록 지뢰의 뇌관을 제거하고 지뢰밭을 없앨 수 있다. 당신의 지뢰를 밟음으로써, 당신의 파트너는 당신에게 고통으로 가르침을 주는 토멘토가 된다. 만약 파트너가 없었다면 당신은 자기 치유에 필요한 많은 추방자들을 찾을 수 없었을 것이다. 그리고 당신이 그들이 알려준 치유의 실마리를 따라간 후에, 내면의 추방자와 한 경험을 파트너에게 편하게 얘기할 수 있게 될 때, 당신은 파트너가 당신을 사랑으로 수용하고 숭고한 지지를 제공할 수 있다는 것을 알게 될 것이다. 이를 통해 당신은 파트너와 함께 서로의 치유와 성장을 지원하며 보람 있는 친밀감을 함께 나누게 될 것이다. 이 과정에서 당신과 파트너는 지하에 갇힌 아이들을 찾고 구출하는 데 서로를 돕게 될 것이다. 일단 풀려나게 되면, 감사하고 기쁨에 넘치는 내면의 아이들은 강력한 유대감을 형성하여 연애와 결혼에서 흔히 발생하는 짜증과 차이를 뛰어넘을 수 있게 할 것이다.

요약

앞에서 설명한 내용을 요약하여 각각의 내용을 좀 더 자세히 살펴보도록 하겠다. 먼저 지속적인 친밀감을 유지하기 어려운 이유를 살펴보자. 우리 중 많은 사람들은 가족과 문화로부터 가장 민감하고 친밀함을 추구하는 파트들을 내면의 지하실로 추방하는 법을 배워왔다. 추방당했기 때문에 그 파트들은 사랑에 굶주려 있다. 또한, 원래의 애착 상처로 인해 이런 추방자들은 자신을 구원할 수 있는 사람에 대해, 사랑이 무엇인지에 대해, 관계에 대해, 마땅히 받아야 할 것이 무엇인지에 대해 극단적인 믿음을 가지고 있다. 우리는 추방자들을 다루는 방법을 모르기 때문에 추방자들이 갈망하는 사랑을 파트너로부터 얻기를 바라며 친밀한 관계로 들어간다. 이런 지하실에 살고 있는 파트들은 우리가 잘못된 사람을 선택하게 만들고, 그 사람에게 중독되어 너무 오래 머무르게 만들고, 올바른 사람에게 끌리거나 그런 사람과 함께 머무르는 것을 방해할 수 있다.

추방자들은 너무 절박하고 쉽게 상처를 받고 화가 나면 우리를 두렵게 하기 때문에 우리는 다음 세 가지 프로젝트 중 하나를 사용해 추방자들을 보호하려 한다. 그것은 ① 파트너를 바꾸거나 ② 파트너를 기쁘게 하기 위해 자신을 바꾸거나 ③ 파트너를 포기하고 주의를 분산시키거나 마비시키는 것이다.

결과적으로 우리의 추방자가 파트너에게 집중하면 파트너는 우리의 집착, 질투 및 많은 요구사항으로 인해 과도한 부담을 느끼게 된다. 파트너의 이런 태도를 감지하면 우리의 보호자 파트들은 파트너에게 분노하고 그들을 비난하고 그들로부터 거리를 두게 되는데, 그 결과 파트너는 우리로부터 차단당하고 비난받는다고 느낀다.

파트너가 우리 내면의 파트들 중 하나처럼 행동할 때 우리는 내면에서 그 파트와 관계하는 것과 똑같은 방식으로 그들과 관계할 것이다. 우리가 슬프거나 무엇인가를 필요로 할 때 스스로를 터무니없이 약하다고 비난하면, 파트너의 취약성이 우리 내면의 그런 파트를 촉발하게 되고, 우리는 파트너를 약하다고 공공연하게 또는 은근히 판단하게 될 것이다. 자기주장이 강한 파트들을 이기적이라고 여기도록 배웠다면, 파트너의 자기주장이 불편하게 느껴질 것이다.

해결책

이제 이 말도 안되는 딜레마에 대한 해결책을 살펴보자.

우리 모두에게는 참나Self라는 사랑의 원천이 있다. 이 원천을 통해 우리는 내면의 지하실에 갇힌 추방자들을 꺼내어 그들의 상처를 치유하고, 그들이 우리가 자신들을 아낀다는 것을 믿을 수 있게 한다. 이런 일이 일어나면 우리의 보호자 파트들은 긴장을 풀고 파트너를 힘들게 하지 않는다. 우리는 우리 파트들의 주 양육자가 될 수 있다. 이전에 갇혀 있던 추방자들은 더는 갇혀 있지 않고 이제 우리를 신뢰하기 때문에 그렇게 절망적이거나 지나치게 민감하거나 보호가 필요하지 않다. 그들은 이전에 우리가 친밀한 관계에 들어갈 때 보였던 의존성, 불안함 혹은 보호에 대한 요구 없이 우리에게 맞는 사람을 선택하게 하고 그 사람에게 마음을 열 수 있도록 도와준다.

우리의 추방자들이 참나를 그들의 주 양육자로 신뢰하게 될 때, 파트너는 우리의 파트들의 보조 양육자가 될 수 있으며, 이런 경험은 추방자들이 이전에 하지 못했던 새로운 방식으로 외부 사람에게 받아들여지고 사랑받는다고 느끼도록 도울 수 있다. 이렇게 되면 우리의 파트들은 파트너와 정서적으로 친밀해지는 것이 안전하고 보상이 되며, 자신이 무조건적인 사랑을 받을 자격이 있다는 것을 알게 된다.

우리가 우리 내면의 파트들을 사랑하고 그들이 우리의 리더십을 신뢰할 때, 파트들은 파트너에 대한 우리의 인식을 왜곡하거나 파트너를 장악하고 공격하려 하지 않는다. 그들은 더는 굶주리지 않기 때문에 파트너의 요구사항을 자유롭게 돌볼 수 있다. 그들은 여유가 많기 때문에 파트너에게 애정을 아낌없이 쏟을 수 있다. 따라서 대부분의 커플이 어려움을 겪는 애정 표현, 존중하면서 대화하기, 상대방의 요구에 대한 민감성 등의 문제는, 참나 주도의 내면 시스템에서는 자연스럽게 흘러나오게 된다.

우리의 파트너는 우리 파트들의 보조 양육자가 되는 것에 더해, 우리의 귀중한 토멘토, 즉 우리에게 고통을 통해 가르침을 주는 멘토가 될 수 있다. 친밀한 관계에 있지 않을 때는 우리 내면의 지하실에 갇혀 있던 아이들을 모두 찾기는 어렵다. 왜냐하면 우리는 종종 친밀한 파트너에 의해 촉발될 때만 그들을 인식하게 되기 때문이다. 불가피하게 우리의 파트너는 우리에게 상처를 준 초기 보호자나 양육자처럼 행동할 것이고, 우리는 극단적인 반응, 즉 애착 재상처를 경험하게 될 것이다. 이를 실마리로 하여 고통의 근원을 찾아가다 보면 우리의 사랑을 필요로 하는 또 다른 추방자를 발견하게 될 것이다.

3장

용기 있는 사랑과 운명적인 관계

CHAPTER 3
COURAGEOUS LOVE AND
DOOMED RELATIONSHIPS

신추방자들: 관계에 의해 추방된 파트들

지금까지 우리는 어릴 때 추방된 파트들과 그들을 보호하는 보호자 파트들이 관계에 어떤 힘과 영향을 미치는지에 대해 집중적으로 논의했다. 이제부터는 관계를 만들거나 파괴할 수 있는 다른 파트들에 대해 이야기하려 한다. 작가 마이클 벤투라 Michael Ventura는 결혼할 때 경험한 자신의 파트들에 대해 이렇게 말했다. "어떤 파트들은 '변함없는 믿음'이라는 멋진 말처럼 기꺼이, 그리고 열정적으로 결혼했습니다. 어떤 파트들은 결혼했지만 두려움에 떨고, 긴장하며, 자신의 능력과 인내심에 대해 걱정합니다. 또 다른 파트들은 결혼에 적대적입니다. 비록 겁먹고 적대적인 파트들은 소수일지라도 그들은 존재하며 때때로 우리의 입을 통해 말합니다."[1] 이 적대적인 파트들은 당신이 파트너와 깊은 관계에 들어가기 전에 당신에게 많이 접근을 했지만 당신이 파트너와 커플이 되기로 결심했을 때 내면에서 추방된 파트들이다. 나는 이 파트들을 **신추방자**라고 부를 텐데, 이는 당신을 그 관계로 이끌었던 원추방자와 구별을 하기 위해서이다.

신혼부부인 카를로스Carlos와 마르타Marta는 마르타가 옷에 지출을 너무 많이 하는 문제로 끊임없이 싸우고 있었다. 내가 카를로스에게 내면으로 들어가 그 이슈에 대해 들어보라고 했을 때, 그는 결혼 후 친구들과 외출을 하지 않은 것에 대해 원망하는 파트를 발견했다. 카를로스가 그 파트를 대변해서 마르타에게 말하자 마르타는 카를로스가 친구들과 술을 너무 많이 마셨던 것이 마음에 들지 않았을 뿐 가끔씩 외출하는 것은 괜찮다고 말했다. 카를로스는 놀랐다. 그는 친구들과 만나고 집에 돌아오면 마르타가 화를 심하게 내서 마르타가 자기 친구들을 싫어한다고 생각했다. 그러나 마르타가 우정을 사랑하는 카를로스의 파트를 이해하고 그 마음을 알아주는 것을 본 후, 카를로스는 돈 문제로 더는 마르타를 괴롭히지 않았다.

위의 예에서 이 커플은 카를로스의 파트에 대한 입장을 수용할 수 있었다. 그 파트가 추방이 된 이유는 오해로 인한 것이었고 마르타가 이에 대해 감정적으로 불편하게 느끼지 않았기 때문이다. 하지만 항상 이런 식으로 쉽게 해결되지는 않는다.

왜 우리는 파트너가 변하기를 그토록 원하면서도 자신의

어떤 파트들은 그들에게 숨기는 것일까? 여기에는 여러 가지 이유가 있다. 파트너에게 헌신commit하기로 한 결심부터 시작해 보자. 지하실에 갇힌 추방자들은 원래 자신에게 상처를 주었던 양육자와 같은 특성을 가졌거나 자신을 보호해 줄 수 있을 것 같은 강한 구원자를 찾는 경향이 있다고 이미 설명했다. 이런 추방자들은 파트너가 자신들이 생각하던 이상적인 모습에서 벗어나면 화를 내고, 당신은 당신 파트들의 기대에 부응하지 않는 파트너의 파트들을 그들이 가둬버리도록 할 것이다.

하지만 모든 짝 선택이 이렇게 요구사항이 많은 파트들로만 이루어지는 것은 아니다. 친밀감으로 인해 추방자가 반복적으로 상처를 받았다면, 보호자 파트들은 추방자의 구원자 찾기를 무시하고 추방자들을 자극하지 않을 파트너를 찾기 시작한다. 이렇게 보호자 파트들 중심의 결정을 내리면 열정을 안전과 맞바꾸고, 지루할 수 있지만 양심적이고 꾸준하며 충직하고 착한 파트너를 선택하게 된다. 다시 말해, 당신은 당신의 취약성을 위협하지 않거나 심지어 그 취약성 근처에 가고 싶지 않아 하는 파트너를 가지게 된다. 이러한 설정에서는 파트너가 안전한 프로필에서 벗어날 때마다 당신의 보호자 파트들은 파트너를 처벌할 것이다. 당신과 함께하기 위해, 당신의 파트너는 친밀감을 원하는 파트들 혹은 초기에 당신을 매료시켰던 깊이 있는 대화를 가두어 두어야 할 것이다.

보호자 파트에 기반해 파트너를 선택하는 또 다른 시나리오를 보자. 여기서는 당신이 스스로를 약하거나 무능하다고 느꼈을 때 파트너는 감정적으로 강하고 세련되어 보였기 때문에 파트너에게 끌렸을 수 있다. 하지만 결과적으로, 파트너가 자신의 취약성이나 불안감을 드러낼 때마다 당신은 파트너에 대한 존경심을 잃고 미묘한 방식으로 이를 파트너에게 알리려 할 수 있다. 파트너는 자신의 어린 파트들이 이 관계에서 환영받지 못한다는 것을 곧 알아차리게 된다. 이런 패턴은 항상 그런 것은 아니지만, 우리 문화의 성 역할 사회화 과정으로 인해 종종 성별에 따라 나타나곤 한다.

어떤 커플은 허니문 기간 동안 배우자 선택 과정을 통과하고 서로의 모든 것을 사랑하게 된다. 그러나 이런 상태는 어느 한쪽이나 양쪽이 상대방에게 상처를 받거나 실망하기 전까지만 지속된다. 앞서 논의했듯이, 이런 시점에 도달하면 보호자 파트들은 파트너를 바꾸거나, 자신을 바꾸거나, 거리를 두는 세 가지 프로젝트 중 하나 이상을 시작하게 된다. 이 프로젝트들은 결과적으로 당신이나 파트너의 파트들 중 이전에 강력하게 각자의 삶에서 존재했던 파트들을 추방하는 결과를 가져온다.

예를 들어, 파트너가 갑자기 당신의 옷차림이 너무 캐주얼하다고 생각하거나, 열심히 일하는 것을 싫어하거나, 우정을 질투할 수도 있다. 혹은 당신이 취약함이나 요구사항을 표현할 때 파트너가 불편해하거나, 당신의 분노를 견디지 못할 수도 있다. 파트너를 잃을지도 모른다는 두려움 때문에 당신은 자신의 성적 취향, 자기주장, 혹은 위험이 따르는 직업에 대한 열정과 멀어졌을 수도 있다.

이런 식으로, 커플이 되기로 결심하는 과정을 통해 당신은 파티, 연애, 일을 좋아하거나 외모에 신경 쓰지 않는 파트들, 또는 양육을 원하거나 관계의 불균형에 대해 이야기하고 싶은 파트 등 점점 더 많은 파트들을 추방하거나 최소한 소홀히 하게 된다. 하지만 어렸을 때 추방했던 파트들과는 달리, 이 신추방자들은 한때는 막강한 힘을 가졌었다. 이들은 배제되는 것에 익숙하지 않으며, 영향력을 잃었음에도 불구하고 내면 가족 안에서 계속해서 큰 목소리를 내고 있다. 당신이 파트너와의 관계에서 이 파트들을 위한 공간을 허용하지 않는다면, 이들은 관계를 방해할 수 있다.

유기 불안에 미치는 신추방자의 힘

인종, 취향, 계급, 양육 환경, 트라우마 등 다양한 이유로 한 파트너가 다른 파트너의 파트들을 추방하고 싶어 할 수 있다. 그러나 한 파트너가 다른 파트너를 변화시키려고 하는 데 있어 가장 강력한 영향을 미치는 것은 바로 유기 불안, 즉 버림받을지도 모른다는 불안감이다. 자신의 추방자를 돌보지 않고, 그 대신 파트너가 자신의 행복이나 생존의 열쇠를 쥐고 있다고 믿도록 사회화되었기 때문에, 우리는 위협적으로 느껴지는 파트너의 특정 파트들을 제거하거나 최소한 길들이려고 노력하게 된다. 사회학자 프란체스코 알베로니Francesco Alberoni는 이런 곤경에 대한 한 가지 사례를 다음과 같이 묘사한다.

> 우리가 사랑에 빠질 때마다 상대는 늘 풍요롭고 다채로운 삶을 가진 사람처럼 보인다. 사랑하는 이는 언제나 생명력으로 충만하고, 자유롭고, 예측할 수 없으며, 다면적인 모습을 가지고 있는 듯하다. 그녀는 특출 나게 아름답고 놀랍도록 살아 있는 경이로운 야생 동물과 같으며, 유순하지 않고 반항적이며 약하지 않고 강인한 본성을 가지고 있다. 우리가 사랑하는 사람은 자유롭지만 예측할 수 없고 이런 무서운 힘을 소유

하고 있기 때문에 매력적이고 큰 즐거움을 준다. 그렇기 때문에 두려움이 더 큰 사람은 상대방에게 많은 제한을 가하고 작은 희생을 많이 강요하는데, 이 모든 것이 그녀를 부드럽고, 안전하고, 무해하게 만들려는 의도이다. 그리고 그녀는 점차적으로 그 제한들을 받아들인다. 그녀는 친구가 있지만 그들과 함께 외출하지 않기로 결정하고, 예전에는 여행을 했지만 지금은 집에 머물고, 예전에는 직업을 사랑했지만 지금은 연인에게 헌신하기 위해 그것을 소홀히 한다. 연인을 화나게 하지 않기 위해 그녀는 연인을 불쾌하게 할 수 있는 모든 것을 점점 포기하게 된다. 그녀는 무수한 작은 포기를 하지만 그중 어느 것도 심각하게 여기지 않는다. 그녀는 연인이 행복하기를 원하기 때문에 기꺼이 그런 포기를 하고 그가 원하는 사람이 되려고 노력한다. 점차 그녀는 가정적이 되고, 연인을 위한 시간을 만들고, 항상 연인을 위해 준비되어 있고, 항상 연인에게 감사한다. 이런 식으로 놀라운 야생동물 같던 그녀는 가정에서 기르는 애완동물로 축소되고, 열대의 야생에서 꺾어온 꽃은 창문 옆의 작은 꽃병에 꽂히게 된다. 그리고 새로운 경험에 대한 두려움 때문에 안심하고 싶어서 그녀에게 이렇게 되라고 요청한 연인은 결국 자신이 이전에 찾으려 했고 또 찾았던 것을 그녀에게서 잃어버리게 된다. 자신 앞에 서 있는 사람은 그가 사랑에 빠졌던 사람이 아니다. 그 당시 그녀는 달랐고 온전히 살아 있었기 때문이다. 그는 그녀에게 자신의 두려움을 롤 모델로 삼아달라고 부탁했고, 이제 그는 그 두려움의 결과인 '아무것도 없는 그녀'를 마주하고 그녀를 더는 사랑하지 않는다.[2]

이를 IFS로 풀어보도록 하자. 나에게 나약하고, 무가치함을 느끼고, 활력을 잃고 지하에 갇혀 있는 추방자들이 있다고 가정해 보자. 나는 당신의 활력, 자신감, 독립성에 매료되어 당신과 사랑에 빠진다. 당신이 내 추방자들에게 끔찍한 상태에서 벗어날 수 있다는 희망을 가져다주기 때문이다. 하지만 내 안의 추방자들은 스스로를 너무 나약하고 무가치하다고 느끼기 때문에, 당신 같은 사람이 나와 함께하고 싶어 한다는 것을 믿을 수 없다. 따라서 추방자들은 당신이 나를 버리고 더 나은 사람을 찾아 떠날까 봐 끊임없이 두려워한다. 결과적으로, 내가 사랑하는 당신의 특성들은 이제 나에게는 위협이 되고, 나의 보호자 파트들은 당신의 자신감을 약화시키고, 독립심을 억제하고, 당신의 활력을 없애기 위해 노력한다. 우리 관계가 공공연한 혹은 은밀한 투쟁의 장이 되는 데는 그리 오랜 시간이 걸리지 않는다.

알베로니Alberoni의 시나리오처럼 당신이 나의 길들이기 프로젝트에 굴복하고 내가 당신의 생동감에 넘치는 모든 파트들을 신추방*하는 데 성공하면 전투는 은밀해질 것이다. 하지만 그 파트들은 사라지지 않는다. 그 대신 그들은 우리의 연결을 끊기 위해 지하(무의식적) 게릴라전을 시작한다. 예를 들어, 이해할 수 없이 성욕이 사라지거나, 섭식 장애나 음주 문제가 생기거나, 일이나 자녀에 집착하거나, 바람을 피우고 싶은 부끄러운 욕망과 싸우게 되거나 실제로 바람을 피울 수 있다.

동시에 나의 추방자들은 이 길들여진 당신이 나를 더는 지루한 무가치함의 웅덩이에서 끌어낼 수 있다고 보지 않기 때문에 사랑이 식는다. 그 대신, 나는 당신을 여기로 끌어들이는 데 성공했고 당신의 욕망 부족, 음주 문제, 자발성 부족 또는 주도성 부족과 같은 당신의 파트들을 비판한다. 그러면서도 여전히 질투하고 통제하며 당신의 '놀라운 야생 동물' 같은 파트들이 다시 힘을 얻지 못하도록 경계한다.

반대로, 당신의 파트들이 내 프로젝트에 저항한다면 우리

---

* **옮긴이 주** 여기서 지은이는 아동기에 생긴 (원)추방자들을 추방하는 것과 성인기에 생긴 (신)추방자를 추방하는 것을 구분하기 위해 '추방'이라는 말 대신 '신추방'이라는 말을 썼다.

의 관계는 명백히 가시밭길이 될 것이다. "왜 나를 바꾸려고 하는 거야?"라는 격렬한 논쟁이 벌어질 것이다. 당신은 비밀 연애를 하고, 어디 다녀왔는지에 대해 나에게 거짓말을 하고, 비싼 물건을 사고, 권위를 주장하려는 나의 시도에 큰소리로 반항하는 등, '행동화'*를 보이기 시작할 것이다. 나는 당신의 폭주를 제어하기 위한 노력을 강화한다. 당신의 일거수일투족을 지속적으로 감시하고, 당신이 어디에 가고 있는지 또는 어디 있었는지 의심하며 묻는다. 나는 불륜 관계를 파헤치는 사설탐정이 되어 당신의 이메일과 문자를 체크하고, 신용카드 영수증을 샅샅이 뒤지고, 당신이 늦게 귀가하면 심문을 한다. 나는 협박과 최후통첩으로 당신의 행동에 대한 나의 끓어오르는 분노와 정당한 경멸을 표현한다. 그리고 내가 이런 역할을 하게 만든 당신을 미워하게 된다.

이처럼 관계에서 한 파트너가 상대방의 특정 파트들을 추

---

* **옮긴이 주** 행동화acting out는 내면의 감정이나 갈등을 말로 표현하거나 인식하지 못하고, 이를 그 대신 행동으로 나타내는 것을 말한다. 슬픔이나 분노를 직접적으로 이야기하거나 표현하는 대신에 갑작스러운 분노 폭발이나 위험행동을 하는 것을 예로 들 수 있다. 주로 억압된 감정이나 심리적 갈등이 무의식적으로 행동을 통해 표현될 때 사용되는 용어로, 심리학이나 정신분석에서 흔히 쓰인다.

방하여 신추방자를 만드는 과정은 다양하다. 하지만 보통 이는 파트너 중 한 사람 또는 두 사람 모두에게 유기 불안이 있기 때문에 비롯되는데, 이 유기 불안은 결국 자신이 무가치하기 때문에 파트너가 떠날 것이라는 마음 때문에 생기는 것이다. 작가 로라 키프니스Laura Kipnis는 이렇게 설명한다. "우리는 마치 고급 클럽의 입장권을 얻기 위해 줄을 서서 기다리는 사교계에 끼려고 노력하는 사람들처럼, 사랑이라는 문 앞에 납작 엎드려 그 안에 들어갈 수 있기를 갈망한다. 그 문 안에 들어가면 마치 우리가 흥미롭고 가치 있는 사람이라는 것을 확인받는 것 같기 때문이다."[3] 우리 문화에서는 혼자라는 것이 사랑받지 못하는 패배자의 증거라는 낙인이 있기 때문에 버림받을 수 있다는 가능성은 심각한 두려움으로 다가온다. 앤 모로 린드버그Anne Morrow Lindbergh는 이를 이렇게 표현했다. "혼자라는 생각을 우리는 얼마나 싫어하는가. 그것을 얼마나 피하려고 하는가. 혼자라는 것은 거절당했거나 인기가 없다는 것을 암시하는 듯 보인다. 그것은 마치 어린 시절 같이 춤출 파트너를 찾지 못해 벽에 기대서서 다른 아이들이 춤추는 모습을 바라보던 두려웠던 상황을 떠올리게 한다. 인기 있는 여자아이들은 이미 선택되어 손바닥에 땀이 나게 파트너와 함께 춤을 추는 동안 나는 딱딱한 의자에 외로이 홀로 앉아 있을 것이라는 두려움 말이다."[4] 이런 곤경을 피하기 위해 많은 사람들이 잘 맞지 않는 댄스 파트너를 선택하고, 비참한 상황에서도 몇 년 동안 계속 함께 춤을 춘다.

우리가 관계에서 불안을 느끼지 않을 수 있다면

위에 설명한 패턴에 빠지지 않기 위해 어떤 파트너들은 자신의 불안감을 없애고 상대방에 대해 깊이 신경 쓰거나 관계에 많은 투자를 하지 못하게 하는 보호자 파트들의 지배를 받게 된다. '그 사람이 나를 떠난들 어때?' '난 괜찮을 거야!' 이런 접근 방식을 사용하면 탐정이나 통제자 역할에 빠지지 않게 되고, 관계에 덜 투자하는 사람이 관계의 조건을 더 많이 통제할 수 있다는 '최소 투자의 법칙'을 따르게 되며, 또 관계에 투자를 덜함으로써 관계에서 더 많은 권한을 갖게 될 가능성이 높다. 즉, 파트너보다 관계에 별로 신경 쓰지 않는 것처럼 행동함으로써 상대방의 불안을 끊임없이 자극하는 식으로 계속 관계를 유지하는 것이다. 이 전략의 단점은, 당신은 당신의 마음과 파트너의 사랑으로부터 무감각해지고 단절되어 끊임없는 불만족을 느끼게 된다는 것이다. 이는 파트너의 불안을 더 키우고, 파트너는 당신의 암묵적인 위협에 분개한다.

각 파트너가 매우 취약한 추방자들(즉, 굶주린 지하실의 아이들)을 가지고 있는 상황에서는 정상적인 관계의 리듬조차도 세 가지 프로젝트를 촉발할 수 있다. 예를 들어, 미디어를 통해 기대하거나 배운 것과는 달리, 건강한 관계란 두 파트너가 항상 감정적으로 가까운 상태에 있는 것을 의미하지 않는다. 우리 모두는 다양한 파트들을 가지고 있으며, 그중 일부는 친밀감을 좋아하는 반면 다른 파트들은 독립성을 필요로 한다. 유아 연구자들은 이러한 친밀감과 거리감의 리듬이 부모와 신생아 사이의 상호작용에도 존재한다는 것을 보여주었다. 아기는 일정 시간 동안 부모와 장난스럽게 상호작용하다가 이로부터 휴식이 필요한 것처럼 갑자기 등을 돌리고 부모와 거리를 둔다. 따라서 처음부터 모든 친밀한 관계에서는 이런 연결과 거리감의 리듬이 교대로 나타난다. 하지만 문제는 이런 자연스러운 리듬이 오해로 인해 방해받을 수 있다는 점이다. 예를 들어, 어떤 부모는 아기가 자신에게서 멀어지면 거절당했다고 느낀다. 그런 일이 자주 발생하면 아기는 결국 자신의 정서를 차단하게 된다. 이는 커플 사이에서도 비슷하게 일어난다.

연결된 상태에서 일정 시간이 지나고, 파트너가 당신과 별개로 무언가를 하고 싶어 할 때, 당신이 이를 거절로 받아들이면 문제가 발생한다. 이 경우 파트너는 자신의 의도가 오해받았다고 느끼고, 약간의 거리감이 필요한 자신의 파트를 추방하려는 당신을 원망하게 될 것이다. 반면, 일정 기간 거리를 둔 후 파트너가 보이는 애정 표현을 집착으로 또 지나친 의존으로 간주하면, 연결을 원하는 파트가 환영받지 못한다고 느끼기 때문에 두 사람 사이에 악순환이 시작될 수 있다.

실습

- 연인과의 관계 때문에 어떤 파트들을 추방한 적이 있나요?
- 버림받을 것에 대한 불안이나 다른 부담감 때문에 파트너의 파트들을 추방한 적이 있나요? 이런 신추방자가 당신의 관계에 어떤 영향을 미친다고 생각하나요?

용기 있는 사랑

유기 불안을 추방하거나 이것이 관계를 지배하게 하는 것 외에 다른 방식으로 이를 다룰 수 있다면 어떨까? 우리 스스로가 우리의 본질적인 가치를 온전히 인식하는 방법을 알고 있다면 어떨까? 파트너가 어떤 행동을 하더라도(심지어 우리를 떠나는 행동까지도) 우리는 정말 괜찮을 것이라는 믿음이 있다면, 즉 우리의 감정을 차단할 수 있기 때문이 아니라 우리 자신의 참나 리더십에 대한 신뢰가 있기 때문에 괜찮을 것이라는 믿음이 있다면 어떨까? 참나 리더십은 이런 인간의 딜레마를 다루는 건강한 해결책이며, 참나 리더십에 대한 어느 정도의 신뢰만으로도 우리는 이런 자신과 파트너의 파트들을 추방시키는 프로젝트에서 해방된다. 파트너가 당신을 위협하지 않으므로 파트너의 모든 파트들을 수용하고 격려할 수 있다. 파트너는 이러한 수용과 자유를 느끼며, 이는 그들에게 놀랍고 색다른 느낌으로 다가온다. 파트너는 당신으로부터 자신을 보호할 필요가 없다는 것을 믿게 되고 마음을 활짝 열게 된다. 그들은 당신과 멀리 떨어져 있더라도 마음이 이끄는 대로 할 수 있다는 사실을 알기 때문에 긴장을 풀고, 당신은 파트너가 가까이 있지 않더라도 참나 수준에서 그들과 계속 연결되어 있음을 느낄 수 있다. 랄프 왈도 에머슨은 "고귀한 우정이 요구하는 조건은 우정 없이도 할 수 있는 능력이다"라고 말했다. 고귀한 사랑도 마찬가지다. 필요하다면 파트너가 옆에 없어도 할 수 있는 것, 즉 파트너의 인생 여정을 지지하기 때문에 필요하다면 파트너의 여정이 당신의 여정에서 벗어나게 되더라도 그들의 여정을 지지할 수 있는 것이다.

우리에게 대부분 이는 힘든 일이다

내가 교수로 재직하던 시절, 이기심을 버리고 이타적인 태도를 유지해야 했을 때 얼마나 힘들었는지를 기억한다. 예를 들어, 내가 멘토가 되어준 젊고 예리한 심리학 인턴들 중 몇몇이 인턴십을 마치고도 내가 근무하던 연구소에 남아 있었다면, 그들은 내가 IFS 모델을 개발하고 내 경력을 발전시키는 데 크게 도움을 줄 수 있었을 것이다. 그들이 자신들의 관심사나 가족 때문에 다른 곳으로 떠나긴 했지만, 만약 내가 조금 더 설득했더라면 그들은 나와 함께 일할 수도 있었을 것이다. 매번 나는 인턴들이 각자의 길을 찾을 수 있도록 그들의 의사 결정 과정에서 내 역할을 배제하기 위해 노력했다. 항상 성공한 것은 아니었지만, 성공했을 때는 내가 자랑스러웠다.

이런 경험들은 내 내면에서 치열한 갈등을 불러일으켰지만 그 대가는 그리 높지 않았다. 나는 기본적으로 그 학생들의 도움이 없어도 괜찮을 것이라는 사실을 알고 있었기 때문이다. 하지만 상대방이 친밀한 파트너일 때, 즉 내 추방자들이 그 사람과의 애착을 자신들의 안녕과 생존의 열쇠로 여기고 있을 때는 어떨까? 이런 상황에서는 상대방에게 진정으로 최선인 것이 무엇인지에 집중하기가 훨씬 더 어려울 것이다. 그래서 우리는 너무 자주 파트너가 우리에게서 날아가지 못하도록 날개를 자르고 싶은 유혹에 굴복한다. 위에서 언급한 추방 프로젝트가 효과를 보지 못하면, 우리는 이를 더 강화하려고 시도할 수도 있다.

스토킹, 협박 및 폭력은 종종 유기에 대한 두려움이 얼마나 큰 절망으로 우리를 데려갈 수 있는지를 보여준다. 또는 심신을 쇠약하게 만드는 증상을 발전시켜 파트너가 우리를 떠나지 못하게 할 수도 있다.

때로는 파트너가 당신을 떠날까 봐 두려운 것이 아니라, 파트너의 특정 조건으로 인해 다른 사람들에게 존중받지 못할까 봐 두려워할 수도 있다. 파트너의 외모, 매너, 유머 감각, 일 처리 방식, 혹은 전반적인 태도나 세련되지 못한 모습 때문에 다른 사람들에게 좋지 않게 비춰져 잘못된 부류의 사람들과 어울리게 되거나 최악의 경우 친구가 없게 될 수도 있다. 마찬가지로, 당신이 선택한 배우자 때문에 부모님 중 한 명 또는 양쪽 모두에게서 존중받지 못한다고 느낄 수도 있다. 이 경우, 유기될지도 모른다는 불안은 파트너보다는 또래나 부모에게 집중되지만, 이것들이 파트너의 불쾌한 파트들을 겨냥한 추방 프로젝트의 연료가 되기도 한다.

이 말은, 파트너가 당신을 떠날 생각이라고 말했을 때 "괜찮아, 당신이 해야 할 일을 해"라고 말하거나 파트너가 지난 밤 파티에서 당황스러운 성 차별적 농담을 했을 때 '그 사람은 원래 그래'라고 생각하고 아무렇지 않게 넘어가야 한다는 것을 의미하지 않는다. 오히려, 파트너로 인해 영향을 받은 자신의 파트들을 대변해서 말하고, 파트너에게 당신이 원하는 변화를 요청하는 것이 중요하다. 하지만 이런 요청이 위에서 언급한 불안과 두려움으로 동기 부여되지 않았는지 스스로 탐색해 보는 것이 필요하다. 또한, 변화를 요청할 때 참나 상태에서 할 수 있다면 가장 효과적이다. 예를 들어 파트너의 어떤 파트가 당신을 떠나고 싶다고 말을 하거나 부적절한 농담을 하는 경우, 당신은 그 파트들에 대한 존중을 표하고, 파트너에게 그 파트들을 없애라고 요구하는 것이 아니라 그 파트를 다룰 수 있는 다른 방법이 있는지 탐색하도록 요청할 수 있다.

그 파트들을 돌봄으로써 유기에 대한 불안감을 진정시킬 수 있어야만, 파트너의 성장을 자신의 안정 욕구보다 우선시할 수 있고 파트너를 사랑할 수 있다. 나는 이것을 **용기 있는 사랑**이라고 부른다. 하지만 이는 쉽지 않은데, 그 이유는 많은 심리 치료와 영적 구도를 포함한 서양 문화에서는 우리 내면의 두려워하는 파트들을 포용하기보다는 추방하도록 장려하기 때문이다.

용기 있는 사랑은 일부 심리 치료에서 장려하는 분리하기 differentiation 개념과 비슷해 보일 수 있지만, 이는 파트너와의 분리감이나 분화를 강화하려는 것이 아니다. 오히려 이렇게 거친 개인주의적 형태의 분리는 우리 문화에서 많은 남성들이 배워온 방식으로, 불안을 추방하고 보호자 파트에게 지배당할 때 발생할 가능성이 더 높다.

그러나 불안이 줄어들면 더는 파트너의 감정에 지나치게 반응하지 않게 되고, 결과적으로는 더 분리된 듯한 느낌을 받을 수도 있다. 하지만 용기 있는 사랑을 실천하게 되면, 불안할 때와는 달리 또 다른 수준에서 파트너와 더 깊이 연결되어 있고 그들과 비슷하다고 느끼게 된다. 19세기 철학자 윌리엄 제임스William James가 세기의 전환기에 "우리의 모든 부분은 매 순간 더 큰 자아의 일부이자 그 집합체"라고 말한 의미를 이해하게 된다. 참나의 관점에서 보면, 당신과 파트너는 동일한 신성한 바다의 물방울이고, 동일한 영원한 불꽃에서 피어난 불씨이며, 우리는 더 넓은 참나의 일부이자 그 집합체이기 때문에 서로 다르지 않다는 것을 인식하게 된다. 이런 연결성에 대한 깨달음은 파트너에게 진정한 성장의 자유를 줄 수 있게 한다. 이는 마치 부모가 자녀에게 주고 싶어 하는 사랑과 비슷하다. 자녀가 다른 사람을 사랑하게 되거나, 자신과 모순되는 신념과 관행을 받아들이거나, 물리적으로 멀리 떨어져 있을 때에도, 자녀가 부모의 욕구를 지나치게 걱정하지 않고 부모의 사랑이 함께한다는 확신을 가지고 자기 스스로의 마음을 따를 수 있도록 하는 것과 같다. 하지만 왜 파트너보다 자녀에게 이런 종류의 사랑을 하는 것이 훨씬 더 쉬울까? 그것은 파트너가 당신의 파트들을 돌봐야 한다고 믿도록 사회화되어 왔기 때문이다. 당신이 당신의 파트들이 신뢰하고 의지하는 사람이 될 때, 당신은 모두를 위해 용기 있는 사랑을 할 수 있다. 용기 있는 사랑은 또한 엄청난 고통을 감수하더라도 누군가를 사랑할 수 있는 용기를 의미한다. 깊은 애착 상처를 가진 많은 사람들에게는 다른 사람에게 진심으로 신경을 쓰면 그들을 잃을 때 상처가 되기 때문에 이를 허용하지 않는 보호자 파트들이 있다. 많은 보호자 파트들의 입장은 추방자들이 더 많이 애착이 될수록 불가피한 고통이 더 커진다는 것이다. 그 잠재적인 공포를 직면하고 마음을 활짝 열려면 상당한 용기가 필요하다. 이런 파트들이 이미 당신에게 애착이 되어 있지 않다면, 당신은 당신의 파트들이 다른 사람에게 강하게 애착하게 할 용기를 갖지 못할 것이다. 그러나 당신의 추방자들이, 당신이 파트너를 잃더라도 당신이 그들의 상실감과 고통에 귀를 기울이고 그들을 돌볼 수 있다는 것을 신뢰한다면, 당신의 보호자 파트들은 파트너에게 마음의 문을 열 것이다. 그렇지 않다면, 그들은 문을 열어주지 않을 것이며 당신이 진정한 친밀감을 느끼지 못하게 할 것이다.

상대방을 마음에 들이지 않으면 그 사람의 성장을 위해 용기 있는 사랑을 하는 것이 쉬워 보일 수도 있다. 상대방에게 감정적 애착이 적다면 잃을 것도 적기 때문이다. 문제는 이 둘 다를 하는 것이다. 결과를 생각하지 않고 누군가를 강렬하게 사랑하는 동시에 그 사람이 떠나더라도 그 사람의 성장을 지원하고, 비록 그 사람이 당신과 떨어져 있더라도 그 사람의 파트들을 받아들이는 것. 그렇게 할 수 있는 사람은 많지 않다.

용기 있는 사랑에 대한 이 논의가 관계에 대한 헌신commitment을 비판하는 것이 아니라는 것을 명확히 하고 싶다. 오히려 나는, 우리가 무엇을 위해, 왜 헌신하는지에 대한 질문을 제기하는 것이다. 용기 있는 사랑은 상호탐색, 치유, 내면의 가족과 참나 대 참나 연결감, 모두의 성장을 지지하는 헌신을 포함한다. 당신과 파트너는 이 과정이 배타적인 관계에서 가장 잘 이루어진다는 데 동의할 수 있을 것이다. 많은 사람들이 파트너에게 마음을 완전히 열려면 먼저 자신이 버림받지 않을 것이라는 확신이 필요하다. 아마도 당신에게는 상처 받는 것을 너무나 두려워하는 추방자가 있어서 당신이 누군가와 가까워지기 시작할 때마다 그 사람에 대한 욕망을 잃고 다른 곳으로 마음을 돌릴 수도 있다. 한 사람에게 헌신하는 참나 주도의 비전은 그런 도피처를 없애고 갈등과 불안을 통해 내면 탐색을 시작할 수 있는 용기를 준다. 당신의 추방자들은 이전 관계에서 경험한 배신감이라는 마음의 짐을 안고 있을 수도 있다. 오로지 자신에게만 집중할 수 있는 파트너와 함께 있으면 이런 파트들을 치유할 수 있는 안전한 환경이 조성된다. 또 자녀 양육의 자원을 공유하거나, 성병 등의 현실적인 이유로 당신과 파트너는 배타적인 관계를 선택할 수도 있다.

배타성에 동의를 하는 관계뿐 아니라 그러지 않는 관계에서도 상호 성장이 일어날 수 있는데, 그러기 위해서는 이 모든 관계에서 일어나는 합의가 파트들의 불안이 아니라 참나로부터 일어나야 한다는 것이다. 그 불안이 소유욕 때문에 나타나든 한 사람에게만 헌신하는 데 대한 공포로 나타나든 상관없이, 이것이 관계의 근간이 되어서는 안 된다.

당신이 파트너와의 관계에서 파트너의 활기 있는 파트를 추방하라고 요구하지 않고 용기 있는 사랑에 기반한 참나 주도적 관계를 맺고 있다고 확신할 수 있다면, 파트너에게 헌신하는 것에 대한 두려움이 훨씬 줄어들 것이다. 융의 분석가였던 아돌프 구겐뷜-크레이그Adolf Guggenbühl-Craig는 이렇게 말했다. "많은 사람들이 혼자 있을 때는 정말 흥미롭고, 재치 있고, 생동감 넘치지만, 배우자와 함께 있을 때는 모든 활기가 사라지는 것을 볼 수 있다."[5] 이는 파트들에 기반한 헌신이라는 거짓 안전에 대해 지불하는 가혹한 대가라고 할 수 있다. 많은 사람들이 두려움 속에서 이와 같은 선택을 하고, 기회가 생기면 바로 그 약속을 파기하는 것은 놀라운 일이 아니다. 아이러니하게도, 용기 있는 사랑에 기반한 참나 대 참나 관계는 너무 만족스러워서 이를 온전히 경험하면 그 관계를 떠나고 싶지 않게 된다. 자신의 모든 파트들을 받아들이고 포용하는 것, 생동감이 사라지지 않도록 모든 것을 탐구하고 표현할 수 있는 자유를 누리는 것, 자신이 탐색을 해야 할 것들을 탐색해 나가며 교훈을 얻을 수 있도록 서로를 지속적으로 격려하는 것, 삶이 아무리 힘들고 서로의 파트가 아무리 방해하더라도 서로의 참나가 사랑으로 항상 지지한다는 것을 아는 것, 서로의 마음속에 있는 신성과 연결되는 신성한 '집으로 돌아오는' 느낌. 이것이 우리 모두가 마음에서 갈망하는 것이다. 왜 이런 것들을 떠나고 싶겠는가?

  마지막으로 용기 있는 사랑은 내적·외적 관계의 모든 측면에도 적용된다. 용기 있는 사랑은 다음을 모두 포함한다.

  파트너가 화를 내더라도 파트너에게 당신의 파트를 대변해서 얘기할 수 있을 정도로 당신 파트들을 사랑하는 것. 많은 사람들이 파트너를 화나게 하거나 잃을까 봐 두려워서 자신의 파트를 희생한다. 나는 내담자들에게 "만약 당신의 자녀가 같은 방식으로 고통 받고 있다면 침묵하겠어요?"라고 묻곤 한다. 나는 그들이 자녀를 존중하고 그들의 요구에 귀를 기울이는 것과 마찬가지로 자기 파트들의 요구에 귀를 기울이고 존중하라고 권한다. 다시 말하지만, 이는 파트너에게 애착이 되어 있는 파트들이 비록 파트너가 화를 내거나 떠나더라도 당신이 자신을 돌봐줄 것이라고 신뢰하는 경우에만 가능하다.

당신의 파트들이 듣고 싶지 않아 하는 파트너의 피드백을 당신은 들을 용기가 있다. 당신의 파트너는 당신이 탐색을 해야 할 것들을 알려주고, 거울을 들고 당신 파트들이 그들에게 미치는 영향을 알려줌으로써 당신이 여기서 배울 수 있는 교훈을 줄 수 있다. 우리 대부분은 보호자 파트들이 활동할 때 주로 그들이 보호하고 있는 추방자의 고통을 느끼기 때문에 우리의 보호자 파트들이 다른 사람에게 미치는 강력한 영향에 대해서는 거의 알지 못한다. 파트너가 비판을 할 때, 그 속에 있는 가치와 진실을 보는 것은 이런 이유로 어려울 수 있으며, 또한 파트너가 당신을 비판할 때 참나 상태에서 말하는 것이 아니라 그들의 보호자 파트가 말하는 경우가 많기에 더욱 그렇다.

파트너가 극단적으로 표현한다면 그들이 전달하려는 메시지를 정확히 알아듣기 힘들고 화난 메시지에 담긴 진실의 덩어리를 놓치기 쉽다. 용기 있는 사랑으로 경청할 수 있을 때, 당신은 그 메시지를 들을 수 있고, 그것을 유발한 태도와 행동에 관련된 파트들을 찾아서 치유할 수 있다. 또한 마음을 열고 사과하며 지속 가능한 회복을 시작할 수 있는 용기를 갖게 된다.

상황이 암울하고 당신과 파트너 모두 상처를 입었을 때, 많은 사람들은 도피를 선택한다. 분노, 마약, 일, 만성적인 거리 두기를 하고, 외도를 꿈꾸거나 실제로 외도를 하기도 한다. 하지만 이런 식으로 일반적인 도피 경로를 활성화하지 않고 단독으로 회복의 과정을 시작할 용기를 가질 수 있다(이에 대해서는 나중에 자세히 논의할 것이다). 방어하고 자신을 보호하는 것에서 벗어나 취약성을 향해 첫발을 내딛는 것은 많은 사람들에게는 매우 용기를 요구하는 일이며, 이런 용기가 부족하기 때문에 많은 커플이 오랜 기간 동안 관계를 유지하지 못한다.

모든 방어를 내려놓고 파트너에게 온전히 마음을 열 수 있는 용기가 당신에게 있다. 당신은 인생에서 다른 사람과 함께 있을 때 자신을 보호하지 않고 상대를 위해 있어줄 수 있으면서도 온전히 자신으로 있을 수 있다고 느꼈던 순간을 기억할 수 있을 것이다. 그런 순간이 드물고 매우 아름답고 소중했기 때문에 기억하는 것이다. 그런 순간에 당신은 특히 더 보여지고, 이해받고, 감동받게 되는데, 그 이유는 당신의 보호자 파트들이 파트너의 에너지를 걸러내지 않기 때문이다. 마찬가지로, 당신 역시 파트너에게 걸러지지 않은 수수한 사랑을 표현한 것이다. 용기 있는 사랑은 이런 경험을 더 흔하게 만든다. 용기 있는 사랑을 할 때는 나의 취약성이 고통을 초래하더라도 내가 그것을 감당할 수 있다는 것을 알고 있기 때문이다.

실습

파트너가 당신에게 와서 당신과 더는 함께하고 싶지 않다고 확신과 진심을 담아 말하는 것을 상상해 보세요. 어떤 파트들이 올라오는지 보세요. 어떤 보호자 파트들과 그들이 보호하는 추방자들이 올라오나요? 그들이 당신의 몸에 어떤 느낌을 주는지 느껴보세요. 이 파트들에 대해 호기심을 느낄 때까지 다른 파트들과 분리해 보세요. 그들의 두려움을 파악하고 이 파트들이 당신이 자신들을 아낀다는 것을 신뢰하는지 보세요.

파트너가 당신을 떠나는 상상에 대해 안도하거나 행복해하는 파트들이 있다면 그들에게 호기심을 가져보세요. 그 파트들에게 이 시나리오에서 무엇이 좋은지 물어보세요. 이들은 파트너를 잃는다는 두려움 때문에 당신이 희생시켰던 신추방자일 수도 있습니다. 파트너와 함께 있는 동안에도 그들을 더 잘 돌볼 수 있는 방법이 있는지 보세요.

결국은 파국을 맞게 될 관계

내가 치료실에서 만나는 많은 커플들은 용기 있는 사랑이나 참나 대 참나 관계에 대한 증거를 보여주지 않는다. 그 대신, 그들은 자신들도 싫어하는 지루하고 예측 가능하며 미성숙한 패턴에 갇혀 있는 보호자 파트들에게 지배되고 있다. 이러한 상호작용은 연구자 존 가트먼John Gottman이 '네 명의 종말의 기사'*라고 부르는 특성을 보여준다.[6] 이 네 명의 기사에는 비난, 경멸, 방어, 담쌓기가 포함된다.

IFS의 렌즈를 통해 이 네 명의 기사를 다시 살펴보자. 첫 번째 두 명의 기사는 커플이 서로의 성을 향해 던지는 대포알 같은 공격적인 무기이다. 비난은 "당신, 오늘 쓰레기통을 비우지 않았네. 왜 이렇게 게으른 거야?"와 같이 상대방의 성격을 공격하는 메시지를 덧붙인 불평이다. 경멸에는 비꼬기, 욕하기, 조롱, 눈 굴리기, 도덕적 비난 등이 포함되고, 상대방에게 당신이 그들을 혐오한다는 인상을 준다. 이 외에도 유기 위협이나

---

* **옮긴이 주** 가트먼 박사는 비난, 경멸, 방어, 담쌓기를 결혼의 종말을 예고하는 네 명의 기사로 지칭했다. 이는 성경의 요한 묵시록에 나오는 종말을 알리는 말을 탄 네 명의 기사에 빗댄 것이다.

폭력 등 보다 공격적인 협박의 무기가 있다. 비난과 경멸은 앞서 설명한 세 가지 프로젝트 중 첫 번째 프로젝트로, 파트너를 원래 내가 원했던 사람으로 되돌리기 위해 보호자 파트가 사용하는 수치심 기반의 무기이다.

　이 무기가 매우 파괴적인 이유는 상대방에게 '너는 쓸모없고, 나는 너보다 낫다'는 메시지를 주기 때문이다. 우리 대부분처럼 그들에게도 자신이 무가치하고 사랑스럽지 않다고 걱정하는 추방자가 있다면, 당신이 보내는 메시지는 실제로 자신이 무가치하고 사랑스럽지 않다는 최악의 두려움을 현실로 확인시켜 준다.

　이런 결론에 도달하면, 그들은 아무도 자신을 사랑하지 않을 것이고, 영원히 외톨이가 되어 살아남지 못할지도 모른다는 추방자의 어린아이 같은 공포를 느끼게 된다. 그들의 몸에는 어린 시절에 버려졌거나 거부당했던 애착 상처로 인해 생긴 생리적 반응이 되살아나 마치 그때처럼 생존이 위태로운 느낌을 받는다. 추방자가 그런 극단적인 상황에 처하게 되면 싸우기, 도망가기, 얼어붙기 반응을 이끄는 보호자 파트들이 자동으로 장악하여, 생리적 현상을 더욱 자극하고 극단적인 방식으로 공격하거나 방어하도록 이끈다. 가트먼은 파트너가 이렇게 감정에 휩싸이게 되면 상대의 말에 주의를 기울이거나 받아들이지 못하고 매우 반사적이고 충동적인 모드에 빠진다고 설명한다. 이런 상태에서는 상대방이 네 명의 기사 중 하나로밖에 반응할 수밖에 없기 때문에 문제를 논의하려는 시도는 무의미해진다.

다른 두 명의 기사인 방어와 담쌓기는 파트너의 포탄으로부터 내 성을 보호하기 위해 고안되었다. 방어는 상대방의 포탄이 나에게 도달하기 전에 요격하는 미사일 방어 시스템과 같으며, 담쌓기는 상대방의 포탄이 내 성을 관통하는 것을 막기 위해 무감각의 돔을 세우는 것이다. 방어와 담쌓기는 우리의 보호자 파트들이 파트너로부터 필요한 것을 얻는 것을 포기하는 세 번째 프로젝트를 채택했을 때 자주 사용된다.

주의 깊은 독자들은 가트먼의 네 명의 기사는 보호자가 채택하는 첫 번째와 세 번째 프로젝트만 다루고 있다는 것을 눈치챘을 것이다. 두 번째 프로젝트인 파트너의 사랑을 얻기 위해 자신을 변화시키기는 어떤가? 나는 가트먼이 이 프로젝트와 관련된 행동, 즉 달래기, 순종, 자기 비난은 반드시 관계의 임박한 파멸을 예고하는 것은 아니기 때문에 포함하지 않았다고 생각한다. 대부분의 관계는 한 파트너가 한 수 아래 역할을 자처하면서 오랜 기간 지속된다. 하지만 한 수 아래 역할을 하는 파트너는 내면의 비판자에 의해 지배당하고 많은 파트들을 추방해야 하기 때문에 높은 대가를 치르게 된다.

커플이 명백한 갈등을 겪고 있지 않을 때에도 특정 패턴들은 관계의 해체를 예고할 수 있다. 예를 들어, 당신과 파트너가 일상생활에서 상호작용할 때, 당신의 파트들은 파트너의 관계 방식을 추적하고 파트너가 당신에 대해 어떻게 느끼는지 끊임없이 신호를 스캔하고 있다. 이와 마찬가지로, 파트너도 동일한 행동을 하고 있다. 대화를 시작할 때, 파트너가 당신을 무시하거나 산만해 보이면 내부 경고등이 켜졌다가, 나중에 파트너가 관심을 보이거나 다정한 태도를 취하면 경고등이 꺼지고 다시 긴장을 푼다. 파트너가 오랜 기간 동안 지속적으로 당신의 연결 요청을 외면하면 내부 경고등이 노란색에서 빨간색으로 바뀐다. 추방자들의 불안감을 줄이기 위해 파트너에게 자신에 대해 어떻게 느끼는지 물어보지만, 파트너가 방어적으로 되거나 더 나아가 당신의 불안을 경멸하는 태도를 보인다면 추방자들은 곧 버림받을 것 같은 공포감에 사로잡히게 된다. 이런 일련의 과정을 거치게 되면 당신의 보호자 파트들이 관계에 들어와 영원히 거주하게 된다. 일단 이런 일이 발생하면, 두 사람의 관계는 가트먼이 말하는 곤경에 처한 커플들에게 나타나는 특징들을 다 보인다. ① 갈등이 있을 때 나타나는 네 명의 기사, ② 일상적인 상호작용에서 서로의 연결 요청을 무시하거나 거부, ③ 관계를 회복하려는 시도 거부, ④ 만성적으로 관계를 부정적으로 묘사, ⑤ 파트너가 과거에 벌인 상처 되고 어리석은 일을 강조하기.

이렇게 보호자 파트들이 마음을 장악하게 되면, 커플들은 가트먼이 '부정적 감정의 장악negative sentiment override'이라고 부르는 상태로 들어가게 된다. 이 상태에서는 파트너가 어떤 행동을 하더라도 절대 휴식을 주지 않고, 당신의 보호자 파트들은 파트너의 모든 행동(겉보기에는 관대하거나 애정 어린 행동이라도)을 부정적인 시각으로 바라보게 된다. 그렇게 하지 않으면 당신이 화를 낼 것을 알기 때문에 그랬다거나, 성관계를 갖기 위해 당신에게 좋게 대할 뿐이라는 식으로 말이다. 보호자에 의해 장악되기 전에는 가벼운 짜증 정도로 느껴지던 파트너의 행동이 보호자 파트들에게 장악 당한 후에는 중대한 범죄처럼 느껴지고, 당신은 모든 에너지를 쏟아 파트너를 몰아붙이게 된다.

게다가 당신의 보호자 파트들은 당신의 눈에 부정적 콩깍지를 씌워, 한때 매력적이었던 배우자가 완전히 추악하게 보일 정도로 당신의 인식을 왜곡한다. 또한 감각을 둔화시켜 파트너의 손길에 무감각하게 만들고 관계에서 즐거움과 설렘을 앗아갈 수 있다. 일반적으로 보호자 파트들은 파트너에 대한 마음을 석회화하며, 네 명의 기사 중 하나가 직접적으로 나타나지 않더라도 신랄하고 못마땅한 에너지가 온몸에서 스며 나오면서 관계는 명백히 차갑고 멀어진다.

따라서 IFS의 관점에서 보면, 가트먼의 관찰은 관계에서 한 사람 혹은 두 사람 모두의 보호자 파트들이 이제 할 만큼 했다고 느낄 때, 마음을 열어서 상처를 받았을 때 무슨 일이 일어나는지를 잘 설명한다. 사람들은 다양한 이유로 이 지점에 도달한다. 어떤 파트너들은 이미 극도로 취약한 추방자와 높은 경계심을 가진 보호자 파트들을 가진 상태에서 관계에 들어오기 때문에, 파트너와 연결해 주는 다리가 영구적으로 단절되는 데 많은 시간이 걸리지 않는다. 특히 어린 시절과 비슷한 감정을 불러일으키는 애착 재상처와 관련된 특정 사건이 발생하면, 보호자 파트들은 "다시는 이런 일을 겪지 않겠다!"라고 선언하며 관계를 단절하는 경우가 많다.

추방자들이 심하게 취약하지 않으면, 파트너에게 상처를 받는 일련의 상호작용(예를 들어, 파트너의 무례함에 지속적으로 노출되는 것)이 누적되어 결국 한계점에 다다르는 경우가 더 많다. 또는 부모의 죽음과 같이 관계와 무관한 사건이 당신의 추방자들을 자극하는데, 파트너는 당신의 고통을 어떻게 다뤄야 할지 몰라서 당신과 일련의 파괴적인 상호작용을 하게 될 수도 있다.

또 다른 경우는, 당신의 파트들이 당신을 장악하는 것이 파트너에게 상처 받은 것과는 직접적인 관련이 없고, 그 대신 관계에서 추방된 파트들인 신추방자들이 일으킨 내면의 쿠데타 때문일 수도 있다. 이런 경우, 애초에 관계를 원하지 않았는데 당신이 그 사람만을 사랑하기로 결심했을 때 갇혀 있어야 했던 파트들이 마침내 내면의 탈옥을 일으켜 중앙 지휘권을 장악하는 것이다. 아마도 그런 파트들은 당신의 삶에서 자리를 찾거나 파트너에게 받아들여지기 위해 수년 동안 고군분투하다가 마침내 포기하고, 그 대신 파트너에 대한 부정적인 캠페인을 벌이기로 결정했을 수 있다.

이유가 무엇이든, 본인 또는 파트너의 보호자 파트들이 두 사람 사이에 영구적으로 자리를 잡으면 가트먼이 설명하는 모든 일을 다 하기 때문에 커플 관계는 악몽의 연속이 된다. 그 결과, 추방자들은 끊임없이 거부당하거나 버림받았다고 느끼며 항상 경계하게 된다. 생리적으로 당신은 만성적인 과각성 상태에 있으며, 이는 모든 종류의 스트레스 관련 건강 문제를 일으킬 수 있다.

실습

파트너와의 관계에서 주로 나타나는 당신의 주요 보호자 파트들은 누구이며, 다음 세 가지 프로젝트 중 어떤 것을 선호하나요?

- 비난, 경멸, 유기 위협 혹은 폭력, 또는 파트너의 행동이 얼마나 나쁜지에 대해 불평을 함으로써 파트너를 변화시키기
- 자기비판을 통해 자신을 변화시키기
- 파트너의 사랑을 얻기 위해 지나치게 비위를 맞추고, 순종하고 헌신하고 배려하기
- 방어와 담쌓기를 통해 당신의 추방자들이 필요로 하는 것을 파트너로부터 얻는 것을 포기하기
- 다른 애인을 꿈꾸거나 실제로 찾으려는 시도
- 약물, 알코올, 일, TV, 인터넷 등을 통해 주의를 분산시키거나 감정을 마비시키기

이런 보호자들이 지키고 있는 추방자들에 대해 당신은 얼마나 알고 있나요? 당신의 추방자들은 어떤 감정과 믿음을 가지고 있나요? 일반적인 예로는, 유기 불안, 무가치함과 수치심, 극단

적인 신체적 취약함과 공포, 무능함, 압도되는 느낌, 의존성, 궁핍함 등이 있습니다.

파트너와의 관계에서 당신의 보호자가 너무 철저하게 지배하여 부정적인 감정이 우세했던 적이 있나요? 파트너의 애정 표현을 지속적으로 거부한 적이 있나요?

파트들은 당신 신체에 직접적인 영향을 미칠 만큼 강력한 힘을 가지고 있으며, 이들이 보다 직접적으로 소통하는 방법을 찾는 것이 중요합니다. 위의 각 파트들을 규명하고 나서 이 파트들이 신체 어디에서 느껴지는지 알아차리고 그 파트가 신체에 미치는 영향(예: 심박수나 호흡, 혈압 또는 명확한 사고 능력, 신체의 전반적인 긴장 수준 등)을 살펴보세요. 각 파트와 직접 대화하면서 그 파트가 미치는 생리적 영향에 대해 이야기하고, 그런 방식으로 당신과 소통할 필요가 있는지, 아니면 다른 방법으로 당신이 그 파트의 사연을 들어줄 수 있는지 이야기해 보세요.

찬성하는 쪽, 반대하는 쪽, 영향을 받지 않는 쪽

—

 이 역동이 어떻게 작동하는지 더 잘 이해하기 위해 한부모 비유, 즉 지하실 아이들과 함께 있는 엄마 비유로 돌아가 보자. 엄마가 캔디맨과 함께하기로 결심했을 때, 지하실의 아이들은 먹을 것을 얻을 수 있다는 생각에 신이 났지만, 보호적인 역할을 해온 큰 아이들은 그 남자를 믿지 못했고, 그 남자가 아이들을 좋아하지 않는다고 느꼈고, 엄마의 관심을 다 가져가고 있다는 것을 알았다.

 이 은유를 계속 이용해 말하자면, 어떤 다른 파트들은 멀리 사는 나이 많은 형제나 사촌 혹은 친척처럼 이 새로운 관계가 그들에게 직접적인 영향을 미치지 않기 때문에 강한 감정을 갖지 않을 수 있다. 이들은 어머니의 결정을 기쁘게 받아들이고, 어머니와 지하실의 자녀들에게 좋은 일이라면 어머니의 결정을 지지한다. 그 후 어머니는 이 새로운 관계에 대해 찬성, 반대, 이 관계로부터 직접적인 영향을 받지 않는 지지자 세 그룹의 이야기를 듣는다.

 관계 초기 단계에서 캔디맨은 어머니와 지하실 아이들을 달래기 위해 열심히 노력하기 때문에, 반대 그룹의 불만스러운 목소리는 찬성파와 이 관계에 영향을 받지 않는 사람들의 지지로 인해 쉽게 무시된다. 그러나 캔디맨이 어머니의 애정 표현을 무시하거나 거부하기 시작하면 이 관계에 의해 별로 영향 받지 않는 그룹이 반대 그룹의 편에 서기 시작한다. 마치 선거에서 부동층이 흐름을 바꾸듯, 중립 그룹의 변화는 관계의 분위기를 바꿀 수 있다. 이런 변화가 일어나기 전에는 파트너가 애정 표현을 무시하면 의회 내부의 반대 목소리는 찬성파와 영향을 받지 않는 그룹의 연합에 의해 쉽게 묻혀버린다. "그냥 오늘 하루 안 좋았을 뿐이니 걱정하지 마"라고 그들은 말할지도 모른다. 하지만, 파트너가 같은 행동을 반복하면 반대파는 자유를 얻게 되고, 그들의 불만은 영향을 받지 않은 그룹에게 반향을 일으켜 찬성파를 압도하게 된다. 내면의 부동층에 변화가 생기면 관계에 대한 태도는 행복이나 만족에서 후회나 못 견딤으로 갑자기 바뀔 수 있다. 파트너의 애정 표현에 대한 당신의 행동도 그에 따라 달라지고, 관계는 순식간에 나빠질 수 있다.

모든 것이 이렇게 부정적으로 되는 조건을 바꾸기 위해, 가트먼은 부부가 서로 관계를 맺고 관계에 대해 생각하는 새로운 방법을 배울 수 있도록 관계의 각 문제적 측면을 타깃으로 잡아 이를 다룰 수 있게 하는 일련의 행동 및 인지적인 실습을 처방한다. 이런 접근법은 커플이 해로운 상호작용을 더 잘 인식하고 관계 패턴을 바꾸는 데 더 집중하도록 하도록 도움을 줄 수 있지만, 추방자들은 치유되지 않은 채로 남는다. 추방자가 치유되지 않은 채로 남아 있을 때는, 각자가 매우 취약하고 쉽게 자극이 되기 때문에 패턴을 바꾸기 위해서는 지속적으로 경계하고 많은 노력이 필요하다. 그러나 추방자들이 치유되면 보호자는 자연스럽게 긴장을 풀게 된다. 보초들이 자리를 떠나고, 성벽이 무너지고, 대포알이 녹아내리고, 새롭게 해방된 추방자들은 춤추고 놀고 싶어 하며, 참나 리더십이 회복된다. 이 상태에서는 파트너에게 자연스럽게 관심과 애정이 생기고, 서로의 욕구와 감정을 효과적으로 협상하게 되며, 관계에서 모든 파트들을 위한 공간을 찾을 수 있으므로, 경멸하거나 마음을 닫는 것을 피하기 위한 기법들을 배울 필요가 없다.

다시 말해, 관계를 개선한다는 것은 새로운 기법이나 정보를 도입하는 것이 아니라 마음을 딱딱하게 하고 굳은살이 앉은 상처를 치유하는 것이다. 한 번 마음을 열고 활력을 되찾은 마음은 이미 사랑하고 존중하는 방법을 알고 있다. 중요한 것은 각 파트너가 이렇게 해도 안전하다고 느끼는 상태에 도달하는 것이다.

보호자 파트들을 알아차리기

아래에는 관계를 악화시키는 행동과 신념들에 대해 가트먼의 관찰과 나의 관찰을 결합한 목록이다.[7] 이 목록을 사용하여 파트를 감지할 수 있으면 자신이나 관계에서 특히 해로울 수 있는 보호자 파트들의 징후를 식별하는 데 도움이 될 것이다. 파트너와 대화할 때 두 사람 모두, 대화에서 이런 파트들의 존재를 주의 깊게 관찰하고 이 파트들이 어떻게 표현되는지 탐색하면서 내면작업을 시작할 수 있다.

다음은 보호자 파트들이 보통 어떻게 나타나는지를 요약한 것이다.

갈등 중

- 네 명의 기사(비난, 경멸, 방어, 담쌓기―일명 대포알, 미사일, 무감각의 돔)
- 유기 위협이나 폭력을 포함한 협박 시도
- 관계 회복을 위한 시도를 무시하기
- 감정에 압도됨
- 파트너에 대해 무감각해지거나 사랑의 부재를 느끼는 것
- 자기혐오와 함께 파트너를 기쁘게 하거나 달래기 위해 지나

치게 노력하기

일상의 상호작용 중

- 무시, 거절 또는 연결에 대한 요청을 먼저 시작하지 않음
- 성욕, 애정, 함께 있는 것에 대한 관심, 친밀한 자기노출 등의 만성적인 결여
- 만성적인 폭식, 외도, 쇼핑, 수면, 분노 및 복수에 대한 욕구, 파트너를 떠나고 싶은 충동
- 파트너를 매력적으로 느끼지 않고 만성적으로 파트너의 신체적 결점에 집중함
- 아래와 같은 만성적인 내면의 소음
- 자기 비난과 파트너를 화나게 하는 것에 대한 두려움
- 파트너에 대한 지나친 배려
- 파트너가 나를 비난하고 민망하게 느낀다는 생각
- 파트너에 대한 강하고 지속적인 부정적인 판단
- 질투와 불신
- 파트너를 통제하려는 욕구
- 파트너에게 휘둘리거나 통제당하는 것에 대한 두려움
- 파트너가 이전에 준 상처를 계속해서 떠올리며 더 답답해하고 파트너가 변하지 않으면 아무것도 달라지지 않을 것이라

는 무력감
- 파트너에게 버림받을 것이라는 두려움

이런 감정, 신념, 행동은 대부분의 관계에서 흔히 볼 수 있는 것이므로 자신이 이런 경험을 어느 정도 하고 있다고 해서 너무 놀라지 않기를 바란다. 문제는 이런 경험들이 만성적이고 지배적이 될 때 발생한다. 이 경우 관계는 점점 더 악화되고 결국 파멸에 이를 수 있다.

요약

지금까지 너무 많은 주제를 다루었기 때문에 구체적인 해결책을 논의하기 전에 핵심 주제를 간략히 정리해 보겠다. 우리 모두는 트라우마와 관련된 상처뿐만 아니라 가족을 위협하거나 가족에 적응하지 못한 상처를 포함하여, 어린 시절부터 애착 상처를 지닌 파트들을 추방하는 법을 배웠다. 이런 추방자들은 친밀한 관계에 대한 극단적인 믿음과 감정을 가지고 있으며, 이를 보호하는 다른 파트들에게 보호받는다. 우리는 파트너가 이런 추방자들의 상처를 치유하고 기분을 좋게 해줄 사람이라고 믿도록 유도되어 왔다.

위의 설정은 여러 이유로 문제가 된다. 첫째, 파트너는 우리의 추방자가 가지고 있는 무가치함과 고통을 영구적으로 없애줄 수 없을 뿐만 아니라, 어느 시점에서는 애착 손상을 일으켜 우리에게 상처를 줄 가능성이 높다. 둘째, 우리 문화는 파트너에 대한 의존도를 높이고 파트너와 온전히 함께할 수 있는 능력을 제한하는 신념과 구조로 가득 차 있다. 셋째, 우리는 종종 잘못된 이유로, 또 잘못된 파트들이 파트너를 선택한다.

불가피하게 파트너가 우리의 추방자에게 상처를 주면, 보호자 파트들은 파트너를 바꾸거나 자신을 바꾸거나 포기하는 세 가지 프로젝트 중 하나를 시작하게 된다. 이런 프로젝트뿐 아니라 다른 이유들로 인해, 우리와 파트너는 관계에서 배제되는 것에 분개하고 관계를 방해하려는 신추방자를 만나게 된다. 충분히 상처 받은 후에는 보호자 파트들이 관계를 완전히 장악하고, 커플은 부정적 경험이 만연한 상태negative overide로 들어가게 된다. 커플은 이제 더는 애정 표현을 하지 않고, 상대가 애정 표현을 시작하려 하면 이를 거부한다. 이들의 갈등은 비판, 경멸, 방어, 담쌓기와 같은 종말의 네 명의 기사로 특징지어진다. 이런 관계는 암울하다.

이 딜레마에는 해결책이 있으며, 이 책의 후반부에서는 이에 대해 구체적으로 살펴볼 것이다. 지금까지 그 해결책에 대한 힌트를 줬는데, 여기서 그 힌트를 다시 한번 살펴보겠다.

당신이 당신의 추방자들을 돌보는 주 양육자가 되면 파트너는 보조 양육자가 될 수 있다. 이것이 달성되면 모든 것이 개선된다. 그러나 그렇게 되려면 두 파트너 모두 자신의 초점을 외부에서 내면으로 유턴을 하고, 자신을 단일한 인격체로 보는 관점에서 다중성의 관점으로 전환해야 한다. 그러면 두 사람은 관계에서 발생하는 피할 수 없는 자극에 대해 세 가지 프로젝트를 수행하는 대신, 이를 내면 탐색의 시작점으로 삼아 내면으로 들어가 거기에서 발견한 보호자 파트들과 추방자를 도울 수 있다.

이 과정을 통해 각 파트너는 상처를 받을 때 곧바로 일어나는 자기 보호적 행동뿐만 아니라, 누가 보호되고 있는지, 과거 어디에 그것이 고착되어 있는지(원래의 애착 손상)를 포함하여 파트너로 인해 자극되었을 때 내면에서 어떤 일이 일어나고 있는지 알 수 있다. 그런 다음, 파트너에게 돌아가 파트가 직접 얘기하게 하는 것이 아니라 파트를 대변해서 이야기하는 것이다. 이는 두 가지 효과가 있다. 첫째, 파트너는 보호자로부터 직접 공격을 받지 않으므로 존중과 연민의 입장에서 당신의 보호적 반응에 대해 들을 수 있다. 둘째, 파트너는 자신이 미친 영향에 대해 보다 완전한 정보를 얻을 수 있다. 이 이상적인 그림에는(항상 그런 것은 아니지만), 파트너로부터 상처 받은 당신의 취약한 추방자에 대한 정보와 과거에 그러한 추방자가 어디에 갇혀 있었는지에 대한 정보가 포함되어 있다. 또한 여기에는 당신의 신추방자에 대한 정보도 있다.

그런 다음 당신은 파트너와 함께 서로를 계속 자극하지 않거나 신추방자를 수용하기 위한 방법 등 변화를 위해 할 수 있는 것들에 대해 협상할 수 있다. 그렇게 되면 어려운 문제를 다룰 때에도 서로가 연결 상태를 유지하면서 관계에서 원하는 변화에 대해 명확히 말할 수 있다. 각자가 세상으로부터 숨겨왔던 파트들을 파트너에게 드러내도 안전하다고 느끼게 되면서 두 사람은 서로에 대한 포용감과 친밀감과 수용감이 커진다. 이 상태에서는 두 사람 모두 자연스럽게 애정 표현을 주고받을 수 있다. 마음이 열려 있고 참나의 특성, 특히 호기심, 연민, 명확성, 용기, 침착함에 접근할 수 있기 때문에 의사소통 기술을 배우지 않아도 능숙하고 애정 어린 의사소통을 할 수 있다.

물론 이 과정이 항상 순조롭게 진행되는 것은 아니며, 때때로 보호자 파트들이 장악하여 자신을 표현하기 위해 네 명의 기사 중 하나를 사용할 수도 있다. 그러나 다음 두 가지 조건이 충족되면 이런 일이 일어나도 커플 간의 연결이 손상되지 않거나 손상은 일시적일 것이다. 첫째, 파트의 공격을 받는 사람은 참나 리더십을 유지한다. 즉, 공격이 파트너의 파트로부터 오는 것임을 알고, 자신의 추방자들을 위로하며, IFS 치료사 모나 바르베라Mona Barbera의 말을 빌리자면 "추방자가 이전에 받지 못한 더 좋은 보살핌과 사랑을 준다".[8] 파트너의 극단적인 보호자 앞에서 참나 리더십 유지하는 것은 힘들고, 당신이 상당한 수준의 내적 치유를 하기 전까지는 이것을 지속적으로 기대하는 것은 비현실적이다.

당신은 자주 보호자 파트들이 직접 반응하게 하고 이로 인해 '파트 전쟁'이 이어질 수 있다. 파트너의 추방자가 상처를 받더라도 이는 대부분 회복될 수 있기 때문에 패닉에 빠질 이유가 없다. 따라서 두 번째 조건은, 나중에 두 사람 모두 자기 내면의 상처뿐 아니라 상대의 내면의 상처를 치유하는 것이다. 이를 위해 우리가 무엇을 할 수 있는지에 대해서는 다음 장에서 설명하도록 하겠다.

이 두 가지를 할 수 있을 때, 당신과 파트너는 용기 있는 사랑에 더불어 탄력적인 친밀감을 경험할 수 있다. 또한 파트너는 서로에게 토멘토가 되어 애정 어린 관심이 필요한 상처를 드러내어 서로의 치유를 돕는다.

4장

참나 리더십을 향한 성장의 예

CHAPTER 4
AN EXAMPLE OF GROWING
TOWARD SELF-LEADERSHIP

외과 의사 케빈의 이야기*

지금까지 논의한 개념을 설명하기 위해 미국의 성공 스토리를 대표하는 나의 내담자 케빈 브래디Kevin Brady를 소개하겠다. 케빈은 똑똑하고 카리스마 넘치는 인물로, 대학 병원의 외과장이자 의과대학에서 많은 존경을 받는 임상 교수였다. 50대 초반이라는 젊은 나이에 이미 의학 저널에 여러 논문을 발표했고, 미국 전역에서 널리 사용되는 두 가지 수술 도구를 발명하기도 했다. 그의 외과 병동은 미국 중서부에서 가장 존경받는 곳으로 자리 잡았고, 젊은 레지던트들은 날카로운 혀의 소유자이자 어리석은 행동을 용서하지 않기로 유명한 그를 무서워했

---

* 이 사례에서는 이름과 세부 사항이 변경되었다. Richard C. Schwartz, "Don't look back", *Family Therapy Networker* (March/April 1997): 40~45에서 차용되었다.

다. 겉으로 보기엔 그의 삶은 완벽했다. 그는 커리어를 성공적으로 쌓은 지적인 여성과 결혼했고, 지역 유명 4중주단에서 바이올린을 연주하는 아들과 아이비리그 대학에 조기 입학한 딸을 두고 있었다.

내가 케빈을 처음 만났을 때, 그는 대화를 통제하려는 남성에게 흔히 나타나는 위압적인 분위기를 풍겼다. 특히 예상치 못한 상황에서는 그 태도가 더욱 강하게 드러났다. 그는 적절한 침묵이나 경멸 어린 표정을 통해 내가 그의 말을 따라야 한다는 것을 금방 알 수 있게 했다. 미국 남성들이 처음 만나게 되면 일종의 '냄새 맡기 의식'이 벌어지는데, 특히 한쪽이 내담자이고 다른 한쪽이 치료사일 때는 그 긴장감이 더 고조된다. 보통 나는 이 의식에 참여하면서도 이를 즐기는 여유를 가지곤 하는데, 위압적인 브래디 박사와의 첫 만남에서는 잘못된 행동을 하지 않으려 애쓰느라 그 순간을 즐길 여유가 없었다.

트라우마의 영향

권력 지향적인 보호자 파트는 종종 무력감을 경험한 사람들에게 나타난다. 이는 자연스럽게 트라우마라는 주제로 우리를 데려간다. 세상에 온전히 존재하기 위해서는 우리가 세상에 속해 있다는 믿음, 즉 우리보다 더 큰 신과 같은 절대적 존재, 문화, 부모와 같은 양육자가 우리를 지지하고 있다는 믿음이 있어야 한다. 그러나 다양한 종류의 트라우마는 이 세 가지 차원에 대한 우리의 믿음을 근본적으로 흔들어놓는다.

안타깝게도 성 학대 및 신체적 학대, 갑작스러운 분노, 유기 위협, 지속적인 수치심 등 능동적인 학대는 물론이고, 방임과 유기와 같은 수동적인 학대에서도 양육자가 가한 트라우마로 인해 아이들은 모든 차원에서 자신이 취약하다고 느끼게 된다. 그 어떤 것도 안전해 보이지 않기 때문에 아이들은 경계를 늦출 수 없고, 결과적으로 이런 트라우마로 인해 생겨난 취약한 파트들을 추방하게 된다. 이에 따라 우리의 삶은 트라우마가 발생한 과거에 정서적으로 얼어붙어 있고 "다시는 이런 일이 일어나지 않게 하겠다"라는 강한 다짐을 가진 보호자 파트에게 지배되게 된다.

이런 보호자들은 트라우마를 겪은 사람이 다시는 신뢰하거나, 마음을 열거나, 순진해지거나, 자발적이거나, 장난기 있거나, 사랑할 수 있게 허용하지 않는다. 보호자 파트들은 이런 특성을 가진 파트들이 결코 빛을 보지 못하게 한다. 트라우마로 고통 받는 많은 내담자들은 내면에 보초 역할을 하는 보호자 파트들이 끊임없이 위험을 감지하고, 과거에 일어난 원트라우마 original trauma와 유사한 상호작용에 과도하게 반응하는 과잉 경계 상태를 보인다.

"다시는 이런 일이 일어나게 하지 않겠다"라는 보호자 파트들의 신념은 통제력에도 작용한다. 트라우마를 경험한 사람들은 종종 무의식적으로 다시는 자신이 그렇게 무력해지지 않겠다고 결심한다. 케빈 브래디와 같은 일부 사람들은 끊임없이 삶에서 사람들과 사건을 통제하려 노력하며, 이를 통해 더는 상처 받지 않으려 한다. 이들은 종종 높은 성취를 이루어 권력과 특권을 가진 지위에 올라 자신의 삶을 가능한 한 안전하게 만들 수 있는 자원을 확보한다. 반면에, 또 다른 사람들은 사람들을 피하고 무자비해 보이는 세상으로부터 숨어버리는 방식으로 통제권을 행사한다. 어느 쪽이든 그들의 삶은 예측 가능하게 되고, 아무도 그들에게 상처를 줄 만큼 가까이 다가오지 않는다. 이런 통제된 삶에서 오는 지루함과 외로움은 다시 상처 받는 위협을 최소화하기 위해 기꺼이 치러야 하는 작은 대가처럼 보인다.

9·11 테러가 미국의 세계관과 세계를 통제할 필요성을 일깨웠던 것과 마찬가지로, 학대나 방임으로 충격을 받은 사람들은 자신의 작은 세상을 보호하고 통제하기 위해 자기 내면의 펜타곤(미 국무성)을 과도하게 확장한다. 이런 보호자 파트들에게

현재 그들이 처한 환경은 그들이 실제로 위험에 처했던 과거만큼이나 여전히 위험해 보인다.

그렇다면 케빈은 무엇 때문에 세상이 그렇게 위험하다고 느끼게 되었을까? 일리노이 남부에서 의사였던 케빈의 아버지는 케빈이 일곱 살 때 어머니와 이혼하고 다른 주로 이주해 재혼을 했다. 그 후 아버지는 케빈에게 양육비를 지급하지도 않았고, 아들에게 와보지도 않았다. 케빈의 어머니는 병원 접수원으로 일하면서 여러 남자들을 거치며 불행한 관계를 이어갔는데, 그중 한 명은 케빈이 보는 앞에서 어머니를 때리기도 했다. 외아들이었던 케빈은 어머니가 자신이 곁에 없기를 바란다는 것을 종종 느꼈다. 아버지에게 버림받고 어머니의 정서적 방치 속에서도 케빈은 학업에 몰두하여 고등학교에서 전 과목에서 A를 받았다. 그는 거절과 굴욕 없는 삶을 살겠다고 묵묵히 다짐했고, 실제로 그렇게 해냈다. 그는 우수한 대학과 의과대학에서 장학금과 펠로십을 받았으며 한 번도 뒤를 돌아보지 않았다. 결혼 후에도 케빈은 자신의 성장 환경이 어려웠던 것에 원망을 표출한 적이 없었다. 그는 겉으로는 회복탄성을 타고난 사람처럼 보였다.

케빈은 자신이 사람들에게 잔인할 정도로 솔직하다는 점에 자부심을 가지고 있었지만, 부정denial에는 달인이었다. 그는 누군가에게 화를 낼 수는 있지만, 그의 배경 때문에 분노를 제외한 다른 감정은 인정하지 않거나 축소하며 살아왔다. 문화인류학자 어니스트 베커Ernest Becker는 "인간이 자신의 상태를 완전히 이해하게 되면 그는 미쳐버릴 것이다"[1]라고 말했다. 케빈과 같은 많은 사람들은 자신의 어린 시절이 얼마나 고통스러웠는지를 완전히 이해한다면 울음을 멈추지 못하고, 일을 할 수 없으며, '신경쇠약'에 걸리는 등 미쳐버릴 것이라고 믿는다.

케빈의 보호자 파트들

케빈과의 첫 번째 세션에서 나는 내게 말을 건네는 케빈의 파트들에 대해 생각해 보았다. 냉담한 오만함으로 관계를 지배하고 사람들과 거리를 두려는 통제자 파트, 내가 위험한지 스캔하는 감시병 파트, 그를 성공으로 이끈 완벽주의자 파트, 그리고 아내가 자신에게 매우 화를 낸다는 것 외에는 문제가 없다고 부인하는 파트들이 분명히 존재했다.

첫 상담이 시작되기 2주 전, 케빈의 아내 헬렌Helen은 이미 지쳐 있었다. 30년 넘게 그녀는 자신의 옷 취향, 자녀 양육, 정치적 견해, 교육, 지능, 논리에 대한 남편의 잔소리를 견뎌왔다.

그녀는 오랜 시간 직장에서 일하고 자신을 위해 시간을 내주지 않는 남편의 모습에 지쳤다. 그녀는 언제 케빈이 기분 나쁜 상태로 집에 와서 자신과 아이들을 힘들게 할지 몰랐고, 가족 모두가 케빈을 자극하지 않도록 극도로 조심했다. 헬렌은 디너 파티에서 케빈이 경멸적인 태도로 끼어들고 공공장소에서 그녀를 멍청하다고 무시하는 것을 더는 참을 수 없었다. 아이들이 A가 많은 성적표를 가지고 와도 케빈은 B에 집중을 했다. 이제 막내가 고등학교 졸업을 앞두고 있는 상황에서 헬렌은 자유롭게 풀타임으로 일하고 번 돈을 별도의 계좌에 넣을 수 있게 되었다. 그녀는 이제 케빈의 헛소리를 더는 듣지 않았고, 그가 변하지 않으면 그를 떠날 생각이었다. 그녀는 나보다 케빈의 이런 파트들을 훨씬 더 잘 알고 있었다.

케빈의 저격성 발언, 완벽주의, 방어적인 태도, 일중독, 변덕스러움 등은 모두 그의 내면에서 작동하고 있는 보호자 파트들로부터 비롯된 것이었고, 그들은 단지 자신의 역할을 수행하고 있을 뿐이었다. 그들의 임무는 다시는 케빈이 상처를 입도록 내버려두지 않겠다는 것이며, 이 과정에서 다른 사람들에게 상처를 주더라도 어쩔 수 없는 것이었다. 그들은 케빈이 덜 취약해질 때까지 그를 계속 보호해야 한다고 느꼈고, 그것이 유일한 선택이라 믿었다. 헬렌이나 내가 케빈의 잘못을 지적하는 것은 부질없는 짓이었고, 그러면 그는 더 수치심을 느꼈으며, 그럴수록 그는 더욱 방어적으로 되었다. 나는 케빈의 보호자 파트들로 구성된 경비대를 통과할 방법을 찾아야 했다.

금이 간 요새

케빈의 성격에 대한 헬렌의 공격은 역효과를 냈지만, 떠나겠다는 그녀의 새로운 결심은 그대로였다. 레너드 코헨Leonard Cohen의 "균열이 있어, 모든 것에는 균열이 있네. 그게 바로 빛이 들어오는 방법이지"라는 노래 가사[2]처럼, 헬렌의 위협으로 케빈의 요새에는 몇 개의 균열이 생겼지만 얼마나 많은 빛이 들어올지는 아직 확실하지 않았다.

헬렌의 최후통첩을 받은 케빈은 심리치료를 받기로 동의했지만, 몇 번의 커플상담 후 나를 개별적으로 만나자고 요청했다. 혼자 상담에 왔을 때 그는 심리 치료에 대해 별로 진지하게 생각해 본 적이 없고, 일반적으로 감정에 대해서도 별로 생각해 본 적이 없다고 말하고는, 헬렌이 왜 그렇게 예민한지 이해할 수 없다고 덧붙였다. 물론 그는 자신이 높은 기준을 가지고 있으며, 누구보다 스스로에게 엄격했고 그 덕분에 자기가 성공하게 되었다고 말했다. 그는 때때로 자신이 까다롭고 비판적이라는 것을 인정했지만, 그것은 생명을 다루는 외과의사라는 높은 압박감에서 비롯된다고 주장했다. 정밀검사에서 치명적인 결함을 찾아내는 그의 능력은 레지던트들 사이에서 전설로 통하고, 그 덕분에 친구를 얻지는 못했지만 존경을 받았고 때로는 그 때문에 생명을 구하기도 했다고 말했다. 마찬가지로, 그는 자녀들이 자신을 사랑할 필요는 없지만, 자신을 존중하고 자신의 조언을 따르기를 바랐다. 그러던 중, 예상치 못한 말투의 변화와 함께 그는 헬렌이 정말 자신을 떠날까 봐 두렵다고 말했다. 헬렌 없이 어떻게 살아갈지 모르겠다고. 추방된 케빈의 취약한 파트가 작은 균열을 발견하고 밖으로 빠져나온 것이다.

나는 케빈이 이런 종류의 취약성을 느끼는 것이 얼마나 드물고 또 혼란스러울지 감지했다. 나는 추방당한 케빈의 파트가 환영받고 안전하다고 느끼게 하고 싶었지만, 그의 보호자 파트가 나의 모든 행동을 지켜보고 있다는 내 보호자 파트들의 감을 신뢰할 정도로 나는 내 보호자 파트들을 잘 알았다. 내 매니저 파트들이 그랬던 것처럼, 케빈의 매니저 파트들도 내가 그의 열린 마음을 어떻게든 악용할까 봐 두려워했고, 추방된 파트가 나에게 힘을 실어준 것에 대해 비난하고 있었다. 나는 매우 조심스럽게 반응해야 했다.

헬렌이 자신을 떠날까 봐 두려워한다고 말하며 추방자가 케빈이 만든 견고한 요새에 작은 균열을 냈을 때, 나는 그 균열을 더는 넓히지 않는 것이 낫다는 것을 알았다. 그 대신, 나는 그 두려움이 얼마나 이해할 만한 일인지, 과거에 나도 파트너들이 떠났을 때 얼마나 큰 충격을 받았는지 강조함으로써 경계심이 강한 그의 매니저들을 안심시키려고 노력했다. 그런 다음 나는 그 민감한 주제에서 벗어나 나와 함께 상담을 하는 기분이 어떤지 물었다. 나는 다른 남자들과 대화를 할 때 내 결점이나 취약점을 드러내는 것을 어려워한다고 말하며, 그는 어떤지 궁금하다고 했다. 케빈은 자신이 두려워하는 것은 거의 없다고 대답했지만 나와 함께 이 자리에 있는 것이 불편하다는 것을 인정했다. 그는 누구에게도 도움을 요청하는 것을 좋아하지 않았고 자신의 독립심을 자랑스럽게 생각했다. 하지만 가정의 불화와 그로 인한 지속적인 스트레스가 있었기에 어쩌면 내가 도움이 될 수 있을지도 모른다고 말했다. 균열은 저절로 넓어지고 있었다.

보호자 파트들의 두려움

다음 여섯 차례의 세션 동안 케빈과 나는 그가 나에게 자신을 드러내는 것에 대한 두려움의 목록을 하나씩 만들어나갔다. 그는 자신이 울음을 터뜨릴까 봐 걱정했는데, 어렸을 때부터 그는 한 번도 울어본 적이 없다고 했다. 그는 어리석은 뉴에이지 속임수* 같은 것을 시도하고 싶지 않으며, 리서치를 통해 검증된 치료법에만 참여하고 싶다고 경고했다. 그는 또한, 자신의 문제를 부모나 사회 탓으로 돌리며 훌쩍거리고 징징대는 피해자들을 경멸했고, 자신은 결코 그렇게 되지 않을 것이라고 다짐했다. 그는 자신이 내면의 고통을 이야기하면 내가 자신을 한 수 아래로 볼까 봐 두려워했다. 그는 자신의 내면에 무엇이 있는지 잘 몰랐고, 아마 별게 없을 것이라고 주장했다. 그는 자신의 인생에서 일어났던 특정 사건들을 다시는 생각조차 하고 싶지 않다고 말했다. 그는 고통과 수치심의 블랙홀에 빠지는 것을 두려워했다.

나는 케빈의 모든 두려움을 진지하게 받아들였다. 특히 블

---

* **옮긴이 주** 뉴에이지New Age는 20세기 중반부터 등장한 문화적·영적 운동으로, 전통 종교나 과학적 관점과는 다른 대안적인 개인적 성장과 영적 탐구를 강조한다. 명상, 요가, 에너지 치유, 차크라, 크리스털, 점성술, 영매술 등이 뉴에이지 활동에 포함될 수 있다. 뉴에이지는 개인의 자유로운 영적 탐구를 지향하지만, 전통적 가치나 과학적 사고와의 갈등 때문에 부정적으로 비칠 수 있다.

랙홀에 빠지는 것에 대한 두려움을 진지하게 받아들였다. 나는 그에게, 과거의 사건으로 인해 상처 받은 파트들을 마주칠 수 있지만 그것에 압도되지 않고도 치유할 수 있는 방법이 있다고 알려주었다. 그리고 이 과정에서 약간의 눈물이 날 수는 있겠지만, 그것은 연민에서 비롯된 치유의 눈물이 될 것이며 일시적일 것이라고 설명했다. 우리는 그가 고통을 내려놓게 해서 더는 블랙홀을 두려워하지 않도록 할 수 있다고 말했다.

하지만 나는 이 모든 것이 전적으로 그의 선택임을 분명히 했다. 나는 케빈에게 절대 압력을 가하지 않겠다고 약속했고, 그가 원하지 않는다면 그 결정을 전적으로 존중할 것이라고 말했다. 내 경험을 통해 나는 내면 작업을 하는 것이 얼마나 무서울 수 있는지 이해하고 있었기 때문이다.

내가 케빈에게 말한 것은 사실이고 나는 정말 그것을 이해한다. 평생 동안 고통을 피한 후에 나는 발로 차고 비명을 지르며 고통을 향해 나아갔다. 그리고 케빈처럼 나도 고통에 온전히 사로잡혀 있었기 때문에 그곳에 갔을 뿐이다. 상황이 내 보호자 파트들이 만든 요새에 균열을 냈고, 케빈과 마찬가지로 나도 어린 시절부터 추방된 감정을 더는 억누를 수 없었다. 게다가 나는 내담자들이 자신의 감정을 다룰 수 있도록 돕는 치료사였다.

이 과정은 케빈처럼 취약한 감정이 자극되지 않도록 애쓰면서 살아온 사람에게는 훨씬 더 큰 도전이 된다. 그는 병원 응급실에서 엄청난 고통을 목격했지만, 임상적 객관성을 잃을까 봐 고통을 경험하지 않도록 훈련받았다. 그는 자신을 전쟁터에서 일하는 것으로 간주했고 금욕적인 군 지휘관의 분위기를 풍겼다. 일과 사생활에서 감정은 그가 원하는 것이 아니었다.

나의 추방자 중 한 명이 처음 노출된 후, 나는 상담 중에 내 치료사에게 큰 상처를 주었다. 나는 치료사가 나에 대한 존경심을 잃었다고 확신하며, 그녀가 나를 어떻게 생각하는지 집요하게 몰아붙였다. 게다가 나는 경험이 많은 치료사였기 때문에 그녀가 무엇을 잘못하고 있는지 알려주었고, 그녀가 나와 함께 일할 만큼 강하지 않다고까지 말했다. 나는 불쾌할 정도로 저항이 강한 내담자였다. 다행히도 내 치료사는 놀라운 인내심으로 나를 대하며, 내 내면의 보호자 파트들에게 필요한 안심을 주었고, 그 파트들이 통제할 수 있게 해주었다. 결국 그녀는 모든 테스트를 통과했고 나의 파트들은 물러서서 그녀에게 마음의 문을 열어주었다. 나는 추방자의 땅으로 가는 고통스러운 여정에 그녀가 나를 동반할 수 있게 허락했다.

이 경험을 통해 나는 케빈이 내가 자신의 내면 여정에 동반자가 되도록 허락할지 말지 여부를 결정하기 전에 충분한 시간을 주기로 결심했다. 그의 매니저 파트들이 나를 철저히 파악하고, 그들이 어떤 상황으로 들어가는지 파악하는 데 필요한 시간을 얼마든지 가질 수 있도록 기꺼이 허락했다. 케빈을 보호하는 것이 그들의 의무였고, 내가 케빈에게 더는 상처를 주지 않고 진정으로 도움이 될 수 있다는 확신이 들기 전까지는 그들이 나에게 이의를 제기할 권리가 있음을 존중했다.

내면으로 들어가기

한 세션에서, 나는 케빈에게 긴장을 풀고 눈을 감고 내면으로 들어가 그의 비판적인 생각들에 집중해 보라고 제안했다. 그리고 그 비판적이 생각들이 자신과 타인을 가혹하게 판단하는 것을 멈추면 어떤 일이 일어날까 두려워하는지 물어보라고 했다. 케빈의 첫 번째 반응은 다소 냉소적이었다. 그는 그런 식으로 자신에게 말을 하는 것이 어리석게 느껴진다고 했다. 나는 비록 그에게는 어리석게 보이더라도, 이것을 자신의 생각과 감정을 더 잘 알아보기 위한 간단한 실험으로 생각하고 시도해 보라고 권했다. 마지못해 그는 내 요청을 받아들였고, 진지한 표정으로 약 30초간 침묵을 유지했다. 그런 다음 케빈은 "내가 상처 받을 거야"라는 말을 들었다고 말했다. 하지만 곧바로 "그건 말도 안 돼요. 어떻게 그렇게 비판적인 태도를 취하는 것이 제가 상처 받지 않도록 보호할 수 있는 거죠?"라고 덧붙였다. 나는 그에게 그 질문을 마음속으로 다시 던져보라고 말했고, 결국 그의 내면의 비판자는 그가 다른 사람들을 비판하면 그들은 상처를 줄 만큼 가까이 다가오지 않을 것이라고 대답했다. 그리고 자신을 공격하면 다른 사람이 비판할 틈도 없을 만큼 열심히 노력하고 완벽해질 것이라고 말했다. 나는 케빈에게 이 파트가 자신을 보호해준 것에 대해 감사를 표할 수 있는지 물었다. 그러자 케빈은 머리를 조이던 띠가 풀리는 듯한 느낌을 받았다고 말했다.

나는 그에게 이 비판자가 누구를 보호하는지 물어보라고 했다. 그는 즉시 마음의 눈으로 두껍고 무거운 문이 달린 커다란 벽을 보았고, 그 뒤에 자신의 고통이 감춰져 있다는 내면의 목소리를 들었다. 나는 속도를 늦추기로 했다. 지금 우리는 그가 고통에 접촉하지 못하도록 막고 있는 벽을 마주하고 있는 것이다. 나는 계속 진행해도 된다는 완전한 동의와 허락을 받고 싶었다. 그렇게 케빈과 나는 고통을 향해 나아가는 것이 안전한지에 대해 가늠하느라 두 번의 세션을 더 보냈다. 우리는 그의 두려움 하나하나를 다시 한번 살펴보고 각 두려움을 어떻게 다룰 수 있을지 논의했다. 그런 다음 다시 내면으로 들어가서 우리가 앞으로 나아가는 데 반대하는 파트들이 있는지 물어보라고 했다. 그는 아무것도 듣지 못했다고 말했다. 우리는 다시 비판자와 접촉을 했고, 그 파트는 우리가 계속 진행할 수 있도록 허락해 주었다. 우리는 다음 세션에 그 문으로 다시 돌아오기로 했다. 이 여정은 마치 심연으로 들어가는 것 같았다.

자살 파트

물론 치료 여정은 그리 쉽게 진행되지 않았다. 케빈은 다음 세션에 와서 일주일 내내 자살 충동을 느꼈다고 말했다. 그는 자신이 기억할 수 있는 한 오랫동안 자살에 대한 생각이 마음 한구석에 자리 잡고 있었다고 말했다. 어떤 면에서는 자살에 대한 생각이 위로가 되기도 했다고. 케빈은 과거에 몇 번 자살 충동을 강하게 느낀 적이 있었고 지금도 자살 충동을 강하게 느낀다고 했다. 그는 그 충동을 행동으로 옮긴 적은 없지만 이번에는 그럴지도 모른다는 공포를 느끼고 있었다. 나는 자살 충동을 몹시 두려워하는 파트들을 안심시키며 그 역할에서 벗어날 수 있도록 도와주었고, 그 후 그 파트들은 우리가 자살 파트와 작업할 수 있도록 허락해 주었다.

슈워츠   계속해서 그 자살 파트의 목소리에 집중해 보세요. 그 파트는 방 안에 있고 당신은 방 밖에 있는 것으로 시작해 보죠.

케빈   네, 그 파트는 방 안에 있어요.

슈워츠   그 파트를 바라보면서 어떤 마음이 드나요?

케빈   그 파트를 가둬두니 안심이 돼요. 그 파트는 검은 후드를 쓰고 있는데 정말 무서워요.

슈워츠   두려움을 느끼는 파트들에게 한발 물러나서 당신과 제가 그 파트를 알아갈 수 있게 해달라고 요청해 보세요. 그들이 안전하다고 생각할 때까지는 그 방에 들어가지 않겠다고 알려주세요.

케빈   두려워하는 파트들은 제가 그 파트를 알아가는 것을 원하지 않아요. 그들은 그 파트가 계속 갇혀 있기를 원해요.

슈워츠   그 마음도 이해가 돼요. 하지만 우리의 목표는 자살 파트를 이 무서운 역할에서 벗어나도록 도와주어, 다른 파트들이 더는 그 파트를 두려워하지 않도록 하는 거예요. 하지만 이 파트들이 너무 두려워하면 그렇게 할 수 없어요.

케빈   이 파트들이 뒤로 물러나서 지켜보겠지만, 필요하다면 언제든지 다시 끼어들겠다고 해요.

슈워츠 괜찮아요. 이제 자살 파트를 바라보면서 어떤 마음이 드나요?

케빈 (침착하게) 왜 내가 죽기를 바라는지 알고 싶어요.

슈워츠 방 밖에서 물어보세요.

케빈 그 파트는 내가 죽어 마땅하다고 해요.

슈워츠 당신이 죽지 않으면 무슨 일이 일어날까 봐 두려워하는지 물어보세요.

케빈 내가 계속 사람들을 해칠 거라고 해요.

슈워츠 그러니까 그 파트는 당신이 사람들에게 상처를 주지 못하게 하려는 거군요, 맞나요?

케빈 그 파트가 그렇게 말을 해요. 하지만 전 사람들을 돕는 사람이에요. 전 의사라고요!

슈워츠 지금 당신을 방어하려는 파트에게 한발 물러나 달라고 부탁해 보세요. 그리고 나서 저 후드를 쓴 남자가 사람들에게 상처를 주는 것에 대해 당신에게 알려주려고 하는 게 있는지 물어보세요.

케빈 (긴 침묵 후) 엄마한테 소리를 지르는 제 모습이 보여요. 엄마가 지금 울고 있어요.

슈워츠 당신이 몇 살 정도로 보이나요?

케빈 일곱 살 정도요. 아버지는 방금 우리를 떠났어요. 저는 아버지를 떠나게 한 엄마를 원망하고 있고, 엄마는 망가졌어요. 절대 그러지 말았어야 했어요. 저는 엄마도 떠날까 봐 두려웠어요.

슈워츠 그 아이를 바라보면서 어떤 마음이 드나요?

케빈 (조용히 울면서) 정말 안쓰러워요. 엄마를 다시 화나게 하느니 차라리 죽겠다고 결심한 것은 당연한 일이에요.

내담자들이 벽, 동굴, 심연처럼 보이는 추방 영역 가장자리에 도달할 때 보호자 파트들의 활동(케빈의 경우 자살 충동)이 갑자기 증가하는 것은 드문 일이 아니다. 폭식을 하거나, 자해를 하거나, 치료사나 다른 사람들에게 분노하거나, 치료를 중단하거나, 다른 도시로 이사를 가거나, 케빈의 방식대로 떠나고 싶다는, 즉 강렬한 자살충동을 느낄 수 있다. 이전에 나는 이런 심각한 증상들이 나타나면 겁을 먹곤 했다. 내담자가 내가 생각했던 것보다 더 심각한 상태라고 생각했고, 약물 치료나 입원을 권하며 추방자의 영역에는 다가가지 못하고 물러서곤 했다.

이제 나는 그런 일들을 예측하게 되었고, 때로는 내담자에게 이런 일들이 있을 수 있다고 미리 알려주기도 한다. 이런 일들은 모든 파트들이 두려워하는 곳으로 다가가는 데 대한 자연스러운 최후의 반응이라는 것을 이해하게 되었다. 또한 이는 내담자의 파트들이 치료사가 당황하지 않고 현재에 머물 수 있는 능력을 최종적으로 테스트하는 역할을 하기도 한다. 내가 그렇게 할 수 있을 때, 케빈의 자살 파트와 그랬던 것처럼 세션이 잘 진행된다. 이는 약물이나 입원이 필요 없다는 뜻이 아니다. 다만, 증상이 나타나는 맥락을 이해하고 과잉 반응하지 않는 것이 중요하다는 것이다.

추방자의 치유를 돕기

자살 파트와 연결 한 후 케빈은 다시 고통의 문으로 돌아왔다. 다행히도 케빈은 내가 추방자들을 안전하게 치유하는 방법을 배운 후에 나에게 상담을 받으러 왔다. 나는 과거에 추방자들을 도우려 한 후에 내담자들이 보이는 무서운 반발 반응을 경험한 적이 있었기 때문에, 이제는 상담을 훨씬 더 조심스럽게 진행한다. 매니저 파트들이 가장 두려워하는 것이 바로 그런 반발 반응이기 때문에 나는 내담자들이 추방자들에게 완전히 장악되지 않고 그들에게 가까이 다가갈 수 있도록 돕는 방법을 찾아야 했다. 이 해결책은 너무나 간단해서 절대 할 생각을 하지 않는 뻔한 것 중 하나였다. 추방자들에게 다가갈 때, 그들이 가지고 있는 감정의 강도로 내담자의 내면 시스템을 압도하지 않도록 요청만 하면 되는 것이었다.

파트들은 자신의 감정의 강도를 우리에게 느끼게 하는 정도를 조절할 수 있다. 성에 갇힌 죄수처럼 추방자들은 수용소에 균열이 생길 때마다 반란을 시도한다. 그들은 도움을 받을 다른 방법이 없다고 생각하기 때문이다. 하지만 우리가 도와주러 온다는 것을 그들이 믿으면, 그들은 더는 우리를 압도하지 않고, 우리와 완전히 섞이지 않고도 우리가 그들과 상당히 가까워질 수 있게 허락을 해준다. 그러면 내담자들은 추방자의 감정을 느낄 수 있지만, 시스템에 위협이 될 정도로 극심하게 느끼지는 않는다.

일단 내가 그 사실을 파악하자, 내담자들은 추방자들에게 더 가까이 다가가고, 그들과 함께 머물렀으며, 내담자가 진정으로 자신을 신경 쓴다는 것을 추방자들이 믿을 수 있을 정도로 내담자는 추방자들과 오래 머물러 있는 것이 가능하게 되었다. 어떤 경우에는 꽤 많은 시간이 걸렸고, 한 파트를 위로하는 데만 여러 세션을 보내기도 했다.

문 밖에서 나는 케빈에게 고통을 느끼는 파트에게 물어보라고 했다. 케빈이 그 방에 들어가서 다가갈 때 압도하지 않을 수 있겠는지. 케빈은 괜찮다고 속삭이는 목소리를 들었다. 그가 문을 열고 들어갔을 때 300미터 정도 떨어진 곳에 일곱 살짜리 소년이 웅크린 채 몸을 떨고 있는 것을 보았다. 그의 첫 반응은 그 아이의 취약성에 대한 혐오감이었지만, 내가 그 역겨워하는 파트를 찾아서 한발 물러나 달라고 부탁하자 케빈은 그 소년이 왜 그렇게 마음이 상했는지 몰라도 금세 그 아이에게 안타까움을 느꼈다. 나는 케빈이 그 아이에게 자신의 슬픈 마음과 걱정하는 마음을 전하라고 했다. 약간의 회유 끝에 케빈은 그 아이가 앉을 수 있게 하고 그 아이를 팔로 감싸 안아줄 수 있었다. 겉으로 보기에는 강인하고 차가워 보이는 이 남자가 그 아이를 어떻게 돌봐야 하는지 잘 아는 것 같아서 인상적이었다. 세션이 끝날 무렵, 그 아이는 케빈이 자신을 신경 쓰고 있다는 것을 믿기 시작했다고 말했다. 하지만 그 아이는 케빈에게 매일 자신과 함께 시간을 보내달라고 요청했다. 이 요청에 케빈의 보호자 파트 중 일부는 그 아이가 케빈의 모든 시간과 에너지를 빼앗아가서 아무것도 하지 못할 것이라고 생각했다. 하지만 결국 그들은 마지못해하며, 일주일 동안 그 아이와 시간을 보내겠다는 데 동의했다.

다음 세션에서 나는 케빈이 매일 아침 5분 동안 그 아이와 함께 시간을 보내고 하루 동안 가끔 그 아이를 떠올리며 약속을 지켰다는 사실에 놀랐다. 소년은 매우 행복해 보였고 동시에 놀라는 것 같았다. 처음으로 추방자들과 함께 지내려고 할 때 많은 내담자들은 이를 잊어버리고 (또는 더 정확하게는 보호자 파트가 잊어버리게 만든다) 추방자 파트는 버려진 느낌을 받는다. 케빈은 기억나지는 않지만 밤에 이상한 꿈을 꾸고, 혼자라는 느낌이 자주 든다고 말했다. 나는 그에게 이런 경험은 치료 과정에서 흔히 발생하는 일이라고 안심시켰다.

나는 케빈에게 그 아이가 보여주고자 하는 과거를 볼 준비가 되었는지 물었다. 그는 그렇다고 대답했고, 나는 그가 그 아이에게 고통스러웠던 과거를 보여달라고 요청해 보라고 했다. 그러자 그는 즉시 뒷마당에 있는 골판지 냉장고 포장 박스 안에서 몸을 웅크리고 떨고 있는 일곱 살 소년의 모습을 보았다. 소년의 부모님은 집안에서 싸우고 있었고, 그는 창문을 통해 울려 퍼지는 고함을 들을 수 있었다. 그는 집 안에서 일어나는 부모님의 싸움을 지켜보고 있었고, 부모님은 케빈이 느끼는 공포를 알아차리지 못했다. 아버지가 어머니를 때리고 어머니가 집을 나가겠다고 비명을 지르던 순간, 소년은 숨기 위해 밖으로 뛰쳐나갔고, 부모님이 그를 찾을 때까지 몇 시간 동안 그 포장 박스 안에서 떨고 있었다. 이것은 케빈이 목격한 배신, 방치, 공포로 가득 찬 어린 시절의 많은 장면 중 하나였다. 처음에 케빈은 그 장면을 한참 바라보다가 "그래, 나는 상처 받았어. 그래서 뭐? 누구나 상처받을 수 있고, 이보다 훨씬 더 심한 경험을 한 사람도 많아"라고 말하곤 했다. 어떤 때는 어머니나 아버지가 왜 자신에게 더 잘할 수 없었는지에 대해 변명하듯 장황하게 설명하기도 했다. 나는 그에게 이런 말을 하고 소년의 고통을 목격하는 것을 방해하는 파트들을 찾아서 잠깐 다른 '방'으로 가 있어 달라고 부탁하게 했다. 그러면 우리가 나중에 그들을 찾아오겠다고.

방해하는 파트들이 사라지자 목격하기는 더 순조롭게 진행되었다. 그 싸움 직후, 케빈의 아버지는 가족을 떠났고 다시는 돌아오지 않았다. 그의 어머니는 여러 남자를 거쳤고, 그중 한 남자는 케빈의 면전에서 어머니를 구타했다. 그는 어머니가 종종 케빈이 없었으면 좋겠다고 생각하는 것을 느꼈고, 이런 깨달음은 아버지에게 버림받았다는 무가치함과 결합되어 사람들에게 의존하거나 가까이 가면 거절당하거나 버려질 것이라는 믿음을 낳았다. 케빈의 내면 비판자들은 "다시는 그렇게 되도록 내버려두지 않겠다"라고 다짐하며 그에게 학업에 매진하라고 독려했다. 그는 곧 학교에서 학업에 몰입하고 뛰어난 학업 성취를 통해 다른 사람들을 통제할 수 있다는 것을 알게 되었다.

케빈이 본 어린 시절의 고통스러운 장면들은 그가 억압하거나 잊어버렸던 사건이 아니라 오히려 감정적으로 거리를 두었던 것들이었다. 이제 그는 이것들을 매우 감정적이고 디테일이 풍부한 영화의 한 장면처럼 보았다. 가끔씩 그는 영화 속 주인공이 너무 안쓰러워서 연민의 눈물을 흘렸다. 각 장면이 끝날 때마다 그는 그 안에 있는 어린 소년을 껴안고 그에게 무슨 일이 있었는지 보여줘서 고맙다고 말했다. 그런 다음 그는 그 사건에서 느낀 감정이나 신념이 그의 몸 어디에 있는지 물었다. 일곱 살짜리 아이는 뱃속에 타오르고 있는 불덩이를 가지고 있었는데, 케빈은 이것을 소년의 뱃속에서 꺼내어 지평선 너머의 치유 장소로 던져버리는 것을 도왔다. 잠시 후 그것은 사파이어로 돌아와 소년의 심장을 둘러쌌다. 그다음 케빈은 잃어버린 아이들이 내면세계에서 안전하고 편안하게 머무를 수 있는 장소를 찾도록 도와주었다. 그들 중 한 명은 올라탈 수 있는 나무가 많은 정원으로 쉽게 갈 수 있는 햇볕이 잘 드는 방을 선택했다. 케빈은 앞으로 이 아이들을 더 잘 돌보고 바깥세상에서 일어난 일로 이 아이들이 상처를 받으면 격리하기보다는 위로해 주겠다고 다짐했다.

IFS에서는 파트가 가지고 있는 극단적인 감정이나 신념을 파악하고 떠나보내는 과정을 **마음의 짐 내려놓기**unburdening라고 하며, 이는 파트를 치유하는 것과 동일하다. 왜냐하면 일단 마음의 짐을 내려놓으면 마치 주문에서 풀려난 듯 파트들은 본연의 가치 있는 상태로 즉시 전환되는 경우가 많기 때문이다. 케빈의 잃어버린 아이들처럼 추방자들이 마음의 짐을 내려놓으면, 그들은 훨씬 덜 취약해져서 보호자 파트들이 경계를 풀고 새로운 역할을 찾게 된다.

매번 새로운 짐을 내려놓을 때마다, 한때 냉혹했던 케빈의 내면의 비판자도 긴장을 풀고 점차 진로 조언자라는 새로운 역할을 맡게 되었다. 여전히 날카로운 판단력을 가지고 있지만, 자신이나 다른 사람의 결점을 공격하는 대신 이 파트는 그를 응원했다. 그는 또한 그의 머리를 둘러싼 비판자의 띠가 녹아내림에 따라 수년간 힘들어했던 긴장성 두통에서 놓여났다.

추방자가 마음의 짐을 내려놓고 변형되는 것은 보호자 파트인 매니저들이 긴장을 풀게 하고 우리가 공격에 덜 취약하게 만들 수 있다. 이 작업 전에는 누군가, 특히 헬렌이 케빈에게 비판적이었다면, 그는 누군가 자신에게 화를 내는 것에 대한 불편함을 경험했을 뿐만 아니라, 그 비판이 자기 내면의 비판자에 의해 강화되어 수치심과 굴욕감의 깊은 웅덩이로 떨어졌을 것이다. 현재의 사소한 고통은 그의 애착 상처와 같은 과거의 모든 고통과 함께 울려 퍼지면서 증폭되었을 것이다. 우리가 케빈의 고통의 웅덩이를 퍼내자, 현재의 비판은 그에게 더는 상처를 주지 않았다. 헬렌이 자기를 버릴 것이라는 두려움에서도 같은 일이 일어났다. 이것으로 인해 신체적으로 느끼는 절망감, 즉 떨림과 메스꺼움이 더는 생기지 않았는데, 그 이유는 이것이 이제는 아버지가 떠났을 그 순간으로 케빈을 끌어당기지 않았기 때문이다. 게다가 그의 어린 파트들은 이제 헬렌이 그들을 버리더라도 케빈이 여전히 곁에 있을 것을 알고 있었다. 케빈이 그들의 주 양육자가 된 것이다.

케빈은 이제 무언가를 쫓아 끊임없이 한발 앞서 나가려고 더는 애쓸 필요가 없어진 것처럼 느껴진다고 말했다. 그의 내면은 한층 평화로워졌고 어머니를 바라보는 시각도 달라졌다. 한때 그는 어머니를 한 번도 사랑받지 못하고 사랑받을 자격이 없다고 믿었던 여성으로만 보았다. 그러나 이제 그는 어머니를 더 깊은 이해와 연민으로 바라볼 수 있었다. 그리고 케빈은 청소년기부터 어머니와 자신과의 관계를 괴롭혔던 어머니에 대한 억눌린 분노를 더는 느끼지 않게 되었다. 그는 자신의 과거를 잊으려 노력하면서 성인기를 보냈는데, 그러기 위해서는 과거에 더 가까이 다가가야 한다는 것이 아이러니하게 느껴진다고 말했다. 이것은 아이러니하게 보이고 많은 사람들에게는 받아들이기 어려운 아이디어이다. 케빈은 마침내 과거에 얽매이거나 미래에 대해 두려워하지 않는 파트들과 함께하면서 현재에 더 집중할 수 있게 되었다. 이런 과정은 그에게 삶을 더 넓게 살고 전체를 조망할 수 있는 새로운 관점을 선사해 주었다.

헬렌의 작업

지금까지 이 이야기에서 케빈과의 작업에 집중한 이유는 내가 이 기간 동안 헬렌보다 케빈과 더 많은 세션을 진행했고, 그와 함께한 작업이 커플 치료를 성공적으로 이끌기 위해 필수적인 추방자들과의 재연결 과정을 잘 보여주기 때문이다.

헬렌과 나는 여러 차례 개별 상담을 진행했고, 그 과정에서 헬렌은 케빈의 경멸, 일중독, 거리 두기에 의해 자극되는 자신의 내면에 집중했다. 예상대로, 그녀는 감정적으로 거리감 있는 아버지의 애정을 갈망하던 추방된 어린 소녀들, 또 그 취약한 추방자들을 보호하고 있는 분노한 보호자 파트들, 오랫동안 그녀의 삶을 지배해 왔지만 현재는 분노한 파트에 의해 억제되어 있는 돌보는 파트를 발견했다. 헬렌의 지하실에 있는 아이들, 즉 추방자들이 그녀가 자신들을 돌봐줄 것이라는 믿음을 가지게 되면서 그녀의 보호자 파트들의 분노는 줄어들었고, 이들은 케빈과의 상호작용에서 참나가 더 많이 주도하도록 허락해 주었다. 그렇다고 해서 헬렌이 갑자기 케빈을 보살피고 그에게 수용적인 태도를 보인 것은 아니었다. 그 대신 명확성, 용기, 자신감과 같은 참나 리더십의 다른 특성들을 발휘하기 시작했다. 치료 초기에는 각자와 따로 개별 세션을 많이 했는데, 간헐적으로 진행된 커플 세션에서 헬렌은 결코 다시는 케빈의 보호자 파트에게 자신을 맡기지 않겠다는 다짐을 보다 더 침착하게, 설득력 있게 말할 수 있게 되었다. 그녀는 세션에서뿐 아니라 집에서도 경멸 없이 강하게, 불친절하지 않으면서도 분명하게 말할 수 있게 되었다.

헬렌의 분노에 찬 파트가 케빈을 공포에 빠뜨린 반면 그녀의 새로운 힘은 그를 매료시켰고, 이로 인해 오히려 케빈은 헬렌을 잃을까 봐 더욱 두려워하게 되었다. 이 현실적인 두려움이 동기 부여를 하면서, 케빈은 나를 만나러 오는 것을 그다지 좋아하지 않았을 때조차도 자신의 파트들과 작업을 계속하게 되었다. 또한 그가 헬렌의 분노에 영향을 덜 받았기 때문에, 그의 보호자 파트들은 그녀가 그에게 하는 것과 그녀가 어떻게 변해야 하는지에 초점을 맞추기보다는 자신의 문제에 집중할 수 있게 해주었다.

커플 세션

―

케빈과 헬렌이 각자 참나 주도적으로 되면서, 우리는 개별 세션은 가끔 하고 커플 세션을 더 많이 하는 방향으로 전환하기 시작했다. 브래디 부부처럼 처음에는 커플이 너무 양극화되어 서로 앞에서 자신의 파트들을 통제할 수 없을 때, 나는 각 파트너와 개별적으로 작업하는 데에서 시작해 점진적으로 커플 세션으로 이동한다. 나는 커플이 세션에서 서로의 파트들을 활성화시키는 것은 쓸모없을 뿐만 아니라 각 파트너의 추방자가 점점 더 상처를 받고 그러면 보호자 파트들이 더 극단적으로 되기 때문에 해로울 수 있다는 것을 발견했다. 서로 갈등이 심하고 심하게 싸움을 하더라도 분리되어 개별 세션을 하지 않아도 되는 커플도 있다. 이런 커플은 격렬한 감정이 올라오더라도 자신의 파트들이 참나를 신뢰하며 한발 물러나 세션에서 참나 대 참나로 관계를 맺을 수 있게 해주기 때문이다. 이런 경우, 각 파트너가 상대방 앞에서 자신의 취약성을 드러낼 수 있을 만큼 안전하다고 느끼기 때문에 내가 따로 그들을 분리하여 개별 세션을 할 필요가 없다. 이런 세션에서는 내가 케빈에게 했던 것처럼 한 파트너와 작업하는 것을 다른 파트너가 지켜보는 방식으로 진행하기도 한다. 이는 두 사람 모두에게 강한 영향을 미칠 수 있다.

친밀감은 한 사람이 자신의 수치스러운 파트들을 상대방에게 드러낼 때, 그리고 상대방이 참나 주도적인 태도로 이를 받아들일 수 있을 때 엄청나게 깊어질 수 있다. 목격자가 드러내는 자를 수용하고 사랑을 베풀면, 드러내는 자는 수치스러운 것이 받아들여졌다는 데서 엄청난 안도감과 기쁨을 느끼고 목격자에게 고마움을 느낀다. 목격자 역시 드러내는 자에 대해 더 큰 공감을 느끼고 드러내는 자의 내면의 성소*에 들어갈 수 있는 특별한 영광을 누리는 듯한 경험을 한다.

이런 유대감은 이전에 숨겨져 있던 파트가 참나와 참나 사이의 연결감으로 만들어진 사랑의 강으로 유입될 때마다 증가한다. 특히 그것이 우리가 가장 수치스럽게 느끼거나 상대방이 가장 싫어한다고 생각하는 파트일 때 그 효과는 더 강렬하다. 케빈이 냉장고 포장 박스 안에 웅크리고 있던 일곱 살짜리 아이를 발견했을 때 헬렌이 그 방에 있었더라면, 깊은 감동을 받고 자신을 그토록 괴롭혔던 케빈의 거리 두기와 비난을 새롭게 이해하게 되었을 것이다. 헬렌이 케빈에게 그 소년에 대한 공감과

---

* **옮긴이 주** 성소sanctum는 성스러운 장소 혹은 피난처라는 뜻으로, 매우 사적이고 안전하고 평화로운 장소를 의미한다.

왜 케빈이 그렇게 될 수밖에 없었는지에 대한 그녀의 새로운 이해를 전달한다면, 케빈은 이전에는 경험하지 못했던 방식으로 헬렌에게 인정받고 사랑받는다고 느꼈을 것이다.

나는 이런 과정을 수없이 촉진했던 특권을 누렸고, 항상 눈물이 날 정도로 감동적이었다. 그러나 많은 소중한 것들과 마찬가지로, 이런 치료과정은 섬세하며 제대로 작동하기 위해서는 세심한 주의를 기울여야 한다. 치료 초기에는 헬렌이 참나로 목격할 가능성도 없었고, 케빈이 헬렌에게 그런 취약성을 드러냈을 가능성도 없었다. 헬렌의 보호자 파트들은 최근에야 돌보는 파트들이 장악하지 않게 하는 데 성공했고, 큰 변화를 보기 전까지는 헬렌이 케빈에게 마음을 열도록 내버려두지 않으려 했다. 케빈의 보호자 파트들은 헬렌의 보호자 파트들을 두려워했고, 헬렌이 있는 곳에서는 경계를 늦추지 않았다. 만약 케빈이 간절한 상태에서 헬렌 앞에서 취약성을 드러냈는데, 헬렌이 상담실이나 집에서 차갑고 비판적인 반응을 보였다면 케빈 내면에 있는 일곱 살짜리 아이는 큰 충격을 받았을 것이다. 그러면 케빈의 보호자 파트들은 그런 개방성을 허용한 그를 공격하고, 다시는 그런 일이 일어나지 않게 하겠다고 다짐했을 것이다.

따라서 커플이 서로에게 취약해지도록 격려하는 타이밍은 매우 중요하다. 너무 이른 시점에 이를 시도했을 때 발생할 수 있는 강력한 좌절과 반발에 대해 나는 높은 대가를 치르고 배웠다. 참나로 서로의 파트들을 목격할 수 있는지 확실하지 않을 때, 나는 조심스럽게 접근하며, 두 사람이 상대의 파트들을 목격하도록 요청하기 전에 각자가 자신의 파트들을 더 잘 돌볼 수 있도록 돕는다.

케빈과 헬렌이 세션에서 그들의 파트들 중 하나가 장악했다는 것을 감지할 수 있고 내가 그들이 참나로 돌아갈 수 있게 도울 수 있었을 때, 나는 커플 세션을 늘렸다. 처음에는 별거, 자녀, 돈 등 그들이 직면하고 있는 문제들에 대해 이야기했다. 나는 두 사람에게 내가 그들의 '파트 감지기' 역할을 할 수 있게 해달라고 허락을 구했고, 어느 한 파트가 그들을 장악하면 나는 그 행동을 멈추게 하고 두 사람 모두 내면의 보호자 파트에게 집중하도록 했다.

폭풍 속에서 흔들리지 않는 '나'로 머물기*

당신 내면에서 격렬한 감정을 유발하는 사람과 대화할 때는 보통 그 내면의 흔적을 따라가 자신의 추방자를 발견하고 치유할 수 있는 사치를 누리지 못한다. 그 대신, 당신은 그 순간에 뱃속이 뒤틀리거나 가슴에 거대한 바위가 앉아 있거나 머리가 터질 것처럼 느껴지더라도 그 사람을 상대해야 한다. 상대방의 입을 막거나 방 밖으로 뛰쳐나가고 싶은 충동이 당신을 압도할 것 같아도 침착함을 유지해야 한다. 무릎이 꺾일 것 같고 손이 떨리고 땀이 나더라도 자신감 있는 모습을 보여야 한다. 머릿속이 공포로 가득하고 분노의 목소리들이 한꺼번에 소리치거나 머리가 얼어붙어 버린 것 같아도, 명확하게 생각하고 말해야 한다. 비록 당신이 듣는 것은 당신 내면의 파트들이 얼마나 상처받았는지 혹은 얼마나 화가 났는지 불평하는 것뿐이더라도, 당신은 마음을 열고 듣는 것이 얼마나 중요한지 알고 있다.

이런 상황에서 대부분의 사람들은 통제하는 척할 수 있고 극단적인 충동을 억제하는 데 성공하면 안도하고, 나중에 후회할 말이나 행동을 하지 않아서 행복해한다. 자신감, 연민, 명료함, 침착함을 느끼는 척하는 것을 넘어, 극도로 흥분한 상태에서도 실제로 자신감, 연민, 명료함, 침착함을 느끼는 것이 가능할까? 우리 중 많은 사람들이 우리에게는 오직 하나의 성격만 있다고 믿도록 사회화되어 왔다. 그래서 "화를 내거나, 침착하

---

* **옮긴이 주** 폭풍의 눈Eye in the storm에서 eye(눈) 대신 I(나)를 써서 중의적으로 표현했다.

거나, 둘 중 하나이지 어떻게 동시에 둘 다일 수 있지?"라는 식으로, 두 가지 마음을 동시에 가진다는 것이 낯설게 느껴질 것이다. 하지만 자신의 파트들과 참나를 알게 되면 그것이 가능하다는 것을 이해하게 된다. 당신의 참나는 폭풍 속에서도 흔들리지 않는 '나'가 되어, 촉발된 파트들이 만들어내는 내면의 폭풍과 당신 주변 사람들 내면의 분노 파트들이 만들어내는 외부의 폭풍에서도 고요히 중심을 잡을 수 있다.

이 상태에 도달하려면 당신이 익숙히 하던 행동과 반대되는 행동을 해야 한다. 일반적으로 당신은 화를 내고 싶은 충동을 느낀 다음 그것을 수치심 주기('화를 내는 건 나빠'), 겁주기('내가 화를 내면 그 사람이 힘들어질 거야') 또는 축소하기('어차피 그렇게 큰 문제는 아니야')로 통제하는데, 이 모두는 내면의 양극화를 불러일으킨다. 화난 파트는 평가 절하된 느낌을 받고 보호자 파트들은 상황을 통제할 책임으로 과중한 부담을 안게 된다. 그 대신, 충동이 일어날 때 즉각적으로 연민과 자신감으로 반응하고, "이 일이 너를 매우 화나게 한다는 것을 알지만 내가 다룰 수 있어. 내가 지금 너를 대변해서 말해줄게. 그리고 어떻게 해야 할지에 대해서는 나중에 더 이야기하자"라고 내면의 대화를 나누면, 파트들은 종종 당신과(당신의 참나와) 완전히 섞이지 않을 수 있고, 그 파트가 내면에서 분노의 화염을 내뿜더라도 당신은 파트너와 함께 머무를 수 있다. 나중에 당신이 혼자 있을 때, 당신은 그 파트와 함께하면서 그 파트가 가진 모든 우려 사항에 대해 이야기하고, 파트가 걱정하는 것을 안심시키기 위한 행동 계획을 세우거나 파트가 마음의 짐을 내려놓을 수 있게 도와줄 수 있다. 자신을 자극하는 사람과 있을 때 참나 리더십을 유지해야 하는 것의 목표는 상대방을 변화시키는 것이 아니다(때로는 나의 참나가 상대방의 참나를 끌어내기도 하지만). 참나로 상호작용하는 것의 목표는 당신의 파트들이 당신을 믿음으로써 일어나는 자기 성장이다.

파트가 직접 말하게 하기보다는 파트의 입장을 대변해서 말하기

파트가 직접 말하게 하기보다 파트의 입장을 대변해서 말하는 것이 참나 리더십의 주요한 측면이다. 사람들이 당신의 말을 들을 때 두 가지를 느끼는데, 그것은 바로 내용(실제로 하는 말)과 그 단어 뒤에 숨어 있는 에너지이다. 당신의 보호자 파트들이 화가 나서 다른 사람에게 직접 말하면, 이는 다른 사람들 속에 있는 파트들을 자극할 것이다. 반면에 당신이 보호자 파트들의 말을 듣고 나서 참나가 그들을 대변해서 말하면, 당신의 파트들이 말하는 것과 같은 단어를 사용하더라도 그 메시지는 매우 다른 방식으로 전달된다. 당신의 말에는 비판적인 날카로움이나 불쾌감을 주는 절박함과 강압성이 사라진다. 그 대신, 당신의 말에서는 당신 신념에 대한 용기뿐만 아니라 상대방에 대한 존중과 연민이 드러날 것이다.

가톨릭 신학자 토머스 머튼Thomas Merton이 번역한 중국 철학가 장자의 도가 이야기 '빈 배'는 이와 관련이 있다.

> 어떤 사람이 강을 건너고 있는데
> 빈 배가 그의 배와 충돌한다면
> 그는 비록 성격이 나쁜 사람이라 할지라도
> 크게 화를 내지 않을 것이다.
> 그러나 배에 사람이 있는 것을 보면,
> 비키라고 소리칠 것이고,
> 그 소리가 들리지 않으면 다시 소리칠 것이고,
> 또 소리가 들리지 않으면 욕을 하기 시작할 것이다.
> 이는 모두 배에 사람이 있기 때문이다.
> 그러나 만약 배에 사람이 없다면
> 그는 소리치지 않고 화를 내지 않았을 것이다.

자신의 배를 비울 수 있다면

세상의 강을 건널 때

아무도 당신을 반대하지 않고,

아무도 당신을 해하려 하지 않을 것이다. …

이런 사람이 온전한 사람이다.

그의 배는 비어 있다.[3]

따라서 당신의 파트들이 긴장을 풀고 당신이 그들을 대변하도록 신뢰할 때, 당신은 빈 배가 되어 건너편 배와 충돌하더라도 상대를 비하하거나 경쟁하거나 밀치거나 혐오감을 느끼거나 다른 식으로 자신을 보호할 필요가 없게 된다. 당신은 자기중심적인 파트들을 내려놓고 배를 비웠지만, 그 배가 비었다고 말하는 것은 오해의 소지가 있다. 왜냐하면 비워진 배는 참나 에너지로 채워져 있기 때문이다. 이 참나 에너지는 당신 내면에서든 상대방의 내면에서든, 닿는 모든 파트를 진정시키는 힘을 가지고 있다.

당신의 파트들이 당신이 그들을 대변해 줄 것이라고 믿을 때, 그들은 사람들을 통제하거나 폭발할 충동에 더는 사로잡히지 않는다. 그들이 진정으로 원하는 것은 그들의 목소리를 가지는 것으로, 당신이 경청해 주고 그들의 입장을 타인에게 대변해

주기를 원한다. 진정 자신으로 있지 못하고 온전히 자신을 표현하지 못한 사람들처럼, 대부분의 파트들은 극적이고 카타르시스적인 표현이 필요하지 않다. 그들은 단지 인정과 대변이 필요할 뿐이다.

상호작용 방식으로서 참나 리더십

갈등이 있을 때 커플들은 폭풍 속에서도 흔들리지 않는 '나'로 있기, 빈 배로 있기, 파트가 직접 이야기하게 하기보다는 파트를 대변해서 이야기하기를 섞어서 사용할 수 있다. 그렇게 하기 위해서는 다음 단계를 따를 수 있다. ① 잠시 멈추고, ② 내면에 집중하여 자극이 된 파트들을 찾고, ③ 그 파트들이 긴장을 풀게 하고 당신이 그 파트들을 대변해서 이야기할 수 있도록 요청하고, ④ 내면에서 발견한 내용을 파트너에게 이야기하고(자신의 파트들을 대변해서 말하기), ⑤ 열린 마음으로 파트너의 말을 경청하기.

2단계, 즉 커플이 싸우고 난 후 각자 내면을 들여다 볼 때, 처음에는 대부분 보호자 파트들의 말만 듣게 된다. 하지만 충분히 안전하다고 느껴져 취약성을 향해 한 걸음 더 나아갈 때는 큰 보상을 받을 수 있다. 이 단계에서는 충분히 오랫동안 내면에 머물면서 보호자 파트가 보호하고 있는 추방자를 파악하고 파트너에게 그 지하의 아이들에 대해 이야기하는 것을 포함한다. 대부분의 경우, 한 파트너가 용기를 내어 자신의 취약성을 드러내면 분위기는 즉시 부드러워지고 커플은 참나 대 참나 소통으로 전환을 할 수 있게 된다.

그러나 때로는 보호자 파트가 추방자를 알려주지 않거나, 알려주더라도 파트너가 그 사실을 아는 것이 안전하다고 믿지 않아서 이런 과정이 불가능할 수도 있다. 때로는 정말 안전하지 않을 수도 있다. 파트너의 파트가 취약성에 대해 지속적인 경멸로 반응하거나 나중에 싸움을 할 때 이를 무기로 사용할 수도 있다. 이 경우, 나는 그런 노출을 하도록 권장하기 전에 각자와 따로 만나 개별적으로 작업한다.

상담을 시작한 지 한 달쯤 후 헬렌은 케빈에게 집에서 나가라고 했고, 그는 혼자 살 아파트를 구했다. 이제 케빈은 집으로 돌아가고 싶어 했다. 그는 몇 달 동안의 치료가 어려웠지만 도움이 되었고, 외로웠다고 말했다. 그답지 않은 부드러운 어조로, 케빈은 헬렌을 그리워한다고 말했고 이는 진심인 것처럼 들렸다. 하지만 헬렌은 준비가 되지 않았다. 그녀는 케빈이 자신을 대하는 방식에서 약간의 변화를 볼 수 있었지만, 그가 그 변화를 유지할 수 있을 거라고 믿지는 못하겠다고 말했다. 그녀는 그가 지금은 노력하고 있지만 돌아와서 편안함을 느끼게 되면 바로 다시 과거의 모습으로 돌아갈까 봐 걱정했다.

이들의 어조는 이전 세션과는 완전히 달랐다. 그들은 매우 민감한 주제를 배려와 섬세함으로 다루고 있었다. 나는 그들이 성벽 뒤에서 서로를 조심스럽게 훔쳐보고 서로를 향해 살금살금 다가가는 것을 목격하면서 큰 감동을 받았다. 그러나 불가피하게도 케빈의 통제자 파트가 자제하지 못하고 갑자기 그를 장악하는 일이 발생했다.

변한 케빈이 좋다는 말을 헬렌이 반복해서 했을 때 케빈의 어조가 갑자기 헬렌과 나에게 익숙한 목소리로 바뀌면서, 그녀가 이런 식으로 자신을 고문하는 것을 즐기는 것 같고 자신이 집에 못 들어오게 하는 것이 자신에게 복수를 하는 것이라고 화를 내며 말했다. 이 말을 들은 헬렌은 복부를 가격 당한 것 같은 표정을 지었다. 나는 케빈에게 말을 멈추라고 강력하게 요청한 뒤, 두 사람 모두 내면으로 들어가 방금 '나타났던' 파트들을 찾는 데 집중하라고 했다.

수년간의 고통과 거리 두기 끝에 커플이 서로에게 더 마음을 열도록 돕는 데에는 상당한 위험이 따른다. 성벽 뒤에서 관계하는 동안 삶은 그다지 만족스럽지 않지만 서로에게 마음을 열지 않기 때문에 상처를 받지는 않는다. 하지만 경계를 풀고 마음을 열게 되면, 이전에 격리되어 있던 추방자들은 바깥 공기에 노출되고, 희망적이지만 날것 그대로의 모습을 드러낸다. 성벽 뒤에서는 튕겨 나가던 파트너의 상처 주는 말이 이제는 노출된 취약성으로 인해 몸에 직접 타격을 가한다. 이런 이유로 나는 다른 많은 커플 치료사들과 달리, 파트너의 보호자 파트들로 인해 상처 받지 않을 것이라는 믿음이 생기기 전까지는 커플이 서로에게 마음을 열도록 격려하지 않는다. 그래서 나는 케빈과 헬렌에게 주로 개별적으로 상담하는 몇 달 동안은 서로에게 어떤 친밀감도 기대하지 말라고 말했다. 불가피하게 서로에게 상처를 주더라도 내면의 상처를 스스로 치유할 수 있는 능력이 있고 참나 리더십으로 돌아갈 수 있다고 믿기 전까지는 서로에게 마음을 열라는 제안을 하지 않았다.

케빈과 헬렌이 눈을 감았을 때, 나는 그들에게 활성화된 보호자 파트들과 그들이 지키고 있는 추방자 파트들을 찾을 때까지 내면에 머물고, 그 파트들을 대변해서 말할 수 있을 때까지는 밖으로 나오지 말라고 요청했다. 케빈은 몇 분 후에 눈을 떴지만 헬렌은 케빈과 내가 기다리는 동안 거의 10분 동안 조용히 내면에 머물러 있었다.

케빈은 좀 전에 자신을 장악한 통제하는 파트를 발견했고,

헬렌에게 그 파트가 장악하게 한 것에 대해 사과했다. 그는 통제하는 파트 이면에는 전에는 알지 못했던 외로운 아기가 있었다고 말했다. 통제하는 파트는 그에게 아기가 사람과 접촉하지 않으면 너무 절망적으로 되기 때문에 긴 주말을 더는 혼자 견딜 수 없다고 말했다. 아기는 점점 더 자신이 무가치하다고 느끼고 죽을지도 모른다는 공포에 휩싸였다. 케빈이 정중하게 애정을 담아 요청을 해도 헬렌이 케빈을 집에 들이지 않자, 통제하는 파트는 다른 방도가 없다고 느끼고 그를 장악해서 이전에 효과가 있었던 죄책감 주기 전략을 사용했던 것이다. 왜냐하면 이 파트는 아기가 또 다른 공허한 주말을 견딜 수 없을 것이라 생각했기 때문이다.

    헬렌은 케빈의 사과에 감사하며, 케빈에게서 절망적인 아기를 종종 느꼈다고 말했다. 그녀는 내면에 집중했을 때 즉시 분노 파트에 의해 장악되었고, 그 파트는 "이것 봐, 내가 말했잖아. 그는 달라지지 않았어! 그는 여전히 너를 괴롭혀! 넌 절대 마음을 열지 말았어야 했고, 다시는 그러지 마!"라고 말했다. 케빈의 분노 폭발로 인해 충격을 받은 어린 소녀를 헬렌이 진정시키는 데는 시간이 좀 걸렸다. 헬렌이 처음 그 소녀를 발견했을 때, 그 소녀는 충격에 빠진 듯 얼어붙어 있었지만 헬렌은 그 소녀를 안아주며 개인 세션에서 나와 함께 했던 약속, 즉 케빈이 무슨 일을 하든 헬렌이 그 소녀를 돌보겠다는 약속을 상기시킬 수 있었다. 헬렌은 자신의 추방자들을 위한 주 양육자가 되었다. 헬렌이 소녀를 진정시킬 수 있다는 것을 알게 되자 분노 파트는 진정했고, 헬렌은 다시 케빈에게 돌아와 그 소녀를 대변해서 말할 수 있었다.

케빈은 자신의 통제자 파트가 헬렌에게 그런 영향을 미쳤다는 사실을 전혀 몰랐다고 말했다. 그는 그녀의 분노만 보았기 때문이다. 이것은 커플이 싸울 때 흔히 발생하는 문제이다. 실제 싸움을 하는 것은 보호자 파트이기 때문에 어느 쪽도 보호자 파트가 하는 일 이면에서 일어나는 피해를 보지 못한다. 마치 미 공군이 한 나라에 폭탄을 떨어뜨려도 우리는 그로 인해 파괴된 사람들과 집의 영상을 보지 못하는 것과 같다. 국가 간의 전쟁이든 개인 간의 전쟁이든, 전쟁의 실제 파급효과를 알게 되면 전쟁에 찬성하기가 훨씬 더 어려워진다. 이것이 바로 보호자가 아니라 당신의 추방자들을 드러낼 때 사람들이 즉각적으로 부드러워지는 이유 중 하나이다. 이 정보로 인해 케빈 내면의 국방부는 그에 대한 영향력을 상당 부분 잃었다. 그는 헬렌에게 자신의 통제자 파트를 더욱 무장 해제하기 위해 절망적인 아기와 작업하겠다고 말했다.

이는 중요한 진술이었다. 이런 상황에서는 보통 가해를 하는 파트너가 피해를 입은 파트너에게 상처를 주는 자기 내면의 파트들을 통제하겠다고 약속하고 싶은 유혹이 생긴다. 하지만 케빈이 절망적인 아기를 치유할 수 있을 때까지는 통제자 파트가 헬렌을 얼마나 괴롭히는지 알아도 케빈이 이를 막을 수는 없을 것 같았다. 케빈이 그 약속을 했다가 어긴다면 헬렌은 배신감을 느끼고 '이제 케빈은 나에게 얼마나 큰 상처를 주는지 알면서도 여전히 그렇게 하는구나'라고 생각했을 것이다. 이것이 IFS의 특징 중 하나인데, 우리는 보호자 파트가 보호하는 추방자가 치유되어 보호의 필요성이 줄어들기 전까지는 보호자가 변할 것이라고 기대하지 않는다. 이런 인식은 커플들이 파트너가 보호자 파트들을 통제할 수 있으리라 기대하고, 또 끊임없이 실망하는 많은 함정을 피하게 한다.

나는 헬렌에게 케빈이 그 작업을 할 때까지는 케빈의 통제자 파트가 그녀의 삶에서 완전히 사라질 것이라고 기대하지 말라고 조언했다. 그녀는 이제 자신의 파트들을 위로할 수 있기 때문에 이전보다 덜 취약하다고 대답했지만 여전히 그가 내면의 작업을 더 진행할 때까지 집에 들어오는 것을 원치 않았다. 케빈은 이에 동의하며, 혼자 있어도 그다지 괴롭지 않은 상태에 도달하고 싶다고 말했다.

이것은 커플들이 갈등을 겪을 때 파트 감지기의 파워를 보여주는 좋은 예이다. 각 파트너가 멈추고, 내면의 소리를 듣고, 파트가 직접 말하게 하는 것이 아니라, 파트를 대변해서 말하도록 하는 간단한 행동이 재앙으로 치달을 수 있는 상황을 두 사람 사이의 신뢰와 이해를 깊게 하는 기회로 바꾼 것이다. 가트먼이 발견했듯이 커플들은 항상 서로에게 상처를 주며 다투게 된다. 치료의 목표는 커플이 항상 공정하게 싸우도록 훈련시키는 것이 아니라, 커플 스스로 내면의 상처를 치유하고 그 후에 참나와 참나 사이의 연결을 회복하도록 돕는 것이다. 그 회복 과정에 대해 잠시 이야기해 보겠다.

회복

존 가트먼의 연구에 따르면, 싸움의 형태보다는 싸움 후 다시 정상적인 관계로 돌아가는 데 걸리는 시간이 결혼 생활의 문제를 예측하는 데 더 큰 영향을 미친다는 사실이 입증되었다. 커플을 돕는 열쇠는 싸움의 횟수나 강도를 줄이는 것보다는 싸움 후 회복 과정을 개선하는 데 있는 것 같다. 싸움의 문제는 각 파트너의 극단적인 보호자가 상대방의 추방자를 공포에 빠지게 하여, 상대가 이미 가지고 있는 마음의 짐에 더 큰 부담을 주며, 상대방이 위험하다고 인식하게 하는 경향이 있다는 것이다. 하지만 싸움 직후 각 파트너가 참나 리더십에 들어갈 수 있다면, 싸움이 상대의 추방자에게 미친 영향에 대해 이야기하고, 이어서 상처 받은 파트들에게 진심 어린 사과를 전달할 수 있게 된다. 그러면 어느 한쪽도 마음의 짐을 더 지지는 않게 된다.

게다가, 회복이 신속하게 이루어지면 각 파트너는 상황이 힘들더라도 빠르게 회복할 수 있다는 것을 신뢰하게 된다. 이것을 알게 되면 각자의 보호자 파트들이 갈등 패턴으로 치닫더라도 당황하지 않는다. 사실, 갈등 자체보다는 갈등이 며칠 혹은 몇 주 동안 지속되며 거리 두기와 서로에 대한 경멸로 이어질까 봐 두려워하는 경우가 많다. 이런 식의 관계 단절은 일시적일 뿐이라는 확신을 커플이 가지게 되면, 보호자 파트들이 다시 활성화되더라도 어느 정도의 참나 리더십을 유지하는 것이 훨씬 쉬워진다. 이 회복 과정에 대해서는 뒷부분에서 더 자세히 설명할 것이다.

폭풍 속에서도 흔들리지 않는 '나'로 있기

그다음 주에 케빈의 통제자 파트가 여러 번 나타났지만,

뭔가 달라졌다. 그는 통제자 파트가 자신의 뱃속에서 솟구치는 것을 느낄 수 있다고 말했고, 실제로 몇 번이나 통제자 파트의 장악을 막으려 했지만 그럴 수 없었다. 통제자 파트의 등장은 헬렌을 위협했지만, 케빈은 마치 관찰자처럼 자신을 감지할 수 있었고, 자신이 세션에서 취약해졌기 때문에 통제자 파트는 거리를 두어야 할 필요성을 느꼈다고 생각했다. 그는 통제자 파트의 경멸과 관망하는 참나의 침착함을 동시에 느끼는 것은 매우 신기한 경험이었다고 말했다.

헬렌도 비슷한 경험을 했다. 그녀의 분노는 케빈의 도전에 즉각적으로 반응하며 상승했으며 평소처럼 몸이 흥분하는 것을 느꼈지만, 그녀 역시 그 파트들과 다소 분리된 상태에서 내면에서 그들과 이야기하는 자신을 발견했다. 헬렌은 자신의 분노 파트에게, 자신이 케빈의 행동을 예측했었고 그것이 단지 그의 통제자 파트가 한 행동일 뿐이라는 것을 상기시켜 주었다고 말했다. 두 경우 모두 몇 번의 날카로운 언쟁 후에 둘 다 빠르게 진정하고 수습을 했는데, 그 과정에서 케빈은 세션에서 너무 노출된 점 때문에 통제자 파트가 느끼는 두려움을 대변해서 말할 수 있었다.

일반적으로 극도로 취약한 추방자들을 가진 사람들은 보호자 파트가 장악하면 그 파트들과 완전히 섞이는 경우가 많다.

하지만 이중집중*을 유지할 수 있다면, 당신이 그 파트를 멈출 수 없더라도 내면 어딘가에서 그것이 일시적인 장악임을 알고 있다면 중요한 변화가 일어난다. 먹구름이 몰려왔지만 곧 해가 뜰 것이라는 것을 알고 있을 때 희망을 가질 수 있는 것처럼.

이렇게 내면과 외부의 폭풍 속에서도 흔들리지 않는 '나'로 있을 수 있다면, 이 관점은 커플이 몇 주, 몇 달 또는 심지어 수십 년 동안 겪어온 갈등의 악순환을 끊는 데 큰 도움이 된다. 이런 관점은 절망, 유기 불안, 자기혐오, 답답함을 불러일으키는 보호자 파트들이 상황을 악화시키는 것을 막고 참나 리더십으로 빠르게 돌아가 회복할 수 있게 한다. 시간이 지남에 따라 보호자 파트들을 설득할 수도 있지만, 이는 추방자들이 취약해지지 않게 된 후에나 가능한 일이다.

이후 몇 주 동안 헬렌은 케빈의 통제자 파트가 가끔씩 튀어나왔다고 보고했지만, 몇 번 그 파트가 나타나더라도 그녀는 미끼를 물지 않을 수 있었다. 그 대신 헬렌은 그런 식으로 더는 말

---

*   **옮긴이 주**   이중집중 dual consciousness/dual awareness은 심리학이나 자기계발에서 자주 언급되는 개념으로, 두 가지 서로 다른 관점을 동시에 인식하고 주의를 기울이는 능력을 의미한다. 예를 들면, 감정을 강하게 느끼면서도 동시에 그 감정을 객관적으로 바라볼 수 있는 능력이 그것이다. 이는 마음 챙김, 심리치료 또는 자기 성찰에서 중요한 역할을 한다.

하지 말라고 그에게 단호하게 말했고, 평소처럼 감정의 격류에 휩쓸리지 않았다. 그녀의 마음은 여전히 그에게 열려 있었고, 그를 제지하면서도 여전히 통제자 파트에 의존해야 할 만큼 취약한 케빈을 안쓰러워했다. 케빈도 그런 순간들을 생생하게 기억하고 있었다. 그는 헬렌이 침착하고 평온한 상태를 유지했을 때 자신의 통제자 파트가 즉시 힘을 잃는 것을 보고 놀랐다고 말했다. 헬렌에게서 더는 반응을 끌어내지 못하자 통제자 파트는 시들해졌다. 케빈은 또한 헬렌의 이런 능력이 매우 섹시하다고 농담을 하기도 했다.

당신이 자신의 주 양육자가 될 때

헬렌과 케빈이 배운 것은 일반적으로 갈등에서 흔히 볼 수 있는 현상이다. 극단적인 파트들은 참나를 만나면 힘을 잃는다. 결과적으로, 한 파트너가 참나 주도로 머물 수 있을 때, 그리고 예측 가능한 갈등의 춤에 동참하지 않으면 그 패턴은 깨지게 된다. 물론 자극받은 파트너가 처음에는 상황을 더 악화시켜 상대방을 끌어들이려 할 수도 있다. 하지만 상대가 평정을 유지하고 동요하지 않으면 그 게임은 끝난 것이다. 다시 한번 강조하지만, 파트너의 보호자 파트들 앞에서 참나 주도로 있는 것은 당신의 파트들이 당신을 그들의 주 양육자로 신뢰하기 전까지는 매우 어려운 일이다. 헬렌이 할 수 있었던 것처럼, 자신에게 필요한 것을 조금이라도 스스로에게 줄 수 있다면, 파트너의 분노 폭발은 당신의 행복에 대한 위협이 아니라 어린아이의 짜증처럼 보일 것이다. 그리고 보너스로, 이런 태도는 파트너가 당신을 훨씬 더 매력적으로 느끼게 한다.

작가 존 웰우드John Welwood는 이 과정을 훌륭히 요약하고 있다. "내가 본질적으로 영적인 갈망을 더는 파트너에게 투사하지 않을 때, 그녀는 내 삶을 완성시키고, 나의 심연을 채우고, 내 구원의 도구가 되어야 한다는 마음의 큰 부담에서 벗어날 수 있다. 또한 이는 내가 그녀를 있는 그대로의 진짜 사람으로 보고 사랑할 수 있게 해주며, 그녀가 내 삶에 가져다주는 진정한 선물에 대해 감사할 수 있게 한다."[4] 케빈이 헬렌에게 자신의 내면에 고통 받고 있는 '아기와 함께 작업하겠다'고 말했을 때, 그는 아기를 돌봐야 하는 마음의 부담을 그녀의 어깨에서 내려놓았고 진정으로 헬렌을 보지 못하게 막았던 **모성 전이***를 점차 극복해 나갔다.

또한 두 파트너가 자신의 파트들에 대한 주 양육자가 되면서, 이제 더는 서로에게 신추방자들을 만들어낼 필요가 없어진다. 이전에 파트너가 특정 파트들을 제거해야 했던 이유는, 추방자의 불안정한 취약성과, 추방자를 보호하던 보호자 파트들이 다른 사람들이 아닌 파트너가 특정 방식으로 그 추방자들을 보살펴야 한다고 믿었기 때문이다. 하지만 당신의 추방자들이 당신을 신뢰하게 되면 파트너의 행동이 이제는 긴급한 문제가 아니라 호기심을 가질 수 있는 문제가 된다.

이후 세션에서 케빈은 헬렌이 지켜보는 가운데 자신의 아기 파트에게 다가가 사랑해 줄 수 있었다. 그는 아기가 아기 침대에서 목 놓아 울지만 아무도 오지 않는 장면을 목격했다. 그는 어머니가 산후 우울증을 앓았다는 이야기를 들어본 적은 있지만 이에 대해 깊이 생각해 보지 않았다고 말했다. 그는 그 장면에 들어가 아기를 품에 안고 목 놓아 울었다. 그가 울면서 이 경험을 설명할 때 나는 헬렌을 보았다. 그녀는 조용히 울고 있었다. 케빈이 아기를 데리고 나왔을 때, 헬렌은 그에게 가까이 다가가서 자신이 얼마나 감동했는지 그리고 수년 동안 어딘가에 있을 것으로 알았지만 보지 못했던 그의 이런 연민 어린 마

---

* **옮긴이 주** 모성 전이란 심리학에서 사용하는 용어로, 누군가에게 어머니와 관련된 감정을 투영하거나 그 사람을 어머니처럼 여기는 심리적 현상을 말한다.

음을 보기를 얼마나 갈망했는지 모른다고 말했다. 그녀는 또한 아기가 너무 심하게 고통 받은 것에 대해 마음이 몹시 아프다고 말했다.

케빈은 조용히 헬렌이 주는 사랑을 받았다. 그러다 그녀가 아기에 대해 이야기하자 그는 다시 눈물을 흘렸다. 수십 년 동안 놓여나고 싶었던 그 아기의 간절함에 부응하여 그가 아기를 안고 통곡하는 동안 그녀는 그를 안아주었다. 나도 울었다. 이전에 적대적이었던 커플이 마침내 이런 식으로 연결되는 것을 보는 것은 정말 깊은 감동을 준다.

예측할 수 있는 어려움

헬렌은 세션이 끝날 시간이 다 될 때까지 케빈을 안고 있었다. 그는 몽롱한 듯, 수줍은 듯 보였고 지쳤다고 말했다. 헬렌은 매우 행복하다고 말했다. 나는 이 세션에 함께할 수 있어 매우 기쁘고, 두 사람이 이 정도의 깊은 연결감을 느끼는 것이 가능하다는 것을 아는 것이 중요하다고 말했다. 그러나 둘 다 너무 취약한 상태였기 때문에, 나는 그들의 보호자 파트들이 상대방의 사소한 잘못된 행동에도 복수를 위해 반격할 가능성이 있음을 경고해야 한다고 느꼈다. 사실 두 사람은 아직 별거 중이었기 때문에, 나는 다음 세션까지 두 사람의 접촉을 최소화하라고 제안했다.

나는 사람들이 친밀감을 보이는 것에 대해 불편해하는 사람은 아니지만, 이런 경고가 필요하다는 것을 경험을 통해 어렵게 배웠다. 두 사람이 각자의 주 양육자가 되기 위해 많은 노력을 기울였음에도, 이번과 같은 획기적인 세션은 위험요소가 될 수 있다. 그들의 보호자 파트들은 여전히 경계심을 늦추지 않을 것이며, 어느 한쪽에서 하나의 보호자 파트라도 나타나면 그 세션이 사기였다고 확신하게 되는 상황이 발생할 수 있다. 내가 아무리 경고해도 그런 일이 일어날 수 있지만, 적어도 그런 일이 일어날 것을 예상했으니 이런 일은 정상이라고 말해주고 예민하게 반응하지 않도록 도와줄 수 있다. 종종 문제가 되는 것은 초기 보호적 반응이 아니라, 그 이후에 몰려오는 절망과 두려움으로 인해 지속적으로 부정적인 것에 집중하게 되는 것이다. 내가 그들의 기대치를 낮추도록 도울 수 있다면 끝없는 보호자들의 자기보호적 연쇄 반응을 끊을 수 있다.

커플 치료 과정은 종종 이런 방식으로 진행된다. 파트너는 서로에게 몇 걸음 다가갔다가 겁을 먹고 잠시 거리를 두게 된다. 그것은 자연스러운 과정이며, 나는 커플을 지속적으로 친밀하게 만들려고 노력하는 대신 그 과정을 존중하는 법을 배웠다.

나는 한 파트너로부터 "내 파트너가 나보다 다른 사람에게 더 잘한다"라는 불평을 자주 듣는다. 그들은 사랑하는 사람에게 다른 누구보다 더 잘해야 한다고 생각하는데, 실제로는 그 반대가 되기 때문에 이해할 수 없다고 말한다. 이런 불만은 파트너만큼 큰 상처를 줄 수 있는 사람은 아무도 없다는 사실을 깨닫기 전까지는 이해가 되지 않는다. 앞서 논의했듯이, 당신의 파트너는 당신 추방자의 구원자이며, 파트너가 하는 일은 다른 어떤 사람보다 당신의 취약한 파트들에게 영향을 미친다. 이런 이유로, 두 사람이 각자의 추방자를 돌보는 주 양육자가 되기 전까지는 격렬한 이슈에 대해 완벽한 참나 대 참나 대화를 할 수 있을 것이라고 기대하는 것은 비현실적이다. 대부분의 사람들은 많은 추방자들을 가지고 있기 때문에, 이 지점에 도달하는 데 오랜 시간이 걸릴 수 있다. 그동안은 상처로부터 회복할 수 있는 기술을 익히고, 폭풍 속에서도 흔들리지 않는 '나'로 있을 수 있는 관점을 유지하는 것이 굴곡이 심한 관계의 리듬을 헤쳐 나가는 데 도움이 될 수 있다. 즉 토멘토로 파트너를 이해하고 감사하는 것이다.

토멘토로서의 파트너

대부분의 경우, 파트너로 인해 자극되는 것들은 당신이 치유해야 할 내면의 상처를 반영한다. 상대방으로부터 상처를 받았을 때 내면에 집중하여 보호자 파트들 뒤에 숨겨진 추방자들로 갈 수 있다면, 당신은 묻혀 있는 보물로 당신을 안내해 줄 지도를 얻게 되는 것과 같다. 관계를 이용하면 수년간의 치료를 한 이후에나 접근할 수 있는 애착 상처, 즉 어렸을 때 마음의 짐을 지고 구원을 찾고 있는 추방자에게 접근할 수 있는 기회를 제공받게 된다. 이런 파트들을 치유하면, 관계에서 어떤 일이 일어나든 상관없이 당신의 삶은 엄청나게 풍요로워질 것이다. 그리고 두 사람 모두가 이렇게 한다면 두 사람의 관계는 엄청난 친밀감을 담을 수 있게 된다. 당신은 서로의 참나가 제공하는 편안한 안식처로 올 수 있다.

따라서 파트너에게 변화를 강요하려는 지속적이고 헛된 시도는 절망으로 이어질 수 있다. 자동적으로 반복되는 갈등 패턴에서 충분히 벗어나, 관계가 제공하는 묻힌 보물을 찾기 위해 지도를 사용한다면 희망을 가질 수 있다. 당신은 자신을 치유하거나 완성하기 위해 파트너가 필요하지 않다는 것을 알게 된다. 그리고 치유가 진행될수록, 한때 친밀감을 방해하는 거대한 바위처럼 보였던 장애물들이 점점 작아져 조약돌처럼 느껴지는 것을 드물지 않게 경험할 것이다.

그러나 파트너를 가치 있는 '토멘토'로 보는 개념은 대부분의 사람들에게 잘 와닿지 않는 개념이다. 우리의 보호자 파트인 매니저들은 외부 세계를 덜 위협적으로 만들고 우리가 내면세계로부터 멀어지게 하는 역할을 한다. 우리 내면에는 그들이 멀리하려고 하는 고통스러운 감정이 있는데 왜 매니저들이 스스로 내면으로 들어가고 싶어 하겠는가? 커플 상담을 받으러 오는 대부분의 사람들은 오로지 파트너를 변화시키는 것에만 집중한다. 그들은 자신의 대포알이 얼마나 큰 피해를 파트너에게 입히는지에 대해서는 거의 인식하지 못하고, 파트너의 행동이 자신에게 미치는 파괴적인 영향력에 대한 인식은 엄청나게 높다. 커플들에게는 자신의 내면을 들여다보기보다는 외부의 위협을 제거하는 것이 더 당연하게 느껴진다. 자신이 겪고 있는 고통의 원인으로 여겨지는 파트너를 공격하기보다 자신이 겪고 있는 고통을 향해 내면으로 들어가도록 돕는 것은 항상 어렵다. 성이 포위당하고 있는데 왜 지하 감옥으로 가겠는가?

사람들은 대부분 어떤 파트너를 만나든지 상관없이 같은 패턴을 반복하는데, 그 이유는 내면을 들여다보려고 하지 않기 때문이다. 그들은 필요하지도 않은 구원을 위해 노력하며 평생을 보내고, 그 구원을 바라며 선택한 파트너에게 실망하고, 그 구원자에게 맞추기 위해 변화하려고 노력한다. 하지만 사람들이 내면으로 들어가 이런 파트들의 마음의 짐을 내려놓게 되면, 그들은 마침내 자기 영속적인 저주에서 해방될 수 있다.

사실, 우리는 극단적인 반응을 일으키는 삶의 어려움을 우리 내면에서 치유를 필요로 하는 파트들에게 다가가는 길로 사용할 수 있다. 비구니 페마 최드뢴Pema Chödrön은 이렇게 말한다. "다른 사람들은 우리가 해결하지 못한 업karma을 드러냅니다. 그들은 우리를 반영하고 무거운 배낭처럼 우리가 짊어지고 다니는 모든 오래된 것들과 친구가 될 수 있는 기회를 제공합니다." 그녀는 "업이란 마음을 열기 위해 필요한 가르침을 지속적으로 받는 것입니다. 과거에 당신이 어떻게 하면 연약한 마음을 보호하지 않아도 되는지, 어떻게 하면 마음을 무장하지 않아도 되는지 이해하지 못한 만큼, 지금 이 삶을 통해 모든 가르침을 받으며, 더 많이 마음을 여는 법을 배우게 됩니다"[5]라고 설명한다. 최드뢴은 티베트로 가던 위대한 인도 불교의 스승 아티샤Atisha의 이야기를 들려주며 이렇게 덧붙인다. 아티샤는 자신이 자극이 되어야만 발견할 수 있는 무의식의 사각지대가 있다는 것을 알고 있었다. 그는 티베트 사람들이 선량하고 유연하며 개방적이라는 말을 들었기 때문에 자신을 자극하지 않을 것을 걱정했다. 그래서 그는 자신을 불편하게 하면서 자극을 줄 것이라고 여겼던 차 시중을 드는 비열하고 방종한 벵골 소년을 데려왔다. 비슷한 사례로 철학자 G.I. 구르지예프Gurdjieff의 이야기도 있다. 그가 이끄는 영적 공동체에는 모두를 화나게 하는 호전적이며 이기적인 노인이 있었다. 그 노인이 공동체를 떠나겠다고 협박하자 구르지예프는 그에게 돈을 주고 남아 있게 했다. 다른 구성원들은 이 사실에 분노했지만, 구르지예프는 이렇게 말했다. "이 사람은 빵의 효모와 같습니다. 그가 없었다면 여러분은 분노, 짜증, 인내, 연민에 대해 제대로 배울 수 없었을 것입니다. 그래서 여러분들이 내게 돈을 지불하고 내가 그를 고용하는 것입니다."[6]

우리는 파트너의 불쾌한 파트들을 차 시중을 드는 비열하고 방종한 벵골 소년이나 불쾌한 노인처럼 우리의 토멘토로 이용할 수 있다. 그들은 고통을 줌으로써 우리에게 가르침을 준다. 사실, 우리의 파트너는 우리가 그들을 선택한 무의식적인 이유 때문에 우리를 또 다른 내면의 금광으로 인도한다. 어린 시절, 우리 대부분은 아버지나 어머니 또는 다른 양육자로부터 상당한 마음의 짐을 받았다. 버림받거나, 수치심을 느끼거나, 배신당하거나, 방치되거나, 강요되거나, 무시당하거나, 조종당하거나, 억압받거나, 공포를 느낀 경험 때문에 우리가 가치 없는 존재처럼 느껴지고, 우리가 부모님의 기분을 좋게 하기 위한 존재인 듯 느껴지기도 했다. 우리 중 많은 사람들은 마치 아무도 우리의 참나를 보지 못하고, 그 대신 그들이 원하는 모습만 보거나 그들이 싫어하는 내면의 무언가와 우리를 섞어놓는다고 느꼈다. 파트너가 이전에 우리에게 일어난 일과 유사한 행동을 할 때, 그것은 그 시절에 갇혀 있는 우리의 파트들, 핵심 추방자들을 촉발한다. 파트너는 우리를 괴롭힐 수 있지만, 치유의 왕도로 안내하는 귀중한 안내자이다. 파트너는 불쾌한 노인이나 차 시중을 드는 비열하고 방종한 소년보다 훨씬 더 나은 가르침을 제공하는 최고의 가이드이다.

이 '토멘토로서의 파트너' 개념은 친밀한 관계에 대한 많은 통념과 모순된다. 예를 들어, 대부분의 사람들은 관계에 잦은 갈등이 있다면 자신이 잘못된 사람과 함께 있는 것이 틀림없다고 믿는다. 서로 함께하자고 약속하는 파트너십은 완벽하게 잘 맞는 소울 메이트를 찾아야 하는 것이기 때문에 사랑의 순간으로 가득 차 있어야 한다고 믿는다. 우리의 파트너는 우리에게 반감을 갖거나 제약을 가하는 존재가 아니라 우리를 치유하고 온전하게 만들어주는 존재여야 한다고 생각한다.

그러나 대부분의 내담자들이 발견하는 것은, 파트너가 완벽하게 사랑을 주는 순간에도 자신이 과연 사랑받을 만한 가치가 있는 사람인지, 사랑이 지속될 수 있을지 또는 자신을 사랑하는 파트너가 과연 자신의 사랑을 받을 자격이 있는지에 대해 믿지 못하는 파트들이 자극된다는 것이다. 우리가 파트너를 선택한 이유와 마음의 짐 때문에, 우리의 파트너들은 종종 우리를 강하게 자극한다. 문제는 그 관계를 이용해 우리가 정리해야 할 어두운 지하 감옥을 밝히는 데 사용할 것인지, 아니면 파트너에게만 집중함으로써 그 지하 감옥을 들여다보지 않을 것인지 하는 것이다.

악순환

나는 몇 달 동안 커플 세션으로 케빈과 헬렌 부부와 계속 작업했고, 결국 헬렌은 케빈에게 집으로 들어오라고 했다. 그때, 케빈이 그답지 않게 민감한 반응을 한 것이 상당히 인상적이었다. 그는 헬렌에게 진심이냐고 진정성 있게 물었다. 그는 패닉에 빠지지 않고 혼자 있는 법을 배웠기 때문에 그녀가 어떤 부담감도 느끼지 않았으면 좋겠다고 말했다. 헬렌은 그의 말이 진실임을 느낄 수 있었고, 그가 새로 발견한 자신을 달래는 능력 덕분에 그 어느 때보다 그와 함께 있는 것이 즐거워졌다고 말했다. 비록 다시 함께 사는 삶으로 전환하기가 완전히 매끄럽지는 않았지만, 두 사람 모두 힘든 시기를 극복할 수 있다는 자신감을 갖게 되었다.

커플이 어느 정도 참나 대 참나 사이의 연결성을 유지할 수 있게 되면, 악순환의 고리를 끊고 선순환이 시작된다. 그들은 서로의 애정 표현을 거부하지 않고 받아들이기 시작할 뿐만 아니라 '**긍정적인 것에 더욱 집중하는**positive override' 상태에 도달하게 된다. 그러면 점차적으로 앞서 설명한 각자의 내면 가족에서 부동표를 가진 파트들이 반反파트너 그룹에서 찬성 그룹으로 돌아가기 시작한다. 반대 그룹이 크고 지배적이었을 때는 파트너의 무분별하거나 상처를 주는 행동이 잔인하게 느껴졌지만, 이제는 같은 행동이 다수인 친親파트너 그룹의 사랑스러운 눈으로 보면 견딜 수 있는 별난 행동이 된다. 이전에는 파트너에게 한 치의 여유도 주지 않았지만, 이제는 그들에게 많은 여유를 주게 되고, 처음에 당신을 끌어당겼던 그들의 매력적인 특성들을 다시 볼 수 있게 된다.

이제는 아슬아슬하게 계란 위를 걷고 있지 않다는 것을 느끼게 되면서, 당신의 보호자 파트들은 더 많은 휴식을 취하고 참나가 더 많이 방출되므로 파트너와 참나 대 참나의 연결, 즉 사랑을 점점 더 많이 느끼게 된다. 이런 사랑이 바탕이 되면 폭풍우가 몰려와도 태양이 완전히 사라지지 않기 때문에 관계의 어두운 시기가 찾아와도 더는 과민하게 반응하지 않게 된다.

마지막으로, 당신과 파트너 모두가 자신의 추방자를 돌보는 주 양육자가 되기 때문에 각자의 보호자 파트들은 파트너를 바꾸는 프로젝트를 중단한다. 이런 일이 일어나면 신추방자들은 파트너에게 수용받는 새로운 경험을 하기 시작하고, 파트너가 당신의 삶에서 자신들을 위한 공간을 허용할 수 있다고 믿기 시작한다. 그들은 방해 행위를 중단하고 반대 그룹의 대열에서도 이탈한다. 선순환이 시작되는 것이다.

이후 케빈과 헬렌의 커플 세션은 훨씬 수월해졌다. 케빈이 이제 부정적인 것에만 집중하지 않았기 때문이다. 이전에는 일을 충분히 할 시간이 부족하다고 불평했지만, 이제는 일이 그렇게 소모적이지 않았으면 하고 바랐다. 성취만을 위해 내달리던 파트가 사라진 후, 그는 헬렌과 아이들과 함께 끊임없는 잔소리 없이 즐거운 시간을 보낼 수 있었다. 케빈은 일을 그만두지는 않았지만 논문을 쓰는 시간을 줄이고 가족과 더 많은 시간을 보내기 시작했다. 헬렌은 그가 집에서 하던 잔소리가 줄어들었고, 라디오를 켜서 주의를 분산시키는 대신 차 안에서 자신과 대화하는 등 케빈이 자신에게 더 많은 시간을 할애하는 것을 발견했다. 파티에서, 케빈이 근무하는 병원의 한 의사는 헬렌에게 동료들이 놀랄 정도로 케빈이 많이 밝아졌다고 말했다. 그의 레지던트들은 이제 그와 대화하는 것을 두려워하지 않았다. 육안으로도 헬렌과 나는 그 차이를 느낄 수 있었다. 그의 얼굴은 부드러워졌고 자세도 덜 경직되었다.

헬렌도 변했다. 별거 기간 동안 그녀는 몇몇 여자 친구들에게 도움을 요청했는데, 이들은 그녀에게 큰 힘이 되어주었다. 그들은 케빈이 돌아오지 못하게 하라고 조언했지만, 그들은 헬렌이 본 케빈의 변화를 보지 못했다. 케빈이 집으로 돌아온 후에도 헬렌은 친구들을 정기적으로 만났고, 처음에 이는 케빈의 통제자 파트를 자극했지만 케빈은 이를 스스로 알아차리고 사과했다.

그녀는 케빈과 결혼한 이후, 친구들과 함께 놀고 싶어 하는 자신의 모습을 소홀히 했다고 말했다. 그 이유는 케빈이 비록 방에서 혼자 논문을 쓰더라도 그녀가 집에 함께 있기를 바랐기 때문이었다. 그녀는 다시는 그렇게 하지 않겠다고 하면서, 케빈이 이제 자신의 독립을 지지해 주어 기쁘다고 말했다. 헬렌은 신추방자들을 해방시키고 있었고, 케빈은 그들의 공동생활 속에서 헬렌의 신추방자들을 위한 공간을 만들어주고 있었다. 케빈은 용기 있는 사랑을 찾았다.

당신과 당신의 파트너가 모두 참나 주도적인 관계를 맺기로 결심한다고 해서 두 사람의 관계가 영원히 조화롭게만 유지되는 것은 아니다. 이는 두 사람이 관계에 가져온 마음의 짐에 대해 배우고 치유하는 데 참나 주도적인 관계를 사용해야 한다는 것을 의미한다. 그렇게 할 때 당신은 관계에서 해야 할 일을 하고 있는 것이며 당신의 관계는 유익해질 것이다. 큰 싸움이 있더라도, 파트너가 자신의 내면 작업을 하고 나면 다시 참나가 나타날 것이라는 사실을 알기 때문에 보호자 파트들은 긴장을 풀 수 있다. 커플은 각자 싸움을 통해 참나와 참나 사이의 관계를 방해하는 장애물을 더 많이 제거할 수 있다. 이런 깨달음은 커플이 관계의 어두운 밤을 견뎌내는 데 도움이 되는 연결에 대한 희망을 제공한다.

반면 나만 계속해서 이런 작업을 하고 파트너는 그렇지 않은 경우, 당신의 파트들은 좌절감을 느끼고 결국 관계를 떠나기로 결정할 수 있다. 마치 그 파트너에게서 배울 것은 다 배웠으니 이제 그만 잊어버릴 때가 된 것처럼 느껴질 수도 있다. 하지만 상대방이 어떻게 하든 상관없이 참나 리더십으로 상호작용하는 것을 연습하는 것은 여전히 가치가 있다. 당신의 파트가 "상대의 파트가 장악했으니 우리가 장악해야 해"라고 말할 수 있기 때문에 이것이 더 어려운 연습이 될 수 있지만, 상대방의 극단적인 파트들에도 불구하고 당신이 참나 리더십을 유지할 수 있다면 당신의 참나는 당신의 파트들로부터 엄청난 존경을 받게 된다. 이것은 자신감self-confidence이라는 단어에 참나에 대한 자신감Self-confidence이라는 새로운 의미를 부여한다.

다음 장에서는 관계를 통해 배우고 치유하는 단계, 즉 파트너가 당신 내면의 상처를 치유하는 데 실마리를 제공하는 토멘토가 되게 하는 단계에 대해 좀 더 구체적으로 설명하겠다.

5장

실천하기: 용기 있는 사랑을 관계에 가져오기

CHAPTER 5
GETTING PRACTICAL:
HOW TO BRING IN COURAGEOUS LOVE

나는 나를 놀리는 이 장난기 많은 남자와 나에게 돈 얘기를 하는 진지한 남자가 같은 사람이며, 내가 힘들 때 조언을 해주는 참을성 있는 남자와 집을 나가면서 문을 쾅 닫는 화난 남자 또한 같은 사람이라는 것을 배우려고 노력 중이다. 장난기 많은 남자가 조금 더 진지해지기를, 진지한 남자는 덜 진지해지기를, 참을성 있는 남자는 좀 더 장난스럽게 행동하기를 나는 바랐다. 화난 남자에 대해서 말하자면, 그는 나에게 낯선 존재이고 나는 그를 미워하는 것이 잘못되었다고 생각하지 않는다. 이제는 그 화난 남자가 집을 나가며 문을 쾅 닫을 때 내가 그에게 쓴소리를 하면, 그 쓴소리가 내가 상처 주기를 원치 않는 다른 사람들, 즉 장난기 많은 사람, 돈 이야기를 하는 진지한 사람, 조언을 하는 참을성 있는 사람에게 상처를 준다는 것을 배워가고 있다. 그럼에도, 예를 들어 내가 나의 쓴소리로부터 가장 보호하고 싶어 하는 참을성 있는 사람을 바라보면서, 그가 다른 사람들과 같은 사람이라고 나 자신에게 되뇌지만,

쓴소리를 하는 그 순간에는 내가 그 말을 참을성 있는 사람에게 하는 것이 아니라 내 모든 분노를 받아 마땅한 다른 사람, 즉 내 적에게 하고 있다고 믿게 된다.[1]

이와 같이 소설가 리디아 데이비스Lydia Davis는 자신의 소설에서, 지금 내가 이 책에서 이야기하고자 하는 딜레마를 잘 포착하고 있다. 어쩌면 당신은 이런 다중성의 관점이 제공하는 이점을 이해하고, 동시에 당신의 분노가 상대의 취약한 파트들에게 미치는 영향을 이해하기 시작했을 수도 있지만, 여전히 상대의 보호자 파트들을 어떻게 다뤄야 할지 알지 못할 수도 있다. 이 개념을 어떻게 실천으로 옮길 수 있을까?

이 장에서는 앞서서 살펴본 커플의 문제들을 변화시키기 위한 구체적인 단계를 제시하고자 한다. 먼저 관계에서 자신을 보호하려는 패턴을 유발하는 파트들을 찾아 치유하는 것부터 시작하고, 그다음에는 갈등 중에 참나 주도의 대화를 하는 방법, 불화가 일어났을 때 다시 회복하는 방법, 마지막으로는 지속적인 친밀감을 형성하는 방법에 대해 배우도록 하겠다.

관계에서 나타나는
치유의 실마리를 따라가기

―

199~201쪽에 나와 있는 보호자 파트들의 목록을 다시 살펴보고, 그중 하나를 선택하거나 당신 파트너가 자극하는 당신 내면의 한 파트를 선택한다. 그런 생각, 감정 또는 행동 중 하나를 파악하면, 몸속 혹은 몸 주변에서 그 에너지를 찾을 수 있을 때까지 그것에 집중한다. 그다음 당신이 그런 생각, 감정 또는 행동을 하게 만든 보호자 파트를 바라보면서 어떤 마음이 드는지 알아차린다. 지금 집중하고 있는 보호자 파트를 싫어하거나 두려워하게 만드는 다른 파트들이 있다면 그 파트들에게 긴장을 풀고 한 걸음 물러나서(당신과 분리되어) 타깃 보호자 파트를 알아나갈 수 있게 해달라고 요청한다. 타깃 파트에 대해 호기심이 생길 때까지 이 과정을 반복한 다음, 그 파트가 당신에게 알려주려고 하는 것이 있는지 물어본다. 이때 중요한 것은 그 파트가 뭐라고 말할지 생각하지 말고 어떤 느낌이나 대답이 떠오를 때까지 집중해서 기다리는 것이다.

이 과정을 촉진하기 위해 다음과 같은 질문을 스스로에게 해볼 수 있다.

- 나는 파트너에 대해 어떤 생각과 감정을 느끼는가?
- 내 몸 속 혹은 몸 주변 어디에서 그런 생각이나 감정을 느끼는가?
- 그런 생각이나 감정을 갖게 하는 파트를 바라보면서 어떤 마음이 드는가?
- 다른 파트들이 내가 이 파트에 대해 호기심을 갖게 하는가?
- 이 파트는 자신에 대해 내가 무엇을 알기를 원하는가?
- 이 파트는 이 일을 하지 않으면 무슨 일이 일어날까 두려워하는가?

보호자 파트에게 무엇을 알았으면 하는지 물어보면, 처음에는 파트너나 당신에 대해 계속 폭언을 할 수 있다. 그렇더라도 인내심을 가지고 파트에게 그런 말이나 행동을 하지 않으면 무슨 일이 일어날까 두려워하는지, 혹은 왜 그것이 그렇게 괴로운지 계속 물어본다. 어느 순간 보호자 파트는 왜 그렇게 화가 나는지에 대해 더 자세히 말하기 시작할 것이고, 당신은 다음과 같은 것들을 알게 될 것이다. ① 이 파트는 파트너에게 추방당했다고 느낀다. ② 이 파트는 파트너를 만나기 전에 상처받은 파트를 보호하고 있거나 파트너에 의해 추방당했다고 느끼는 파트를 보호하고 있다. ③ 이 파트는 당신의 다른 파트와 양극화되어 그 파트가 관계를 장악하고 지배할까 봐 두려워한다. 이 세 가지 가능성과 이에 대처하는 방법에 대해 아래에 자세히 설명하겠다.

파트가 관계에서 추방당했다고 느낄 때

파트가 파트너에 의해 수치심을 느끼거나 수용되지 않는 것처럼 느낀다고 말하는 경우, 먼저 파트너의 어떤 행동이 신추방자를 그렇게 느끼게 만들었는지 파악하고 혹시 이 파트가 이와 비슷하게 추방되었다고 느꼈던 이전 관계, 과거 시간에 갇혀 있는지 살펴본다. 또한 이 파트가 당신과 파트너로부터 온전히 수용된다면 무엇을 하길 원하는지 알아본다. 이 과정에서 이 파트가 처음에 열망했던 것과는 상당히 다른 답이 나올 수 있다. 왜냐하면 가족에서 추방되었다고 느끼는 아이들과 마찬가지로, 파트들은 차단당했다고 느낄 때 극단적이 되고 자신의 깊은 욕구들을 반영하지 못하는 요구를 하게 되기 때문이다. 예를 들어, 바람을 피우라고 끊임없이 요구하던 목소리는 당신의 파트너가 끊임없이 미성숙하다고 비난해서 수치심을 느끼게 된 당신의 활기차고 재미있는 것들을 사랑하는 파트로 판명될 수 있다. 이 파트가 당신에게 버림받았다는 느낌을 어떻게 느꼈는지 들어주면, 이 파트는 이제 당신의 삶에서 더는 설 자리가 없다고 느꼈기 때문에 바람피우기를 원했을 뿐이라는 점과, 이 파트의 욕구는 반드시 당신이 파트너와 맺고 있는 관계에서 해결되어야만 하는 것은 아니라는 사실을 알게 될 수도 있다. 이 파트를 위한 공간을 다른 방식으로라도 마련할 수 있다면, 이 파트는 의외로 만족할 수 있다는 것도 알게 될 것이다.

당신의 파트로부터 이 모든 것을 듣고 나면 파트너와 이에 대해 논의할 수 있다. 이때 중요한 것은 파트너가 자신의 참나로 경청할 수 있도록 준비시키는 것이다. 파트너의 보호자 파트들이 긴장을 풀고 당신이 말하는 것을 왜곡하지 않고 호기심과 연민으로 경청할 수 있도록 요청해야 한다.

예를 들어, 외향적인 여성인 클레어Claire는 교우 관계를 소수로만 유지하고 주로 가족과 함께 지내기를 선호하는 보다 내향적인 파트너 길Gil과의 관계에서 답답함을 느꼈다. 클레어는 혼자서 친구들과 어울릴 수 있도록 길이 허락해 준다면, 사교 활동에 대한 서로의 차이를 감수하며 함께 살 수 있을 것이라고 주장했다. 길은 둘 다 장시간 일하기 때문에 함께할 시간이 거의 없고 클레어가 원하는 만큼 외출을 하게 되면 서로 거의 만나지 못한다고 말했다.

두 사람은 관계 초기부터 이 문제로 오랫동안 심하게 다퉜고, 클레어는 길이 항의를 하는데도 자주 외출을 했다. 딸이 태어난 후 클레어는 파티를 하거나 길과 싸울 에너지가 더는 없었다. 클레어는 길이 편안해하는 생활 방식을 받아들이고 그 대신 모성과 커리어의 균형을 맞추는 데 집중했다. 이제 딸이 10대가 되면서 클레어는 소홀했던 친구들과의 우정을 다시 쌓을 준비가 되어 있었고, 클레어의 태도로 인해 길은 버림받았다는 느낌을 받았다. 최근 클레어가 길은 지루하며 그의 소유욕을 견딜 수 없다고 말했을 때 그들은 갈등이 더 악화되었다. 길은 클레어에게 자신이 충분하지 않다면 다른 사람을 찾으라고 한 것이다.

나는 두 사람에게 내면으로 들어가 최근의 싸움으로 인해 생긴 감정에 집중해 보라고 요청했다. 클레어는 감옥에 갇혀 풀어달라고 창살을 두드리는 10대 시절 자신의 모습을 보았다. 그 파트가 그녀에게 말하길, 자신은 항상 길이 자신을 인정해 주지 않는다고 느꼈고 그와 결혼하는 것을 원하지 않았다고 말했다. 그는 그녀의 외출을 말렸을 뿐만 아니라 드물게 함께 파티에 갈 때면 그녀가 재미있게 놀기 시작할 때마다 비판적인 눈빛을 보냈다고 했다. 클레어가 그 소녀에게 길이 인정해 주지 않는 것이 왜 그렇게 신경 쓰이는지 물었을 때, 그녀는 즉시 통금 시간과 음주 문제로 아버지와 싸웠던 상처로 가득한 장면들을 보았다. 클레어는 엄격한 가정에서 반항아였고, 이 비순응적인 청소년 파트는 강한 무가치함과 수치심을 가지고 있었다.

길 또한 외롭고 패배자처럼 느끼는 중학생 시절의 자신을 발견했다. 이 소년은 수줍음이 많아 여자 친구를 사귀지 못했고, 또래 남자 친구들의 신랄한 놀림을 견디지 못해 공부에만 몰두했다. 이 전략은 성인이 된 후 학업에서 두각을 나타내면서 성과를 거두었는데, 예전에 길에게 배우는 학생이었던 클레어는 길의 이런 측면에 매력을 느낀 것이었다. 길이 지루하다는 클레어의 말은 길의 내면에 있는 소년이 가지고 있던 패배자라는 느낌을 자극했고, 길은 이 감정이 지금까지 경험한 것 중 최악이라고 표현했다. 길 내면에 있는 소년은 클레어의 활기에 매우 매력을 느꼈는데, 만약 클레어가 자신을 좋아한다면 자신이 그렇게 지루한 사람이 아니라는 것이 증명된다고 생각했기 때문이다. 그러나 그녀가 다른 사람과 함께 있을 때, 소년은 그녀가 더 나은 사람을 찾아 떠날 것이라고 확신했다.

각자의 파트들로부터 배운 것을 서로에게 털어놓는 것만으로도 갈등을 해소하는 데 큰 도움이 되었다. 길은 클레어의 아버지를 알고 있었고, 클레어가 왜 반항했는지 이해할 수 있다고 말했다. 그는 클레어의 아버지와 같은 역할을 더는 하고 싶지 않다며, 자기 내면에 수치심을 느끼고 있는 소년을 도와서 클레어 내면의 10대 소녀가 그들의 관계에서 안정감을 느낄 수 있도록 노력하겠다고 말했다. 클레어는 길이 그 소년 파트를 드러낸 것에 대해 기뻐하며 이렇게 말했다. "길은 대체로 자신감 있고 괜찮은 것처럼 보였기 때문에, 나는 그가 단지 통제 광이라고만 생각했어요. 내 불만이 그에게 그렇게 큰 상처를 주었을 줄은 몰랐어요." 그녀는 길의 친밀함에 대한 욕구에 과도하게 반응하지 않도록 자신의 10대 파트가 아버지와 씨름하면서 갖게 된 마음의 짐을 내려놓는 것을 돕겠다고 했다.

한 파트가 상처 받은 파트나
추방된 파트를 보호하고 있을 때

―

보호자 파트에게, "네가 하는 일을 하지 않는다면 무슨 일이 일어날 것을 두려워하는 거야?" 하고 물어본다. 만약 그 파트가 "파트너로부터 상처를 받을 것이 두려워"라고 답한다면, 보호자 파트에게 "네가 보호하고 있는 그 상처받은 파트를 내가 알아가고 도와줄 수 있게 허락해 줄 수 있겠어?"라고 물어본다. 보호자 파트가 허락을 해주면, 상처 받은 파트에 집중하고 당신이 그 파트의 말을 듣는 동안 압도하지 말아달라고 요청한다. 압도하지 않는 데 동의하면, 그 파트에게 무엇을 알려주고 싶은지 물어본다. 그 파트가 파트너의 최근 실수를 보여준다면, 연민을 가지고 그 장면을 목격하되 그것이 과거의 어떤 사건과 관련이 있는지 물어본다. 애착 재상처의 장면, 즉 파트너가 당신을 배신했거나 당신이 취약할 때 곁에 없었던 순간이 떠오를 수 있다. 그 장면들이 얼마나 고통스러웠는지 충분히 목격한 후, 그 사건이 과거의 다른 어떤 경험과 관련이 있는지 물어본다. 그러면 어린 시절에 비슷한 상처를 받았던 기억이 떠오를 수도 있다.

그 장면에 있는 아이에게 그 사건이 얼마나 상처가 되었는지 이해한다는 것을 알려주고 나서는 파트너에게 돌아와서 당신이 배운 것을 나눌 수 있다. 그러나 파트너가 이 나눔을 할 때 참나 주도로 들을 준비가 되어 있어야 한다. 그렇지 않으면 상처 받은 추방자가 파트너의 반응으로 다시 상처를 받기 쉽다. 안전하다고 느껴지고 파트너가 참나 상태로 있으면, 당신의 보호자 파트와 그 파트가 보호하고 있는 것에 대해 당신이 배운 것을 나눌 수 있다.

이 책에는 이런 역동에 대한 다양한 사례를 곳곳에서 다루고 있는데, 그 이유는 이와 같은 역동이 가장 일반적으로 나타나기 때문이다. 더 자세한 예시를 보려면 이전 장의 케빈과 헬렌 브래디 부부의 작업을 참고하기 바란다.

한 파트가 다른 파트와 양극화되어 있을 때

보호자 파트는 당신의 질문에, 자신이 하는 일을 멈추면 다른 파트가 장악할 것이라고 말할 수도 있다. 이런 경우에는 보호자 파트가 두려워하고 있는 다른 파트에 대해 알려줄 의향이 있는지 물어보고, 실제로 그 파트가 장악할 가능성이 있는지 그리고 그 파트가 생각하는 만큼 나쁜지 확인한다. 만약 보호자 파트가 동의한다면 다른 파트에 집중하고, 그 파트가 알려주려고 하는 것이 있으면 알려달라고 부탁한다.

이 과정에서, 이 파트가 극단적으로 된 것은 다른 지배적인 파트가 장악한 것에 대한 반응으로 그렇게 될 수밖에 없었다는 것을 알게 될 수도 있다. 만약 그 지배적인 파트가 덜 장악하게 된다면, 이 파트도 계속해서 극단적인 방식으로 행동할 필요가 없어질 것이다. 어느 시점에서는 양극화된 두 파트들을 함께 불러내어 서로 직접 상호작용하게 하고, 당신은 치료사 역할을 하면서 두 파트가 서로 존중하며 소통할 수 있도록 도울 수 있다.

예를 들어, 알렉스Alex는 만성적 불안을 보여 마야Maya를 미치게 만들었다. 알렉스는 마야가 집을 나설 때나 자신이 직장에서 프레젠테이션을 해야 할 때면 끊임없이 겁을 먹었다. 물론 그의 의존성에 대해 마야가 짜증을 낼수록 그는 더 불안해졌고, 나아가 그녀가 떠날 것이라는 확신을 갖게 되었다. 나는 두 사람에게 이 패턴에 개입한 파트들에게 집중하도록 했다. 알렉스는 불안해하는 파트의 이야기를 들었는데, 이 파트는 알렉스가 괜찮다고 느끼게 하면 상남자 파트가 다시 자리 잡을까 봐 두려워한다고 말했다. 그런 다음 알렉스는 결혼 초기에 자신은 지금과는 정반대의 성격으로, 술을 많이 마시고 경쟁적이며 위압적이었고 알코올 중독으로 재활센터에 간 후 술을 끊고 불안해졌다고 말했다. 불안 파트는 알렉스를 불안하게 해서 의존적으로 만들 때, 그가 마야에게 훨씬 더 잘하고, 그의 삶이 통제되고, 더는 건강을 망치지 않는다고 말했다. 이 파트는 상남자 파트가 복수를 위해 돌아오지 않는다는 것을 증명하지 않는 한 누그러지려 하지 않았다. 알렉스가 상남자 파트의 말을 들었을 때 그 파트는 "불안한 파트의 나약함이 싫어. 그건 나를 계집애처럼 행동하게 해. 내가 널 의존적인 겁쟁이가 아닌 진짜 남자로 만들어줄게"라고 말했다. 나는 알렉스가 마음속에 양극화된 파트들을 데리고 와서 그들이 직접 이슈에 대해 토론할 수 있게 하고 알렉스가 그들의 대화에 중재자가 될 수 있게 도왔다. 두 파트는 서로를 마주하고 직접 대화하면서 서로가 이전에 믿었던 것만큼 나쁘지 않다는 것을 알 수 있었다. 이 깨달음은 알렉스 내면에서 분극화 과정depolarizing을 시작하게 했고, 궁극적으로 양쪽 파트들이 보호하고 있는 추방자들과 함께 작업하게 했다.

당연히 마야는 알렉스의 극단적인 보호자 파트들과 양극화되어 있었다. 마야는 알렉스의 상남자 파트가 힘을 되찾지 못하도록 그의 불안한 파트와 함께 막대한 에너지를 쏟아붓고 상남자 파트가 조금이라도 나타날 조짐이 보이면 분노했지만, 동시에 그녀는 알렉스의 투덜거림과 불안에 지쳐 있었다. 마야는 알렉스의 집착에 대한 짜증과 경멸을 느끼는 좌절된 파트를 발견했다. 또한 알렉스의 알코올 중독과 상남자 파트의 지배하에 살아온 세월 동안 쌓인 분노를 품고 있는 분노에 찬 보호자 파트도 발견했다.

이처럼 내면의 양극화가 있으면, 양쪽 파트들이 너무 극단적으로 되고 이 과정에서 파트너의 파트들과도 양극화되어 내면의 양극화와 비슷한 외부의 양극화를 일으킬 수 있다. 반대로 파트너가 자신의 파트들을 제거하려 하면 할수록, 이들은 내면의 다른 파트들은 물론 파트너와도 점점 더 대립되고 양극화된다. 시간이 지남에 따라 악화되는 것이 양극화의 특성이기 때문에, 관계에서 일어나는 작은 문제는 해결되지 않으면 사랑을 앗아갈 정도로 심각해질 수 있으며 각 파트너의 내면 시스템을 혼란스럽게 만들 수 있다.

자신의 파트들을 드러내기

지금까지 이 책에 나온 많은 예에서 볼 수 있듯이, 우리는 내면에 집중할 때 보호자 파트뿐만 아니라 보호자 파트가 보호하고 있는 추방자에 대해서도 알게 된다. 파트너에게 자신의 보호자 파트에 대해 말하는 것도 도움이 되지만, 그 이면에 있는 추방자를 드러내야만 상황이 실제적으로 부드러워질 수 있다. 여기서 다음과 같은 몇 가지 주의할 점이 있다.

첫째, 내면에 집중할 때 당신이 보호자 파트의 말만 들을 수 있고 보호자 파트가 보호하는 추방자를 느끼지 못하더라도 놀라지 말기를 바란다. 이것은 특히 처음에 흔히 일어나는 일이며 당신이 그 취약성에 대해 아는 것을 보호자 파트가 안전하게 느끼지 않는다는 의미일 뿐이다. 당신이 그 정보를 다룰 수 없다고 생각하거나 파트너가 너무 두려워서 파트너가 있는 동안에는 취약점을 드러내지 않겠다고 파트가 생각할 수도 있다. 그래도 괜찮다. 파트너에게 당신의 보호자 파트에 대해 알려주는 것만으로도 추방자를 발견하는 과정을 더 안전하게 만들 수 있다.

둘째, 당신의 추방자에 대해 알게 되더라도 파트너에게 이를 바로 공개하는 것은 안전하지 않을 수 있으므로 파트너가 참나 주도적으로 대응할 수 있다고 믿을 때까지는 이를 공개해야 한다는 부담을 느끼지 마라. 하지만 파트너가 자극하는 당신의 추방자에 대해 알게 되고 이에 대해 파트너에게 말할 수 있을 만큼 안전하다고 느끼고, 또 파트너가 이를 경청할 수 있다면, 보호자 파트들 간의 냉혹하고도 뜨거운 전쟁의 악순환을 끊고 친밀함을 향한 여정을 시작하게 된다.

셋째, 나는 이 책을 통해 당신과 파트너가 전문가의 도움 없이도 이런 방법을 사용할 수 있도록 쓰려고 노력했다. 어떤 사람들에게는 이 방법이 효과가 있을 것이다. 하지만 많은 독자들은, 이 책에서 스스로 할 수 있는 부분도 일부 있지만 다른 부분은 치료사의 도움이 필요하다는 것을 알게 될 것이다. 위에서 설명한 자기 내면에 귀를 기울이고 찾은 것을 파트너에게 공개하는 참나 주도의 연습은 각자가 자신의 파트들에 대한 주 양육자가 되고 파트너는 보조 양육자가 되게 하는 데 큰 도움이 될 것이다. 하지만 파트들이 당신을 완전히 신뢰하고 파트너에게 과잉 반응을 하지 않으려면 그전에 과거로부터 축적된 극단적인 신념과 감정이라는 마음의 짐을 내려놓아야 한다. 이를 다 하지 않으면 전체 작업이 완료되지 않는다. 어떤 사람들은 치료사의 도움 없이도 마음의 짐을 떠나보낼 수 있지만, 대부분은 그렇게 하지 못할 것이다. 또한 어떤 커플은 서로 신뢰할 수 있는 제3자의 도움 없이는 상대방에 대해 불평하고 상대방을 바꾸려는 시도를 멈추기가 매우 어렵다. IFS 웹사이트(www.ifs-institute.com, www.ifs-korea.com)에 상담사들의 리스트, 서적, 강좌 등을 포함한 많은 정보가 있으니 참고하기 바란다.

참나 대 참나로 대화하기

창의적인 해결책이 떠오름

파트너에게 파트가 직접 말하게 하기보다는 파트를 대변해서 말하는 것 외에도, 두 사람은 관계에서 생기는 문제를 생산적인 방식으로 논의하고 싶을 것이다. 내 경험에 따르면 커플이 참나 대 참나로 소통할 수 있을 때, 각자의 입장만 고수할 때는 찾을 수 없었던 창의적인 해결책이 떠오르는 경우가 많았다. 물론 모든 문제에 해결책이 있는 것은 아니지만, 참나 주도의 대화는 지속적인 차이에도 불구하고 각 파트너가 최소한 상대방이 자신을 이해하고 받아들이고 있다는 것을 느낄 수 있게 한다.

대화를 하기 전 내면에서 할 이야기를 준비하기

우리가 앞서 논의한 참나 주도적인 의사소통의 모든 장애물, 특히 감정이 격해질 수 있는 문제들을 고려할 때, 각 파트너는 관계 문제에 대해 대화하기 전에 각자의 보호자 파트들과 내면에서 대화를 먼저 하는 것이 필요하다.

문제에 대해 이야기를 하기 전에, 내면 준비과정을 통해 보호자 파트들과 분리하고 파트들에게 파트너가 진정 누구인지, 그리고 당신의 목표가 무엇인지 상기시킬 수 있다. 보호자 파트들은 파트너가 저지른 잘못된 행동에 너무 사로잡혀, 본인에게 무엇이 최선인지, 또 관계에서 무엇이 최선인지에 대한 큰 그림을 보지 못할 수 있다. 또한 보호자 파트들은 파트너가 진정으로 원하는 것과 정반대의 것을 요구하는 경향이 있다. 따라서 중요한 토론을 하기 전, 그리고 대화 중에도 보호자 파트들의 반응을 감지하고 이들과 함께 작업하는 것이 좋다. 이런 내면 작업을 할 때 다음과 같은 질문이 도움이 될 수 있다.

- 이 상황에 대해 나의 보호자 파트들은 뭐라고 말하는가?
- 내가 원하는 대화의 결과는 무엇이며, 이 파트들은 우리가

그곳으로 갈 수 있게 해줄 것인가?
- 파트너가 어떻게 행동하든 상관없이 내가 생각하는 최선의 결과를 얻기 위해서는 어떤 방식으로 행동해야 할까?
- 내 보호자 파트들이 내가 이 대화를 다룰 수 있다고 믿는가? 믿지 않는다면, 그들은 내가 이 대화를 할 때 어떤 일이 일어날지 두려워하는가?
- 내 파트너에게는 극단적인 보호자 파트가 있지만, 그것이 그 사람 전체를 대변하지 않고 그 이면에는 취약성과 나를 향한 사랑이 있다는 것을 기억할 수 있는가?
- 보호자 파트들이 주도하지 않아도 안전하다는 것을 파트너가 신뢰하도록 어떻게 도울 수 있을까?
- 대화에서 파트너의 보호자 파트들이 주도할 때, 그에 상응해 내 보호자 파트들이 대화를 장악하지 않게 하려면 무엇이 필요한가?

이런 내면의 준비과정에 당신의 보호자 파트들이 잘 반응한다면 몸과 마음에 변화를 감지할 수 있을 것이다. 파트너와 대화를 할 때 마음속에서 어느 정도의 평온함과 상대방의 관점에 대한 호기심이 느껴진다. 마음이 열려 있기 때문에 서로에게 차이가 있음에도 사랑을 품을 수 있다. 당신은 자신의 입장을 주장하고 당신의 파트들을 대변해서 이야기하는 것을 두려워하지 않고, 특정 결과를 만들어내는 것에도 집착하지 않는다. 대화가 어떻게 진행되더라도 자신의 파트들을 위로할 수 있다는 것을 알기에 큰 두려움 없이 대화에 임할 수 있다.

넉넉한 대화

추방자들이 우리에게 보살핌을 받고 있다고 느낄 때 내면의 여유가 생긴다. 추방자들은 파트너가 우리에게 상처를 주거나 소홀히 대한 것에 대해 집중하지 않기 때문에 이들을 보호하고 있는 보호자 파트들도 전투태세를 갖출 필요가 없다. 당신과 파트너가 모두 이 넉넉한 상태에 있으면 비록 심각한 문제가 있더라도 서로 연결되어 있다는 기쁨을 느끼므로 문제의 강도가 줄어든다. 이 상태에서 당신은 당신의 모든 파트들을 대변해서 자유롭게 이야기할 수 있으므로 어떤 파트도 소외감을 느끼지 않는다. 왜곡이나 방어적인 태도 없이 파트너의 이야기를 들어줄 수 있고, 결과적으로 파트너는 당신이 자신의 이야기를 경청하고 있다고 느낀다.

이것은 우리 대부분이 파트너와 힘든 대화를 시작할 때의 상태와는 거리가 멀다. 대화하기 전에 당신의 파트들이 긴장을 풀기까지 상당한 시간과 노력이 들 수 있으며, 많은 보호자 파트들은 기다리고 싶어 하지 않는다. 그 대신, 그들은 바로 서둘러서 파트너를 직면하고 대화를 끝내고 싶어 한다. 하지만 파트와 파트가 싸우는 것은 상황을 악화시키기 때문에 이런 준비는 힘들어도 해볼 만한 가치가 있다. 두 사람 모두 실패자처럼 느끼고 관계에 대한 절망감이 커지면 다음에 대화를 시도할 때 당신의 파트들을 진정시키기가 더 어려워지기 때문이다.

이 넉넉한 참나 리더십 상태에서 어려운 대화를 한다고 가정해 보자. 당신이 대부분의 사람들과 같다면 참나를 잃고 당신의 파트가 끼어들기까지 오래 걸리지 않을 것이다. 마음속에서 떠오르는 극단적인 말을 내뱉을 정도로 장악하지는 않더라도, 파트는 우리가 문제를 바라보는 관점을 왜곡시키거나 목소리 톤과 말의 내용을 딱딱하게 만들 수 있다. 머릿속의 편향된 목소리 때문에 파트너의 말을 더는 제대로 듣지 못하고 그 대신 파트너가 말하는 동안 자신을 방어할 말들을 준비한다. 이런 미묘하고 종종 무의식적인 변화는 넉넉한 마음에서 닫힌 마음으로, 연민에서 냉정함으로의 전환을 촉발할 수 있다. 따라서 상대방이 이런 감정을 불러일으킬 때 당신의 파트들을 조기에 감지하고 당신이 열린 마음과 넉넉함을 가질 수 있게 해줘도 된다는 것을 그 파트들이 믿게 하는 것이 중요하다. 그러기 위해서는 파트너와 상호작용하는 동안 몸과 마음에서 일어나는 일을 알아차려야 하는데, 이는 대부분의 상황에서 하기 어려운 이중 집중을 요구하지만 특히 보호자 파트들이 파트너가 보이는 위협에만 집중하려고 할 때는 더욱 힘들다.

갈등 중 파트와 참나를 감지하기

많이 다투는 커플들과 상담을 처음 시작할 때, 나는 몇 분마다 그들의 대화를 멈추고 내면으로 들어가 지금 끼어드는 자신의 파트들에게 집중하라고 한다. 그들은 종종 자기는 단지 요점을 말하려고 했을 뿐이며 자신이 무엇을 잘못했는지 이해하지 못하겠다고 항의한다. 이는 두 가지 문제에서 비롯된다. 첫째, 대부분의 사람들은 자신들이 자극되었을 때 어떤 식으로 행동하는지 전혀 모른다. 파트너의 상처가 되는 행동에 대해서는 자세히 설명할 수 있지만 자신의 행동이 극단적으로 갔을 때 그 행동이 상대에게 미치는 영향을 받아들이지 못한다. 둘째, 대부분의 사람들은 이런 넉넉한 참나 주도적 접근 방식이 가능하다는 사실을 알지 못하며, 그들은 대체로 갈등을 처리하는 파트들과 자신을 매우 동일시한다.

그러나 커플이 내면에 집중하도록 내가 유도할 수 있다면, 그들은 대개 그 순간 말하고 있던 파트를 찾을 수 있고 그것이 실제로 그들을 보호하려 했다는 것을 알게 된다. 갈등에 빠졌을 때 스스로 해결하려고 노력하는 것이 얼마나 어려운 일인지 강조하기 위해 이런 커플들의 사례를 언급하는 것이다. 보호자 파트가 자신의 참나가 아니라는 것을 깨닫는 것은 어떤 사람들에게는 평생 자신의 머리카락이라고 생각했던 것이 실제로는 가발이었다는 것을 발견하는 것과 같은 충격으로 다가온다. 우리 중 많은 사람들은 특정 보호자 파트들과 너무 동일시되어, 그들이 언제 장악을 시작했는지조차 알 수 없는 경우가 많다. 예를 들어, 내 전처인 낸시Nancy가 나에 대해 비판적인 말을 할 때 나는 차분하고 논리적인 방식으로 내 자신을 방어했는데, 그 당시 나는 그 말이 내 참나로부터 나오는 것이라 생각했다. 그러나 시간이 지나면서, 비록 겉으로는 열려 있고 방어적이지 않은 것처럼 보였지만, 내 마음이 그녀에게 닫혀 있었다는 것을 나는 깨달았다. 이제는 사람들과 격렬한 토론을 할 때, 미묘한 보호자 파트가 나를 대신해 말을 하고 있지는 않은지 수시로 내 마음을 점검한다. 이런 보호자 파트는 상대방을 신경 쓰지 않는다는 메시지를 전달하여 상황을 악화시키는 경우가 많다.

따라서 보호자 파트를 감지하는 방법 하나는 신체를 확인해 보는 것이다. 보호자 파트들은 대부분 몸의 특정 부위에서 예측 가능한 방식으로 나타나며, 이를 알아차리는 법을 배우면 쉽게 식별할 수 있다. 예를 들어, 나에게는 누군가와 말다툼을 시작할 때 즉각적으로 이마에 긴장감과 압박감을 느끼게 하는 두려워하는 파트들이 있다. 또 다른 파트는 내 목소리를 딱딱하고 차갑게 만든다. 당신의 가장 지배적인 보호자 파트들을 발견하고, 그들이 당신에게 미치는 생리적 영향을 파악하고, 몸을 읽는 연습을 통해 그들이 얼마나 자주 또 강하게 나타나는지 파악하는 것이 도움이 된다. 그런 다음, 격앙된 토론 중에 가끔씩 그 파트들이 잘 나타나는 신체 부위를 확인하여, 그들이 얼마나 당신에게 영향을 미치고 있는지 파악할 수 있다. 일반적으로 나타나는 보호자 파트들에 대한 상기가 필요하다면 199~201쪽에 나와 있는 목록을 다시 한번 살펴보기 바란다.

보호자 파트들이 있는지 파악하기 위해 자신의 마음을 점검해 볼 수도 있다. 나는 누군가와 문제를 해결하려고 할 때, 내가 얼마나 논쟁에 집착하고 있는지 또는 상대방이 내 관점을 인정하도록 유도하고 있지는 않은지 스스로 모니터링하기 위해 최선을 다한다. 내면에 집중하고 상대방에 대해 극단적인 말을 하거나 새로운 방어 또는 공격 전략을 세우는 목소리에 귀를 기울인다. 좋은 날에는 이런 방어적인 태도 이면의 보호자 파트들의 활동을 모두 알아차리고 내면에서 그들을 안심시키며 빠르게 정리할 수 있다.

하지만 20년 넘게 이 과정을 연습해 왔음에도 내 보호자 파트들은 여전히 나를 때때로 장악한다. 커플 치료사인 테런스 리얼Terrence Real은 이를 '쉭whoosh'*이라고 부른다. "쉭은 본능적인 반응, 즉 조건반사가 순간적으로 우리를 덮치는 것이다. 어떤 사람에게 이것은 두려움, 어떤 사람에게는 수치심, 또 다른 사람에게는 분노로 다가온다. 나는 분노가 많은 가정에서 자랐다. 누군가 내 면전에서 공격을 해올 때 나의 반사적 반응은 상대방의 얼굴을 후려치고 싶은 욕망이다."[2] 이런 자동적인 '쉭' 반응은 멈추기가 매우 어려울 수 있다.

관계를 개선하려고 노력할 때 두 사람이 모두 신뢰할 수 있는 제3자가 함께 있으면 큰 도움이 될 수 있다. 그 제3자의 주된 역할은 두 사람 모두 혼자서는 할 수 없는 파트 감지기 역할을 하는 것이다. 여기서 중요한 점은 우리가 항상 자신의 파트들을 감지하고 참나 주도적인 관계를 유지할 수 있는 것은 아니기 때문에, 자신의 파트를 감지할 수 없을 때 이를 감지할 수 있는 치료사의 도움을 받을 수 있다. 하지만 어떤 사람은 제3자의 도움 없이도 많은 파트들을 스스로 감지하는 경우도 있다.

---

* **옮긴이 주** '쉭'이란 공기 따위가 빠르게 지나가는 것을 뜻하는 의성어에서 따온 말이다.

참나 감지하기

특정 파트들을 감지하는 데 어려움이 있다면, 이에 집중하는 대신 참나가 얼마나 체화되었는지에 집중할 수 있다. 파트너와 상호작용할 때 자신이 얼마나 넉넉한 마음을 가지고 있는지, 호기심, 열린 마음, 차분함, 명료함을 느끼는지 자주 점검할 수 있다. 사람마다 참나 감지를 위해 확인하는 생리적 신호가 다르다. 어떤 사람은 호흡에, 어떤 사람은 목소리에 집중한다. 나는 내 심장의 상태를 계속 알아차리는데, 참나 주도적일 때 내 몸에서 따뜻하고 진동하는 에너지를 느낄 수 있다. 그 상태에서는 내면의 리허설 없이도 쉽게 말할 수 있다. 심지어 힘든 상황에서도 파트너와 연결되어 있다는 느낌이 들고, 파트너에게 무슨 일이 일어나고 있는지 진심으로 궁금해진다.

그래서 갈등으로 씨름할 때, 나는 파트너와 소통하려고 노력하는 동시에 상호작용하는 동안 내가 얼마나 현존**하고 있는지도 알아차린다. 참나 에너지가 내 몸에 그다지 체화되어 있지 않다는 것을 알게 되면, 나는 내 파트가 나를 장악했고 계속 대화하는 것이 생산적이지 않다는 것을 알 수 있다.

'파트 공격'을 다루기

보호자 파트들의 존재 또는 참나의 부재를 감지하는 것은 중요한 단계이지만, 이는 첫 번째 단계에 지나지 않는다. 파트가 있다는 것을 알아차렸을 때 즉시 내면에 말을 걸어 빠르게 안심시키고 긴장을 풀도록 도와야 한다. 그런 순간, 내 머릿속에 마이크가 있다면 '날 믿어', '기억해, 네가 날 내버려두면 항상 일이 더 잘 풀렸잖아', '내가 처리할 수 있어' 같은 말을 들을 수 있을 것이다. 이런 안심이 효과가 있을 때 나는 논쟁에서 이기는 것에 대한 걱정을 덜어내고, 의견이 일치하지 않는 동안에도 연결을 유지하는 능력이 즉각적으로 향상되는 것을 느낀다. 때로는 대화를 멈추지 않고도 이렇게 할 수 있고, 상대방은 내가 이런 작업을 하고 있다는 사실을 알지 못한다. 이렇게 할 수 없는 경우에는 내가 활성화된 나의 파트들을 진정시킬 수 있게 잠깐 대화를 중단하자고 요청하고, 파트들을 진정시킨 후 다시 돌아와 어떤 파트가 있었고 또 왜 거기 있었는지 간략하게 보고하면서 그 파트를 대변해서 말한다.

그래도 안 되면 대화를 멈추고 내가 참나 주도로 대화를 할 수 있을 때까지 잠시 휴식을 가지자고 제안한다. 하지만 이를 실천하는 것은 매우 어렵다. 왜냐하면 '쉭' 보호자들은 내 몸을

** **옮긴이 주** 현존이란 특정 순간이나 상황에 온전히 집중하고 있는 상태를 의미한다.

흥분시켜 잠시 멈춰야 한다는 것조차 알 수 없게 하기 때문이다. 또한 좀 더 이성적이고 변호사 같은 내 보호자 파트들은 내가 조금만 더 시간을 주면 파트너로부터 내가 필요하다고 생각하는 이해, 사과 또는 변화의 약속을 얻을 수 있다고 확신한다. 그들은 나에게 이제 얼마 남지 않았고, 내 입장을 한 번 더 강력하게 또는 더 자세하게 설명하면 내가 마땅히 받아야 할 것을 얻을 수 있을 것이라고 말한다.

보호자 파트와 섞여 있고 싶은 굉장한 욕구에도 불구하고, 우리가 파트와 분리될 수 있고 참나 주도로 말을 할 수 있다면, 그것은 관계에서 중요한 성장의 순간이 된다. 테런스 리얼은 "몸의 모든 근육과 신경이 예전의 대응 방식으로 당신을 끌어당기고 있지만, 새로운 힘이 당신을 익숙한 길에서 벗어나 의도적이고 건설적인 행동, 즉 회복을 향한 방향으로 끌어올리는 순간"[3]의 중요성을 강조한다.

보호자 파트의 자신이 옳다는 확신이 때때로 나를 유혹할 수 있다. 나는 수십 년 동안 내 파트들과 작업을 해온 사람이지만 파트들이 있다는 사실조차 모르는 사람들은 이런 파트들이 자신을 장악하도록 허용하는 것은 당연하다. 그들은 파트 전쟁에 대한 대안이 있다는 것, 즉 참나 대 참나의 관계가 가능하고 도움이 된다는 사실을 전혀 인식하지 못한다. 이런 사람들은 심지어 의사소통 기술을 배우고 이슈를 다룰 때 배운 것을 적용하지만, 종종 보호자 파트들이 여전히 말을 하고 있으며 이제 공정한 싸움의 규칙을 따르고 있기 때문에 더욱 자신이 옳다고 느낄 것이다. 그러나 나는 일단 보호자 파트들이 장악하고 한발 물러나기를 거부하면 대화를 중단하는 것이 훨씬 낫다는 것을 배웠다. 나는 파트너에게 잠시 휴식을 하자고 요청하고 나중에 다시 시작하자고 제안한다. 또한 대화를 재개할 때 내가 참나 주도로 더 잘 현존하기 위해서 그 시간을 이용해 내 파트와 작업할 것임을 그녀에게 분명히 밝힐 것이다. 그 시간 동안 나는 보호자 파트와 보호자 파트가 보호하는 파트(추방자)에 대해 혼자서 작업하거나, 혼자서 깊은 작업을 할 수 없다면 치료사에게 도움을 요청할 것이다. 이런 식으로 나는 파트너의 토멘토로서의 능력을 활용하여 치유가 필요한 나의 파트들을 찾아내고, 다시 대화를 재개할 때는 좀 더 참나 주도적으로 행동한다.

    파트너가 어떤 파트에 장악당했을 때 내가 휴식을 가지자고 말하지 않은 것을 눈치 챘을 것이다. 내 목표는 파트너가 참나 주도적일 때만 이야기하는 것이 아니다. 파트너가 참나 리더십을 잃었을 때에도 내가 참나 리더십을 유지하려고 노력하는 것이 내 책임이라고 생각하기 때문이다. 그렇게 할 수 있다면 파트너의 참나가 돌아오는 경우가 많고, 내가 파트너의 강력한 파트를 다룰 수 있다는 것을 보여 주었기 때문에 내 파트들도 참나의 리더십을 신뢰하게 된다.

이는 어려운 문제를 파트너와 함께 다루는 데 있어 더 큰 목표를 보게 해준다. 이 과정에서의 진정한 가치는 문제 해결에만 있는 것이 아니다. 가끔은 그런 일이 일어나기도 하지만, 그런 일이 일어나면 그것은 케이크의 장식처럼 부가적인 것에 지나지 않다는 것을 알게 되었다. 오히려 그런 어려운 토론은 ① 심각한 위험이 있음에도 나의 파트들이 나를 신뢰할 수 있다는 것을 보여줄 수 있는 기회이며, ② 나중에 치유할 수 있도록 핵심 추방자에게 접근하는 방법이다. 만약 내 파트너도 이와 같은 관점을 가지고 있다면, 우리의 갈등은 개인적이든 관계적이든 엄청난 성장의 장이 될 것이다. 그러나 파트너가 이런 방식으로 보지 않거나 내면 작업을 하지 않더라도, 나는 여전히 이 과정을 통해 큰 결실을 얻을 수 있다.

이런 관점은 파트너의 단점을 감시하고 지적하는 태도에서 벗어날 수 있게 해준다. 갈등이 있을 때 파트너의 약점을 발견하는 태도는 불난 집에 부채질을 하는 것과 같다. 사람들은 화가 났을 때 대부분 자신의 잘못을 지적받는 것을 달가워하지 않으며, 상대의 파트가 장악했다는 것을 알 때 참나 주도적으로 행동할 가능성은 거의 없다. 그래서 나는 커플과 함께 일할 때 자신의 파트에 대해서는 이야기할 수 있지만 파트너의 파트에 대해서는 이야기하지 못하도록 규칙을 정한다. 예를 들어, "당신의 화내는 파트가 여기 또 나왔군"이라고 불평하는 대신 "지금 당신이 하는 행동 때문에 나의 화내는 파트가 자극되었으니까 나중에 얘기해"라고 말할 수 있다.

파트 전쟁을 멈추지 않고 계속할 때 생길 수 있는 문제점 하나는, 당신의 보호자 파트들이 화가 나면 당신이 의도하지 않은 상처를 주거나 극단적인 말을 하는 경우가 많다는 것이다. 앞서 설명한 것처럼 보호자 파트들은 종종 가트먼이 말한 네 명의 종말의 기사처럼 파괴적인 의사소통 방식을 사용한다. 이런 방식을 지속하면, 파트너의 추방자에게 상처를 입히고 애착 재상처를 일으켜 보호자 파트들을 더욱 자극하게 된다. 이 시나리오에서 각각의 싸움은 참나 리더십과 개인적 치유에 대한 신뢰를 높이는 기회가 되기보다는, 각 파트너의 추방자들에게 무가치함을 느끼게 하고 보호자 파트들에게는 불신이라는 더 많은 마음의 짐을 주게 된다.

보호자 파트 이면의 추방자를 보기

파트너의 보호자가 그들을 완전히 장악하고 당신의 잘못을 과장하거나 심지어 거짓이라고 말할 때, 그 에너지와 내용에 대응하지 않기는 어렵다. 나는 누군가 내가 한 일에 대해 부정확한 말을 할 때면 항상 미끼를 물었고, 나를 분노로 내모는 마음에 관심을 기울이기보다는 그 내용을 바로잡기 위해 대응하곤 했다. 마치 내 인생에 대한 영구적인 기록이 어딘가에 있는 것처럼 모든 사실이 정확한지 확인해야 하고, 끊임없이 왜곡된 내용을 해명하지 않으면 그 기록이 훼손될 것처럼 느끼는 파트가 있었다.

이제는 그런 상황이 발생했을 때 대체로 그 파트를 포착하고, 영구적인 기록이란 없으며 내용의 왜곡이나 분노한 에너지에 대응할 필요가 없다는 것을 재빨리 상기시킬 수 있다. 그 보호자 파트와 다른 파트들이 나의 참나가 현존하도록 허용할 때, 나는 상처를 주는 표현 뒤에 숨어 있는 고통이나 두려움을 듣고 볼 수 있으며 연민으로 반응할 수 있다. 또한 과장된 표현에 담긴 진실, 즉 내가 한 일에 대해 귀 기울이고 진심으로 사과할 수 있다. 테런스 리얼은 자신의 아내가 비난을 할 때 어떻게 하는지 묘사하면서 이와 같이 그 과정을 잘 설명하고 있다. "아내의 비난은 과장되고 왜곡되었으며 애정이 느껴지지 않았습니다. 하지만 쓰레기 더미에서 보석을 발견하듯 아내의 말 중에는 사실에 부합하는 부분이 있었고, 순전히 절제력을 발휘하여 이 부분에만 반응하기로 결정했습니다. 저는 말도 안 되는 것처럼 보이는 아내의 말의 85퍼센트를 꾹꾹 참아내고 인정할 수 있는 15퍼센트를 돌려주었습니다."[4]

쓰레기 더미에서 보석을 찾을 수 없을 때, 즉 상대가 망상에 빠진 것처럼 보일 때에도 참나 주도적으로 상대방의 말보다는 고통에 반응한다면 상황이 개선된다. 왜냐하면 상대방이 진정으로 원하는 것은 당신이 그들의 추방자들을 목격하고, 당신이 그들에게 상처를 주었고, 그렇게 한 것을 후회한다고 믿는 것이기 때문이다. 안타깝게도 대부분의 보호자 파트는 그들이 진정으로 원하는 것과는 정반대의 결과를 초래한다. 당신의 임무는 보호자 파트들이 영웅적으로 보호하고자 애쓰는 상처 받고 겁에 질린 어린 추방자들을 감싸고 있는 벽과 대포알을 꿰뚫어 보는 것이다.

참나 주도의 회복

이제 사과라는 주제에 대해 이야기해 보자. 개인적 경험과 직업적 관찰을 통해 내린 결론은, 대부분의 사람들이 깨끗하고 진심 어린 사과를 잘 하지 못한다는 것이다. 우리가 소송과 경쟁이 많은 문화 속에서 살아간다면, 누군가에게 상처를 준 실수를 인정하는 것을 더욱 꺼리게 된다. 특히 가부장제는 사과를 복종이나 패배와 동일시하며, 이는 진정한 사과를 더 어렵게 만든다. 파트너에게 지배당할까 봐 두려워하는 보호자 파트들은 하나를 양보하면 완전히 정복당할 것이라고 설득하려 할 것이다. 이들은 또 파트너에게 상처를 주거나 완벽하지 않다는 사실을 스스로 인정할 경우 당신 내면의 비판자들을 자극해 분노하게 만들 것을 두려워할 수도 있다.

따라서 보호자 파트들은 계속해서 당신 내면에서 또 파트너에게 자신을 방어하거나 축소하거나 심지어 부인한다. 만약 이 파트들이 사과를 허용한다면, 그것은 "이렇게 하면 상대방이 입을 다물겠지"라는 달래기나 "내가 너무 나쁜데 어떻게 나를 용서할 수 있겠어?"라는 비굴함에서 비롯된 것이다. 동시에 내면에서는 당신이 정말 그렇게 나쁜 짓을 하지 않았다고 안심시키거나, 반대로 당신이 완전히 무가치하다고 느끼게 만들 수 있다. 다른 일반적인 파트들도 회복으로 이끌 수 있는 사과를 방해할 수 있다는 것이 대충 이해가 될 것이다.

보호자 파트가 사과를 할 때 파트너는 위선이나 극단성을 느끼고, 목격되었다고 느끼지 못하는 경우가 많다. 한 파트너가 "왜 다시 그 얘기를 해야 해? 내가 한 일에 대해 여러 번 사과했잖아"라고 말하는 것은 상대방이 가해를 한 파트너의 보호자 파트들에 의해 오염되지 않은 진심어린 사과를 받지 못했기 때문인 경우가 많다. 보호자 파트가 주도하는 사과는 종종 "내가 당신에게 상처를 주었다면 미안해" 또는 "당신의 감정이 상했다면 미안해"와 같은 한정적인 문구를 포함하고, 곧이어 왜 자신이 그런 행동을 했는지, 자신의 의도는 좋았는데 어떻게 오해가 되었는지에 대한 방어적인 설명이 뒤따른다. 또한, 당신의 보호자 파트들은 문제를 빨리 끝내고 싶어 하기 때문에 상대방의 추방자가 충분히 이해되었다고 느끼기 전에 상대방이 한 행동에 대한 설명을 끊어버리는 경우가 많다. 그 결과, 상대방은 완전히 목격되었다고 느낄 때까지 더 극단적인 방법으로 다시 그 문제를 제기할 것이다. 또한 가해자 파트너가 짧은 사과를 한 후 상대방의 잘못을 언급하고 상대가 자신에게 어떻게 상처를 주었는지에 대해 듣게 하려는 시도를 하는 경우도 흔하다. 예를 들어 "미안하지만, 당신이 한 행동에 대해서는 어떻게 생각해?"와 같이 말하는 것이다. 마지막으로, 겁에 질려 달래려는 보호자 파트는 후회와 자기 비하를 과장되게 하며, "내가 당신에게 그런 짓을 했다니 믿을 수가 없어. 난 정말 끔찍한 사람이야. 어떻게 날 용서할 수 있겠어?"라는 말로 상대방을 안심시키려 할 수도 있다.

반대로, 머릿속에서 보호자 파트의 광분을 진정시키고 파트너의 극단적인 말 이면에 있는 고통을 들을 수 있고 그 고통에 마음을 열 수 있을 때, 당신은 감동받을 것이고 상황에 적절한 올바른 말을 할 수 있을 것이다. 사실, 말의 내용보다는 당신의 에너지가 훨씬 더 중요하다. 당신의 참나는 파트너가 느끼는 고통에 대해 당신이 얼마나 미안해하는지를 전달할 방법을 찾을 수 있다.

파트너가 원하는 것은 일반적으로 추방자들이 원하는 것과 동일하며, 이는 당신이 다음 세 가지 단계를 하는 것을 포함한다.

1 상대방의 관점에서 일어난 일을 연민으로 목격하고, 그들이 얼마나 상처를 받았는지 인정한다.
2 그 고통에 대해 진심으로 공감하고 (아무리 자신이 의도하지 않았더라도) 그 고통을 유발하는 데 자신이 한 역할을 후회한다.
3 다시는 그런 일이 일어나지 않도록 하기 위해 자신이 취할 조치를 설명한다.

모든 사람에게 이 세 가지 단계가 필요한 것은 아니다. 상대방이 1단계 또는 1단계와 2단계만 해도 기분이 좋아져 3단계를 할 필요가 없는 경우도 많다. 3단계는 특히 해롭거나 만성적인 행동이 일어난 경우 꼭 필요한 단계이지만 여기에는 문제가 많다. 많은 해로운 행동은 그 행동을 유발하는 파트를 찾아 치유하지 않고는 바꾸기 어렵다. 많은 커플이 절망과 체념의 상태에 빠지는 이유는 서로에게 해로운 행동을 중단하겠다고 반복해서 약속하고, 그런 말을 할 때는 매번 진심이지만, 반복적으로 약속을 어기게 되기 때문이다. 당신의 추방자가 매우 취약하고 방치된 상태에 있는 한, 보호자 파트는 자동으로 반응하여 해로운 행동을 반복할 것이다. 의지력, 스스로 조심하기, 선한 의도로 달성할 수 있는 것에는 한계가 있다.

 3단계에서 할 수 있는 가장 현실적인 약속은 대부분, 상처를 주는 행동 배후에 있는 파트를 찾아서 해결하겠다고 약속하는 것이다. 그 순간에는 "다시는 그런 짓을 하지 않겠다고 맹세해"라는 말만큼 파트너의 추방자들을 만족시키지 못할 수도 있지만, "내가 너무 비판적이어서 얼마나 자주 당신에게 상처를 주었는지 알겠어. 그래서 내가 그 비판자가 멈출 수 있도록 그 비판자와 작업하려고 노력할게. 시간이 좀 걸리겠지만 당신을 사랑하고 계속 상처 주고 싶지 않기 때문에 그렇게 하기로 결심했어"라는 말이 얼마나 치유적인지에 대해 놀라게 될 것이다. 이는 파트너에게 희망을 주는데, 그 이유는 도움을 받으면 당신이 실제로 그렇게 할 수 있다는 것을 파트너가 믿기 때문이다. 당신은 관계를 통해 당신의 마음을 닫게 하는 파트를 찾아서 그 파트의 마음의 짐을 내려놓는 성스러운 과정을 계속 이어갈 수 있다. 그렇게 생각하면 사과하고 변화를 약속하는 것이 더는 굴종적으로 느껴지지 않는다.

참나 주도의 사과를 받은 후, 나와 함께 일하는 많은 피해자 파트너들은 안도감을 느끼며 자신의 상처는 진짜였지만 자신이 과민하게 반응했다는 것을 깨닫고 이에 대해 미안하다고 자발적으로 말한다. 그들은 또한 이에 개입한 파트들을 찾아서 해결하겠다고 약속한다. 이런 식으로, 관계에서 생기는 상처가 잘 치유된다면 그 상처는 당신과 파트너에게 풍요로운 길잡이가 될 수 있다. 다시 한번, 파트너는 당신의 소중한 토멘토 역할을 한다.

그러나 신뢰나 안전에 심각한 침해가 있었던 경우에는 일회성 사과로는 충분하지 않다. 가해자 파트너는 시간이 지남에 따라 피해자의 신뢰를 회복해야 한다. 다시 말하지만, 보호자 파트들은 사과를 한 후에는 다시는 그 사건에 대해 언급하지 말라고 하고("왜 또 아픈 상처를 건드리지?"), 다시 파트너가 그 사건을 언급하면 "이미 사과했잖아"라고 말하기 때문에 신뢰 회복을 어렵게 만들 것이다. 이들은 또한 자신의 역할을 축소하거나 변명하고 세부 사항을 생략하려고 한다.

이런 태도는 피해자 파트너가 원하는 것과는 정반대이다.

피해자 파트너는 당신이 한 행동과 그로 인해 자신이 얼마나 상처 받았는지를 당신이 늘 마음에 새기고 있기를 바란다. 임상심리학자 재니스 에이브럼스 스프링Janis Abrahms Spring은 저서《어떻게 용서할 수 있을까?How Can I Forgive You?》에서, 당신이 자신이 한 일에 집중할수록 파트너는 거기에 집중을 덜하게 된다고 강조한다. "가해자인 당신은 자신의 잘못을 충분히 인식하고 있으며 다시는 반복하지 않겠다는 의지를 보여줘야 한다. 그러면 피해를 입은 당사자인 당신은 상처에 덜 집착하게 되고 상처를 잊기 시작한다."[5]

따라서 당신이 파트너에게 상처를 주었다면 내면에서 올라오는 보호자 파트들의 저항을 무시하고, 당신이 상처를 준 사건과 그에 대한 후회를 자주 언급하고 그 일이 반복되지 않도록 어떻게 당신의 파트들과 작업하고 있는지 솔직히 논의해야 한다. 또한 파트너의 보호자 파트들의 에너지가 증가할 때는 인내심을 가져야 한다. 파트너의 보호자 파트들은 당신이 그들의 신뢰를 얻기까지 오랫동안 거리를 두고, 적대적이고 의심하고 심문하는 태도를 유지할 수 있다. 이런 행동에 대해 파트너를 비판하면 그때마다 이 과정은 후퇴하게 된다.

당신이 자신의 잘못을 진지하게 받아들이고 변화를 위해 노력하고 있다는 것을 파트너가 알게 되면, 그들은 외부에 대한 경계를 완화하고 당신으로 인해 깊이 상처 받았던 그들의 추방자들과 당신이 다시 연결할 수 있게 해준다. 파트너가 자신의 파트들을 설득하여 자신이 파트들의 주 양육자가 될 수 있다고 믿게 하고, 또 파트들이 이를 신뢰할 수 있게 된다면, 파트너의 파트들은 당신이 저지른 배신의 고통에서 벗어날 수 있다. 그 시점에서 진정한 용서가 가능하다. 반대로, 치유가 일어나기 전에 용서를 시도하면 여전히 불신하고 상처 받은 파트들을 추방하게 되는 결과를 낳을 수 있다.

커플들이 크고 작은 상처를 치유하고 그로 인해 배울 수 있을 때 그들은 관계에서 긴장을 풀 수 있게 된다. 남은 인생 동안 똑같은 낡은 패턴에 갇혀 있지 않을 것이라는 희망이 생긴다. 대부분의 사람들은 파트너의 짜증과 성마름이 일시적이라는 것을 알게 되면, 많은 것을 참아낼 수 있다. 하지만 이런 패턴이 평생 지속될 것처럼 느껴질 때는 절망에 빠지게 된다. 두 파트너 모두 자신의 일에 최선을 다하는 상대방을 보면 희망이 생기고, 그 희망 때문에 그토록 커 보였던 장애물들이 작아지게 된다. 그들을 견딜 수 없게 만드는 것은 이 패턴이 끝없이 반복될 것이라는 생각이다.

상처, 공허한 약속, 실망의 끝없는 악순환에서 벗어난 보호자 파트들은 점차 무기를 내려놓고 앞서 설명한 반대 그룹에서 찬성 그룹으로 점차 전환하기 시작한다. 부정적인 태도가 긍정적으로 바뀌면서 파트너는 서로의 결점을 더 수용하고, 상대방의 보호자 파트들에게 덜 반응하게 되며, 다툰 후 회복에 더 많은 관심을 기울이게 된다. 이런 더 안전한 환경에서, 두 파트너는 서로의 결점을 인정하고 진정한 치유의 과정을 시작할 수 있다. 각 파트너가 자신의 마음의 짐을 내려놓은 추방자들의 주양육자가 되면, 상대방을 바꾸려는 압박감을 덜 느끼게 되고, 그렇게 되면 역설적으로 상대방이 변화할 수 있는 공간이 더 많이 생기게 된다.

친밀한 관계

이런 긍정적인 선순환이 일어나면, 파트너는 서로의 내면에 깊은 관심을 가지게 되고 파트너가 하는 내면 작업을 지지함과 동시에 자신의 내면 작업에도 매료된다. 이제 두 사람은 외적·내적 성장과 배움의 여정에서 서로를 지지하는 친밀한 동반자가 된다. 두 사람은 서로를 자극하기도 하지만, 동시에 회복하고 다시 연결할 수 있다는 것도 알고 있다. 처음에 아무리 극단적인 모습을 보이더라도 두 사람은 이 파트들이 그냥 파트들일 뿐이라는 것을 안다. 이 파트들은 자신의 이야기를 털어놓고 마음의 짐을 내려놓으면 본연의 진정한 가치를 드러내고 당신

두 사람의 공동 내면 가족으로 환영받을 수 있다는 것을 알기 때문에, 두 사람의 관계에서는 모든 파트들이 환영받는다.

커플들이 이를 제대로 이해하면 서로의 기분 변화에 과민하게 반응하지 않게 된다. 한 파트너가 '파트의 공격'을 받으면 다른 파트너는 참나 주도적인 태도를 유지하며 자극된 파트너가 자신의 파트들을 도와주도록 격려할 수 있다. 이렇게 하면 대부분의 괴로운 커플의 상호작용을 특징짓는 파트 전쟁의 악순환을 끊을 수 있다.

6장

새로운 관점

CHAPTER 6
THE WHOLE PICTURE

이 책에서 많은 개념과 방법을 소개했지만, 이 개념들이 실제 삶에서는 어떻게 적용될 수 있는지 상상하기 어려울 수 있다. 이 장에서는 지금까지 언급한 개념들이 당신의 삶에서 어떻게 적용될 수 있는지를 보여주려고 하는데, 그러기 위해서는 내용을 단순화시킬 수밖에 없고 당신의 상황에 꼭 들어맞지 않을 수 있다는 점을 유의하며 읽어주기 바란다. 또한 여기서는 친밀감의 네 가지 형태에 대해 설명하며 친밀감에 대해 더 깊이 탐색해 보겠다.

갈등

이 책의 관점을 완전히 받아들인다면, 가장 먼저 당신의 관점에서의 변화를 느꼈을 것이다. 예를 들어, 당신은 이제 파트너가 당신을 완전하게 하고, 가치 있게 하고, 기쁘게 하고, 또는 안전하게 느끼도록 만들어주기를 더는 기대하지 않게 된다. 즉, 파트너가 당신의 파트들을 돌보는 주 양육자가 되어주기를 기대하지 않을 것이다. 파트너가 때때로 이런 감정을 불러일으킬 수 있지만, 당신은 그런 감정을 느끼는 파트들을 스스로 도울 수 있다는 것을 알고 있으므로 그들의 행복이 파트너에게만 의존하지 않는다는 것을 이해한다. 그러면 긍정적인 감정을 느끼지 못할 때 파트너를 탓하지 않고, 긍정적인 감정을 느낄 때도 파트너에게 모든 공을 돌리지 않게 된다.

마찬가지로 상실감, 외로움, 무가치함, 우울함, 두려움, 굴욕감을 느낄 때도 파트너에게 전적으로 의존하지 않고 그런 어두운 바다에서 벗어나기 위해서도 파트너에게만 의지하지 않는 자신을 발견할 수 있다. 당신은 상처 받은 추방자에게 다가가 이들을 사랑해 주는 방법을 알기 때문에 우리 문화가 제공하는 다른 구명조끼—즉, 외부의 위안이나 자극—를 붙잡으려 하지 않게 된다. 설령 파트들이 너무 자극받아 그 순간에는 당신이 그들을 도울 수 없을 때라도, 당신은 그것이 단지 '파트들의 공격'이며 일시적 현상이라는 것을 안다. 당신은 내면의 폭풍 속에서도 흔들리지 않는 '나'로 머무를 수 있는 능력이 있다. 그리고 이 능력은 파트너와 함께 겪는 외부의 폭풍 속에서도 흔들리지 않고 '나'로 남을 수 있도록 도와준다. 일단 폭풍이 지나가고 그 파트가 진정되면, 당신은 화가 났던 파트에게 사랑으로 다가가 그 파트의 치유를 돕는다.

당신은 파트너가 항상 참나 리더십을 유지하기를 기대하지 않으며, 파트너가 참나 상태로 있지 못할 때는 그것이 단지 '파트들의 공격'이라는 것을 이해한다. 이 경우 파트너가 약하거나, 요구사항이 많거나, 비판적이거나, 분노하거나, 겁을 먹거나, 거리를 두는 경우 당신의 파트가 과잉 반응하지 않도록 도울 수 있다. 이런 경우에는 당신의 파트들에게 다음을 상기시킬 수 있다. 이것은 파트너의 극히 작은 한 부분일 뿐이고, 파트너가 이렇게 반응하는 것은 아마도 어린 파트가 내면의 극심한 고통에 대해 반응하고 있을 가능성이 높으며, 당신이 그 고통에 원인제공을 했을 수도 있고 아닐 수도 있다고. 그 파트가 말하는 모든 극단적인 것들은 파트너가 정말로 그렇게 생각하는 것이 아니므로 개인적으로 받아들이거나 과장된 내용에 반응할 필요가 없다고. 그 대신, 당신은 파트너의 그 파트를 몰아붙이는 고통, 수치심 또는 두려움을 느끼고 연민으로 반응할 수 있다고. 심지어 파트너의 그 파트가 강하게 나타나더라도 그들의 참나는 여전히 그들 속에 있고, 곧 돌아올 것이라고.

관계에서 항상 이렇게 참나 리더십을 유지할 수는 없지만, 그렇게 할 수 있을 때는 놀라운 경험을 하게 된다. 과거에는 파트너의 말이 나의 내면에서 폭발을 일으켜 감정의 홍수, 자동적인 보복 또는 철수(내가 철수했을 때 그녀의 파트들은 더 극단적으로 되었다)를 일으킬 정도로 강력한 힘을 가졌지만 이제는 그 말들이 나에 대한 힘을 잃었다. 그 대신, 나는 종종 그녀의 파트들이 언제 활성화되어 상황을 왜곡하고 요구사항이 많아지는지를 관찰할 수 있게 되었으며, 그 말을 하는 것은 그녀 내면의 매우 어리고 이 순간에 깊은 상처를 받고 있는 파트라는 것을 이해할 수 있다. 나는 종종 연민의 마음을 가질 수 있고 그 상처가 무엇에 관한 것인지에 대해 호기심을 가질 수 있으며, 내 파트들에게 그녀의 에너지에 맞설 필요도 없고 왜곡에 대응할 필요도 없다는 것을 상기시킨다. 그저 파트들이 내가 마음을 열어두고 호기심을 유지할 수 있게 허락해 주면 결국 그녀는 돌아올 것이라고 내 파트들을 안심시킨다. 또한 나는 내 파트들에게 내가 상처를 주는 행동을 했다는 것이 분명해졌다고 해서 내가 나쁘거나 그녀가 나를 버리거나 내가 고통 받아야 한다는 뜻이 아니라는 것을 상기시켜 준다. 이것은 단지 내가 상처를 회복해야 한다는 것을 의미할 뿐이라고.

놀라운 것은, 그녀가 돌아오고 또 종종 꽤 빨리 돌아온다는 것이다. 그러면 우리는 싸움 후에 따라오는 몇 시간 또는 며칠 동안의 거리 두기를 건너뛸 수 있다. 나는 이제 내면에서 '그녀는 정말 공정하지 않아', '이 관계를 끝내는 게 맞아'라는 파트들의 이야기를 더는 끝없이 들을 필요가 없다. 마찬가지로, '이제 내가 잘못을 했으니 그녀는 나를 떠날 거야'라든가, '그녀가 나를 영원히 미워할 거야'라는 극심한 두려움이나 파트너로서 내가 실패한 사람이라는 강렬한 수치심을 피할 수 있다. 그 대신 그녀가 돌아오면 우리는 몇 분 동안의 작은 회복 세션을 시작한다. 나는 내가 한 상처 되는 말과 행동이 그녀의 파트를 자극했다는 것에 대해 미안하다고 말하고, 그녀는 자신의 파트가 그렇게 극단적인 방식으로 나타나서 미안하다고 사과한다. 빙고! 우리는 다시 연결되었다.

그러나 폭풍 속에서도 흔들리지 않는 '나'로 머무를 수 있는 능력은 당신이 자신의 파트를 돌보는 주 양육자가 되는 능력과 밀접한 관련이 있다는 점을 기억하는 것이 중요하다. 내 파트들이 그녀에게 무슨 일이 일어나더라도 내가 그들을 돌볼 수 있다고 믿기 전에는, 나는 그녀에게 자동으로 반응하는 것을 멈출 수 없었을 것이다. 그렇게 하는 것은 위험부담이 너무 컸다. 그녀의 말은 그녀의 사랑을 얻기 위해 필사적으로 집착하는 내 어린 추방자들의 심장을 찌르는 칼과도 같았다. 내 보호자들은 반격하거나 벽을 세우는 것 외에는 선택의 여지가 없었다. 하지만 내 파트들이 나를 믿게 되자 그 칼들은 무뎌지고 추방자들의 작은 몸에서 튕겨져 나갔다. 이제 나는 그녀를 위해 용기 있는 사랑을 할 수 있게 되었다. 폭풍 속에서도 흔들리지 않는 '나'로 머무는 것은 그녀를 변화시키려는 것이 아니라, 내 자신의 참나 리더십에 대한 신뢰, 즉 내 파트들이 참나에 대한 신뢰를 키우는 연습이다.

커플의 갈등과 관련하여 중요한 또 다른 관점의 전환은, 파트너를 영원한 사랑인 소울 메이트가 아니라 소중한 토멘토로 생각하는 것이다. 과거에는 파트너가 귀찮은 행동을 하면 '왜 나는 저런 행동을 하는 사람과 함께 있어야 하는 것일까? 왜 그녀는 항상 다정하고/사려 깊고/세련되고/이타적이지 못할까…?' 하고 궁금해했다. 그러나 이제는 그런 내면의 불평에 귀를 기울인 후, 나는 파트너에게 초점을 맞추지 않고 내 내면에서 나를 아프게 하는 것에 초점을 맞추고 있다. 그곳에서 나는 항상 그런 불평 뒤에 숨어 있는 나의 사랑을 필요로 하고 아직 마음의 짐을 내려놓을 기회를 갖지 못한 파트를 발견한다.

물론 폭풍 속에서도 흔들리지 않는 '나'가 없을 때, 즉 두 파트너가 모두 참나 주도로 있을 수 없을 정도로 파트에 의해 장악되는 순간도 있을 것이다. 이때도 기대치가 중요하다. 예전에는 그런 일이 생기면 파트가 장악하는 동안 '분명히 그녀는 나를 사랑하지 않고 나는 그녀에게 아무런 사랑을 느끼지 못하는데, 왜 우리가 함께 있는 것일까?'라고 자문하곤 했다. 이런 싸움은 우리 관계의 암흑기가 되었다. 우리 둘 다 서로에게 했던 상처 주는 말을 마음에 새기지만 그 후 회복을 시작하는 방법을 알지 못했기 때문이다. 그 결과 파트들은 서로에게 더 많은 애착 재상처를 유발하고, 서로의 더 많은 파트들이 관계를 반대하는 쪽으로 기울어지게 만들었다. 그 결과로 생기는 부정적인 것에 집중하는 태도는 우리 각자가 더 작은 것들에 반응하게 만들고, 관계를 이런 악순환의 고리에 가두게 된다.

이제 관계에서 두 사람 모두가 파트들에 의해 장악이 되는 일이 발생할 때, 비록 그 순간에는 내 파트가 극단적으로 되는 것을 막을 수 없더라도 그것은 단지 나의 한 부분일 뿐이며 그녀도 마찬가지라는 것을 스스로에게 상기시킬 수 있다. 그 사실을 알고 나면, 서로의 말이 우리의 진짜 감정을 반영하는 것이 아니라 일시적인 것임을 깨닫게 되고, 곧 회복되고 다시 연결될 것이라는 것을 스스로에게 상기시킬 수 있다. 마치 보호자 파트들이 전쟁을 치르는 동안 겁에 질린 나의 파트들을 내가 안아주고 안심시키는 것과 같다. 이런 내면의 안심은 애착 재상처와 관계에 대한 반감을 최소화한다. 나는 또한 우리 둘 다 우리의 싸움을 이용해 그에 관련된 파트들을 찾고 치유할 것이라고 기대한다. 이러한 이해와 기대가 생기면 싸움은 그리 반갑지는 않지만 두렵지 않고, 싸움을 우리 관계의 긍정적인 미래를 위한 소중한 실마리로 삼을 수 있다.

갈등과 관련된 이 과정을 아래에 요약해 보겠다. 하지만 그 전에 먼저 이 책을 통해 제시하고자 하는 새로운 관점에 대해 살펴보고자 한다.

- 파트너가 우리를 자극한다는 것은 나쁜 일이 아니다. 이를 통해 우리는 교훈을 배울 수 있고, 파트너는 우리에게 고통을 통해 가르침을 주는 훌륭한 토멘토이다.
- 우리 중 한 명이 화가 나고 극단적으로 될 때, 그것은 일시적으로 어떤 파트가 장악한 것뿐이다. 우리의 참나는 여전히 우리 내면에 있으며 곧 돌아올 것이다.
- 파트들이 장악하는 것은 우리 각자가 보호자 파트들이 나오게 하는 핵심 추방자들을 치유하는 길로 이끌기 때문에 유용하다. 우리가 그 길을 따라 갈 수만 있다면.
- 상대가 파트에게 장악되는 상황에서는 우리 중 누구도 반응할 필요가 없고, 그 대신 폭풍 속에도 흔들리지 않는 '나'로 머물 수 있다.
- 우리 둘 다 파트에 의해 장악된 경우, 우리는 가장 암울한 시기 동안에도 우리 자신의 추방자들을 위로할 수 있다.

- 우리 자신의 파트들에 대한 주 양육자가 되는 것은 우리 각자의 책임이며, 우리는 파트너가 무엇을 하든 상관없이 그렇게 할 수 있다.
- 파트너가 무엇을 했든 상관없이 나중에 회복을 시도하고, 우리의 극단적인 파트들에 대해 파트너에게 사과하는 것도 우리의 책임이다.

이런 관점을 완전히 받아들이면 파트너가 자극이 될 때, 파트너가 보호자에 의해 장악될 때 다음 단계를 할 수 있게 된다.

- 내면에서 과잉 반응하지 않도록 노력하고, 당신의 파트들에게 당신이 여전히 그들과 함께 있고 파트너의 분노 뒤에는 고통이 있다는 것을 상기시킨다.
- 폭풍 속에서도 흔들리지 않는 '나'로 남아 있으면 좋지만, 당신도 당신의 보호자 파트에게 장악당해 그럴 수 없을 때에도, 그 순간 당신이 느끼는 것이 진심이 아니라 파트들의 공격이라는 것을 알 수 있을 만큼 충분히 분리하려고 한다.
- 나중에, 유턴을 한다—싸움을 하는 동안 당신 내면에서 무슨 일이 일어나고 있었는지 호기심을 가진다. 내면으로 들어가서 이를 탐색하고 파트너도 똑같이 하도록 초대한다.

- 각자 관련된 파트들을 발견한 후에는 회복의 일환으로 그 정보, 특히 보호자 파트들을 불러일으킨 추방자들을 상대방과 공유한다.
- 극단적인 행동에 대해 사과하고 각자가 자신이 발견한 파트들과 함께 작업하기로 한다.
- 기회가 있을 때 내면 작업을 하고 나중에 파트너에게 이야기한다.

친밀감

네 가지 형태의 친밀감

파트너에게 내면의 발견과 치유에 대해 이야기하는 마지막 단계는 친밀감을 만들고 유지하는 주제로 우리를 다시 데려간다. 내가 생각하기에, 친밀감의 주요 측면은 파트너에게 자신의 모든 파트들을 드러낼 수 있고, 그렇게 하더라도 파트너로부터 사랑과 수용을 받을 수 있다는 신뢰를 가지는 것이다. 치료가 끝날 무렵, 케빈과 헬렌 부부는 서로를 깊이 알아가고 받아들이는 데서 오는 기쁨, 안도감, 소속감을 경험하기 시작했다.

자신의 많은 파트들이 수용될 수 없다고 확신할 때, 또는 신추방자 부분에서 논의했듯이 자신의 파트들이 파트너를 위협한다고 생각하거나 파트너가 이들을 싫어할 것이라고 믿을 때, 높은 수준의 친밀감에 도달하기는 쉽지 않다. 예를 들어 파트너가 자신에게 바람을 피우고 싶어 하는 파트가 있다고 말하거나 당신의 외모가 마음에 들지 않는다고 말할 때, 당황하지 않고 이를 들을 수 있으려면 엄청나게 용기 있는 사랑이 필요하다. 그리고 이런 민감한 이야기를 할 때, 파트너의 파트가 직접 말하는 것이 아니라 파트너가 그 파트들을 대변해서 말한다면 훨씬 더 도움이 된다.

커플 간의 많은 의사소통은 그들이 말하는 에너지에 포함되어 있다. 참나로 말할 수 있다면 어려운 주제에 대해서도 말을 할 수 있으며, 내면 어딘가에서 파트너는 그들에 대한 당신의 지속적인 사랑을 느낄 수 있을 것이다. 따라서 친밀감의 두 번째 측면은 서로가 감수하는 위험에 흔들리지 않는 근간을 제공하는 당신과 당신의 파트너 사이의 근본적인 참나 대 참나 연결성을 유지하는 것이다. 이런 연결은 두 사람이 보호자 파트들을 내려놓고, 차분하고 명확하며 자신감 있고 용기 있는 참나의 에너지로 서로 상호작용하는 순간을 통해 시간이 지남에 따라 구축된다. 케빈과 헬렌은 참나로부터 서로 관계를 맺는 방법을 배우면서 이런 종류의 지속적인 친밀한 연결감을 쌓아나갔다.

친밀감의 세 번째 측면은 당신에게 이미 가장 친숙한 것일 수 있기 때문에 이 책에서는 자세히 다루지 않았다. 이 세 번째 측면은 나를 장악하는 어떤 파트가 상대의 유사하거나 보완적인 파트와 상호작용하면서 연결감을 느끼는 경우이다. 예를 들어, 일부 커플의 주된 연결감은 성적sexual인 파트들의 상호작용에서 비롯된다. 다른 커플은 재미와 파티를 좋아하는 장난스러운 농담에서 유대감을 느끼기도 한다. 또 다른 커플의 친밀감은, 예를 들어 한 사람의 추방자가 파트너의 보호자 파트나 보살피는 파트에게 애착을 갖게 될 때와 같이 보완적인 연결감에 의해 형성되기도 한다.

이런 종류의 친밀감 자체에는 아무런 문제가 없으며, 두 참나가 주도하고 조화로운 내면 시스템의 맥락에서 이런 친밀감이 발생한다면 매우 긍정적인 경험이 될 수 있다. 그러나 많은 커플이 경험하는 초기 열정은 서로를 필요로 하는 커다란 마음의 짐을 지고 있는 파트들이 만들어내며, 이들은 참나의 더 나은 판단을 무시할 정도로 강하다. 케빈과 헬렌 부부의 경우처럼, 일부 커플은 건강하지 않은 파트들 간의 애착이 너무 강하기 때문에 별거를 하게 해서 두 사람을 분리해 놓아야만 자신들의 추방자들을 돌볼 수 있는 경우도 있다. 그 후에, 이런 커플들은 다시 재결합할 수 있으며, 그때는 같은 파트들이 상호작용을 하더라도 이는 보다 높은 친밀감을 쌓는 데에서 건강한 부가요소로 작용할 수 있다. 따라서 파트 대 파트의 친밀감은 다른 파트들도 이해받고 허용되는 관계에서 가장 잘 일어날 수 있다.

친밀감의 마지막 형태는 내가 보조 양육자 유형이라고 부르는 것이다. 이는 파트너가 자신의 추방자들을 위한 보조 양육자가 될 수 있게 허락할 때 발생하는 유대감을 말한다. 파트너 간의 이런 참나 대 파트 연결은 받는 사람에게는 사랑의 감사를, 주는 사람에게는 깊은 애정을 만들어낸다. 파트너가 서로를 위해 이렇게 할 수 있는 단계에 이르면, 그들은 이 특별한 관계의 약속을 이행하여 서로가 사랑과 신뢰에 대한 교훈을 적극적으로 배우도록 돕는다. 그들은 진정한 소울 메이트가 되는데, 이는 낭만적인 환상에 바탕을 둔 것이 아니라 사랑을 주고받는 방법을 발견하는 영혼의 여정을 함께 하는 동반자가 되는 것이다.

예를 들어, 라울Raul은 며칠 동안 침묵 속에서 고통 받은 후, 주말에 어디로 여행을 가자는 자신의 제안을 루페Lupe가 거절했을 때 상처를 받았다고 말했다. 루페가 방어적이기보다는 호기심으로 그의 말을 듣자 라울은 갑자기 격렬하게 울기 시작했다. 루페는 재빨리 그의 옆으로 가서 그의 머리를 자신의 가슴에 대고 부드럽게 물었다. "무슨 일이야, 자기야? 무슨 일이 일어나고 있는 거야?" 라울은 어리고 떨리는 목소리로 "나는 패배자야. 아무도 나를 좋아하지 않아"라고 말했다. 루페는 자신은 그렇게 느끼지 않으며 다른 사람들이 라울을 그렇게 느끼게 만들어서 미안하다고 말하며 라울을 안심시켰다. 몇 분 더 위로를 받은 후, 라울의 추방자는 진정되었다. 참나의 입장에서 라울은 자신이 기분이 나쁘다는 것을 알고 있었지만, 그 감정이 자신을 무가치하게 느끼는 내면의 어린아이로부터 나왔다는 것을 몰랐다고 말했다. 그는 루페가 자기 내면의 그 소년을 찾게 해주고 그 소년을 안심시켜 준 것에 대해 감사하며, 이제부터는 자신이 알아서 하겠다고 말했다. 그는 또한 그 정도로 약한 모습을 보이고 자신이 원하는 것을 요구하는 것은 매우 두려운 일이었기 때문에 루페에게 매우 감사하다고 말했다.

루페와 라울 사이의 이런 상호작용은 6개월 전에는 불가능했을 것이다. 왜냐하면 그들 각자가 고정관념적인 성 역할에 대한 마음의 짐을 가지고 있었고, 그들 모두 자신의 추방자들을 돌보는 방법을 몰랐기 때문이다. 나는 내담자들에게, 자신이 자기 추방자의 주 양육자가 되기 전까지는 이런 형태의 친밀감에 들어가지 말 것을 권장한다. 왜냐하면 성급하게 이를 시도한다면, 이는 성공할 확률이 낮고 실패의 결과로 더 많은 애착 재상처가 생길 수 있기 때문이다. 또한 한쪽이 항상 부모이고 다른 쪽이 아이인 패턴을 피하기 위해 두 파트너가 상호적일 수 있는 단계에 도달할 때까지 기다리는 것이 좋다.

이 네 가지 형태의 친밀감—서로에게 자신의 파트에 대해 설명하기, 참나 대 참나로 관계 맺기, 파트와 파트 간의 관계 맺기, 그리고 파트너가 보조 양육자가 되게 하기(자신의 참나가 자신의 파트와 관계를 맺게 하기)—은 각각 그 자체로도 강력하다. 이 네 가지가 모두 관계 속에서 가능할 때, 그 관계는 활력을 띠며, 두 파트너 모두 관계에서 편안함과 안도감을 느끼게 된다.

이 네 가지 형태의 친밀감은 모두 내면에 집중하고 그 속에서 각자가 발견한 것을 표현할 수 있는 능력을 요구한다. 그러나 너무나 자주 커플들은 성급하게 친밀감을 느끼려 하고, 준비가 되지 않았는데도 치료사가 성급하게 커플이 친밀감을 느끼도록 권장하는 경우가 있다. 지속적인 친밀감을 유지하기 위해서는 몇 가지 전제조건이 있는데, 많은 커플과 커플 치료사들이 이를 간과한다.

전제 조건

첫 번째 전제 조건은 시간과 에너지이다. 이 책 두 번째 장에서 살펴본 것처럼 오늘날 대부분의 커플은 일상 업무를 조정할 시간이 거의 없으며, 자신을 탐색하고 서로에게 발견한 것을 드러내는 데 사용하는 시간은 더욱 적다. 친밀감은, 지치고 압박감을 느끼며 주의가 산만하거나 과로를 하는 사람들을 위한 것이 아니다. 만약 당신이 이런 상황에 있고 이런 어려움을 정말로 피할 수 없는 경우, 상황에 맞게 기대치를 조정하고 당신 자신과 파트너를 진정으로 알아갈 수 있는 평화와 여유가 더 생길 때까지 기다리길 바란다. 관계에서 거리감을 경험하더라도 파트너나 자신을 비난하지 말길 바란다. 어쩔 수가 없다.

그러나 많은 사람들은 그러한 생활 방식이 실제보다 더 필요하다고 확신하는 보호자 파트들을 가지고 있다. 나는 관계를 개선하기 전에 먼저 그런 파트들과 작업을 해서 친밀감을 가질 수 있는 충분한 공간을 만들도록 한다. 따라서 친밀감을 이루려 하거나 포기하기 전에, 경제적으로 보다 나은 삶을 살기 위해 고군분투하는 파트들, 불안해하는 파트들, 그리고 그러한 파트들이 보호하는 추방자 파트를 탐색하는 것이 좋다.

두 번째 전제 조건은 안전이다. 네 가지 유형의 친밀감 중 두 가지는, 매우 안전한 관계에서도 대부분의 사람들에게 두려운 추방자를 파트너에게 드러내기 때문에 상당히 취약하게 느껴질 수 있다. 나는 내담자들이 약점이나 여러 가지 강렬하고 취약한 감정을 보여도 파트너의 다양한 파트들, 즉 거리 두기, 경멸, 거부 또는 기타 가혹한 보호자 파트들을 유발하지 않는다는 것을 신뢰할 때까지 파트너가 추방자에게 직접 접근하는 것을 허용하지 않는 것이 좋다고 말한다. 많은 커플은 자신의 추방자와 관계하는 것과 같은 방식으로 파트너의 추방자와 관계를 맺기 때문에 이런 신뢰를 쌓는 데에는 시간이 걸릴 것이다. 자신의 추방자와 관계를 맺는 방식을 바꾸지 않는 한, 파트너의 추방자에게 상처를 주지 않는 것은 매우 어려울 것이다.

처음 두 종류의 친밀감, 즉 서로에게 자신의 파트에 대해 설명하기와 참나 대 참나로 관계 맺기는 취약성을 덜 요구하며 안전함을 형성하기 위해 사용할 수 있다. 예를 들어, 당신은 참나 상태에서 파트너에게 당신 내면에는 파트너의 분노 폭발을 두려워하는 파트가 있다고 말할 수 있다. 그렇게 하면 파트너 앞에서 울거나 몸을 떨며 두려움에 떠는 어린아이가 될 때보다 훨씬 덜 취약해지며, 파트너의 반발 반응을 일으킬 가능성도 줄어든다. 나는 두 파트너가 참나 리더십을 발휘하여 참나 대 참나로 자신의 파트들을 노출하지 않고 이에 대해 이야기하는 것이 더 안전함을 만든다는 것을 알게 되었다. 다시 말해, 처음 두 종류의 친밀감은 마지막 두 종류의 친밀감, 즉 '파트와 파트 간의 관계 맺기', '파트너가 보조 양육자가 되게 하기'를 할 수 있는 길을 열어줄 수 있다.

그러나 가장 효과적인 안전 조치는 각 파트너가 자신의 추방자의 주 양육자가 될 수 있도록 돕는 것이다. 각 파트너의 추방자가 마음의 짐을 내려놓고 참나를 신뢰하게 되면, 그 어린 파트들은 상대방의 행동에 쉽게 상처 받지 않고 회복 시도에 더 잘 반응하게 된다. 그러나 내담자가 파트너의 무섭거나 모욕적인 보호자 파트들에게 지속적으로 폭격을 당하는 상황에서는 이러한 내적 재양육이 불가능할 수 있다. 이런 경우 충분한 안전을 확보하기 위해 커플은 별거를 해야 할 수도 있다.

이러한 전제 조건이 갖추어지고 커플이 네 가지 친밀감 중 하나 이상을 경험하기 시작하면 종종 이것이 그들이 원했던 전부라고 말한다. 우리의 욕구는 매우 단순한 것으로 밝혀졌다. 보이고 싶고 포용되고 싶으며, 보고 싶고 포용하고 싶다는 것이다. 그러한 상태를 위해 내면의 혼란을 충분히 제거할 수 있다면 우리는 서로 배우고 마음의 짐을 떠나보내는 것을 지지해 줄 인생의 동반자를 만나게 된다. 이러한 축복과 함께 우리는 우리가 이 세상에서 해야 할 일을 하고 있으며, 그 일을 혼자하고 있지 않다는 기쁨을 느끼게 된다.

행운을 빈다

노화와 마찬가지로 친밀한 관계도 열린 마음과 세심함으

로 경험되어야 한다. 관계는 자신과 파트너의 추악하고 두려운 측면을 직면하고, 소유하지 않으면서 온전히 사랑하며, 그 사랑을 잃을 위험을 감수할 용기를 필요로 한다. 이러한 이유로 친밀한 관계는 매우 드물고, 많은 사람들이 보호자 파트 중심의 삶을 살거나 혼자 사는 것을 선택하기도 한다. 이 책에서는 다소 파격적인 개념과 제안들을 많이 소개했는데, 그 비전통적인 성격 때문에 처음에는 혼란스럽게 느껴질 수도 있을 것이다. 내가 당신에게 말할 수 있는 것은, 이것이 내 내담자와 나에게 매우 도움이 되었다는 사실이다. 친밀감을 위해 감수하는 위험은 성장과 치유로 이어질 확률을 크게 높인다. 내면을 찾아 떠나는 행복한 여정이 되길 바라며, 참나가 당신과 함께하기를 바란다.

참고자료

Anderson, Frank G., Martha Sweezy, and Richard C. Schwartz. *Internal Family Systems Skills Training Manual: Trauma-Informed Treatment for Anxiety, Depression, PTSD & Substance Abuse.* Eau Claire, WI: PESI Publishing, 2017.

Goulding, Regina A., and Richard C. Schwartz. *The Mosaic Mind: Empowering the Tormented Selves of Child Abuse Survivors.* Oak Park, IL: Trailheads, 1995.

Herbine-Blank, Toni, Donna M. Kerpelman, and Martha Sweezy. *Intimacy from the Inside Out: Courage and Compassion in Couple Therapy.* London: Routledge, 2015.

Herbine-Blank, Toni, and Martha Sweezy. *Internal Family Systems Couples Therapy Skills Manual: Healing Relationships with Intimacy from the Inside Out.* Eau Claire, WI: PESI Publishing, 2021.

McConnell, Susan. *Somatic Internal Family Systems Therapy: Awareness, Breath, Resonance, Movement and Touch in Practice.* Berkeley, CA: North Atlantic Books, 2020.

Schwartz, Richard C. *No Bad Parts: Healing Trauma and Restoring Wholeness with the Internal Family Systems Model.* Boulder, CO: Sounds True, 2021.

Schwartz, Richard C., and Robert R. Falconer. *Many Minds, One Self: Evidence for a Radical Shift in Paradigm.* Oak Park, IL: Trailheads, 2017.

Schwartz, Richard C., and Martha Sweezy. *Internal Family Systems Therapy.* 2nd ed. New York: Guildford Press, 2020.

Sweezy, Martha, and Ellen L. Ziskind. *Internal Family Systems Therapy: New Dimensions.* New York: Routledge, 2013.

Sweezy, Martha, and Ellen L. Ziskind. *Innovations and Elaborations in Internal Family Systems Therapy.* New York: Routledge, 2017.

주석

들어가며

1. Debbie Ford, *The Secret of the Shadow: The Power of Owning Your Whole Story* (New York: HarperCollins, 2002), 3.
2. Ford, *Secret of the Shadow,* 3.
3. Ford, 5.
4. Ford, 6.
5. Richard C. Schwartz, *Internal Family Systems Therapy* (New York: Guilford Press, 1995); Richard C. Schwartz, *Introduction to Internal Family Systems* (Boulder, CO: Sounds True, 2023).
6. Walt Whitman, "Song of Myself," sec. 51, Poets.org, accessed September 25, 2022, poets.org/poem/song-myself-51.

1장 친밀함에 대한 문화적 제약

1. Margaret Mead, "Can Marriage Be for Life," in *Male and Female: A Study of the Sexes in a Changing World* (New York: HarperCollins, 2001). Originally published in 1949.

2　John Updike, "How to Love America and Leave It at the Same Time," *New Yorker,* August 11, 1972.

3　Leonard Cohen, "Stories of the Street," track 8 on *Songs of Leonard Cohen,* Columbia, 1967.

4　Philip Cushman, *Constructing the Self, Constructing America: A Cultural History of Psychotherapy* (New York: Addison Wesley, 1995).

5　Peter Walsh, *It's All Too Much: An Easy Plan for Living a Richer Life with Less Stuff* (New York: Free Press, 2007), 28.

6　Walsh, *It's All Too Much,* 79.

7　John F. Schumaker, *In Search of Happiness: Understanding an Endangered State of Mind* (London: Penguin, 2006), 228.

8　Frank Martela, Bent Greve, Bo Rothstein, and Juho Saari, "The Nordic Exceptionalism: What Explains Why the Nordic Countries Are Constantly Among the Happiest in the World," *World Happiness Report 2020,* March 20, 2020, worldhappiness.report/ed/2020/the-nordic-exceptionalism-what-explains-why-the-nordic-countries-are-constantly-among-the-happiest-in-the-world/.

9　Terrence Real, *I Don't Want to Talk About It: Overcoming the Secret Legacy of Male Depression* (New York: Fireside, 1997), 328.

10　John Gottman, *Why Marriages Succeed or Fail: What You Can Learn from the Breakthrough Research to Make Your Marriage Last* (New York: Simon & Schuster, 1994).

11　Gottman, *Why Marriages Succeed or Fail,* 147.

2장 추방자가 만들어지는 과정과 추방자의 힘

1　Don Miguel Ruiz, *The Mastery of Love: A Practical Guide to the*

Art of Relationship (San Rafael, CA: Amber-Allen, 1999).
2   Elizabeth Gilbert, *Eat, Pray, Love: One Woman's Search for Everything Across Italy, India, and Indonesia* (London: Penguin, 2006), 21.
3   Gilbert, *Eat, Pray, Love,* 20-1.
4   Mona Barbera, *Bring Yourself to Love: How Couples Can Turn Disconnection into Intimacy* (Boston: Dos Monos Press, 2008), xxii.
5   Barbera, *Bring Yourself to Love,* xxiii.

3장 용기 있는 사랑과 운명적인 관계

1   Michael Ventura, *Shadow Dancing in the USA* (New York: St. Martin's Press, 1985), 19.
2   John Welwood, ed., *Challenge of the Heart: Love, Sex, and Intimacy in Changing Times* (Boston: Shambhala, 1985), 37.
3   Laura Kipnis, *Against Love: A Polemic* (New York: Pantheon, 003), 3.
4   Welwood, *Challenge of the Heart,* 146.
5   Welwood, 158.
6   John M. Gottman, *The Seven Principles for Making Marriage Work: A Practical Guide from the Country's Foremost Relationship Expert* (New York: Three Rivers Press, 1999).
7   Gottman, *Seven Principles for Making Marriage Work.*
8   Mona Barbera, *Bring Yourself to Love: How Couples Can Turn Disconnection into Intimacy* (Boston: Dos Monos Press, 2008), x.

4장 참나 리더십을 향한 성장의 예

1   Ernest Becker, *The Denial of Death* (New York: Simon & Schuster, 1977), 27.

2 Leonard Cohen, "Anthem," track 5 on *The Future,* Columbia, 1992.
3 Thomas Merton, *Seasons of Celebration: Meditations on the Cycle of Liturgical Feasts* (New York: Farrar, Straus and Giroux, 1965), 114-5.
4 John Welwood, *Love and Awakening: Discovering the Sacred Path of Intimate Relationship* (New York: HarperCollins, 1996), 231.
5 Pema Chörö, *Start Where You Are: A Guide to Compassionate Living* (Boston: Shambhala, 1994), 56, 90.
6 Gregg Levoy, *Callings: Finding and Following an Authentic Life* (New York: Three Rivers Press, 1997), 180.

5장 실천하기: 용기 있는 사랑을 관계에 가져오기

1 Lydia Davis, *Almost No Memory: Stories* (New York: Farrar, Straus and Giroux, 1997), 82.
2 Terrence Real, *How Can I Get Through to You? Closing the Intimacy Gap Between Men and Women* (New York: Fireside, 2002), 243.
3 Real, *How Can I Get Through to You?,* 243-44.
4 Real, 244.
5 Janis Abrahms Spring, *How Can I Forgive You? The Courage to Forgive, the Freedom Not To* (New York: Perennial Currents, 2004), 124.

참고문헌

Barbera, Mona. *Bring Yourself to Love: How Couples Can Turn Disconnection into Intimacy.* Boston: Dos Monos Press, 2008.

Chödrön, Pema. *Start Where You Are: A Guide to Compassionate Living.* Boston: Shambhala, 1994.

Cushman, Philip. *Constructing the Self, Constructing America: A Cultural History of Psychotherapy.* New York: Addison Wesley, 1995.

Davis, Lydia. *Almost No Memory: Stories.* New York: Farrar, Straus and Giroux, 1997.

Ford, Debbie. *The Secret of the Shadow: The Power of Owning Your Whole Story.* New York: HarperCollins, 2002.

Gilbert, Elizabeth. *Eat, Pray, Love: One Woman's Search for Everything Across Italy, India, and Indonesia.* London: Penguin, 2006.

Gottman, John M. *The Seven Principles for Making Marriage Work: A Practical Guide from the Country's Foremost Relationship Expert.* New York: Three Rivers Press, 1999.

Gottman, John. *Why Marriages Succeed or Fail: What You Can Learn from the Breakthrough Research to Make Your Marriage Last.* New York: Simon & Schuster, 1994.

Kipnis, Laura. *Against Love: A Polemic.* New York: Pantheon, 2003.

Levoy, Gregg. *Callings: Finding and Following an Authentic Life.* New York: Three Rivers Press, 1997.

Merton, Thomas. *Seasons of Celebration: Meditations on the Cycle of Liturgical Feasts.* [New York: Farrar, Straus and Giroux, 1965.

Real, Terrence. *How Can I Get Through to You? Closing the Intimacy Gap Between Men and Women.* New York: Fireside, 2002.

Real, Terrence. *I Don't Want to Talk About It: Overcoming the Secret Legacy of Male Depression.* New York: Fireside, 1997.

Ruiz, Don Miguel. *The Mastery of Love: A Practical Guide to the Art of Relationship.* San Rafael, CA: Amber-Allen, 1999.

Schumaker, John F. *In Search of Happiness: Understanding an Endangered State of Mind.* London: Penguin, 2006.

Schwartz, Richard C. "Don't Look Back." *Family Therapy Networker* (March/April 1997): 40-5.

Schwartz, Richard C. *Internal Family Systems Therapy.* New York: Guilford Press, 1995.

Schwartz, Richard C. *Introduction to Internal Family Systems.* Boulder, CO: Sounds True, 2023.

Spring, Janice Abrahms. *How Can I Forgive You? The Courage to Forgive, the Freedom Not To.* New York: Perennial Currents, 2004.

Ventura, Michael. *Shadow Dancing in the USA.* New York: St. Martin's Press, 1985.

Walcott, Derek. *Collected Poems, 1948-984.* New York: Farrar, Straus and Giroux, 2007.

Welwood, John, ed. *Challenge of the Heart: Love, Sex, and Intimacy in Changing Times.* Boston: Shambhala, 1985.

Welwood, John. *Love and Awakening: Discovering the Sacred Path of Intimate Relationship.* New York: HarperCollins, 1996.